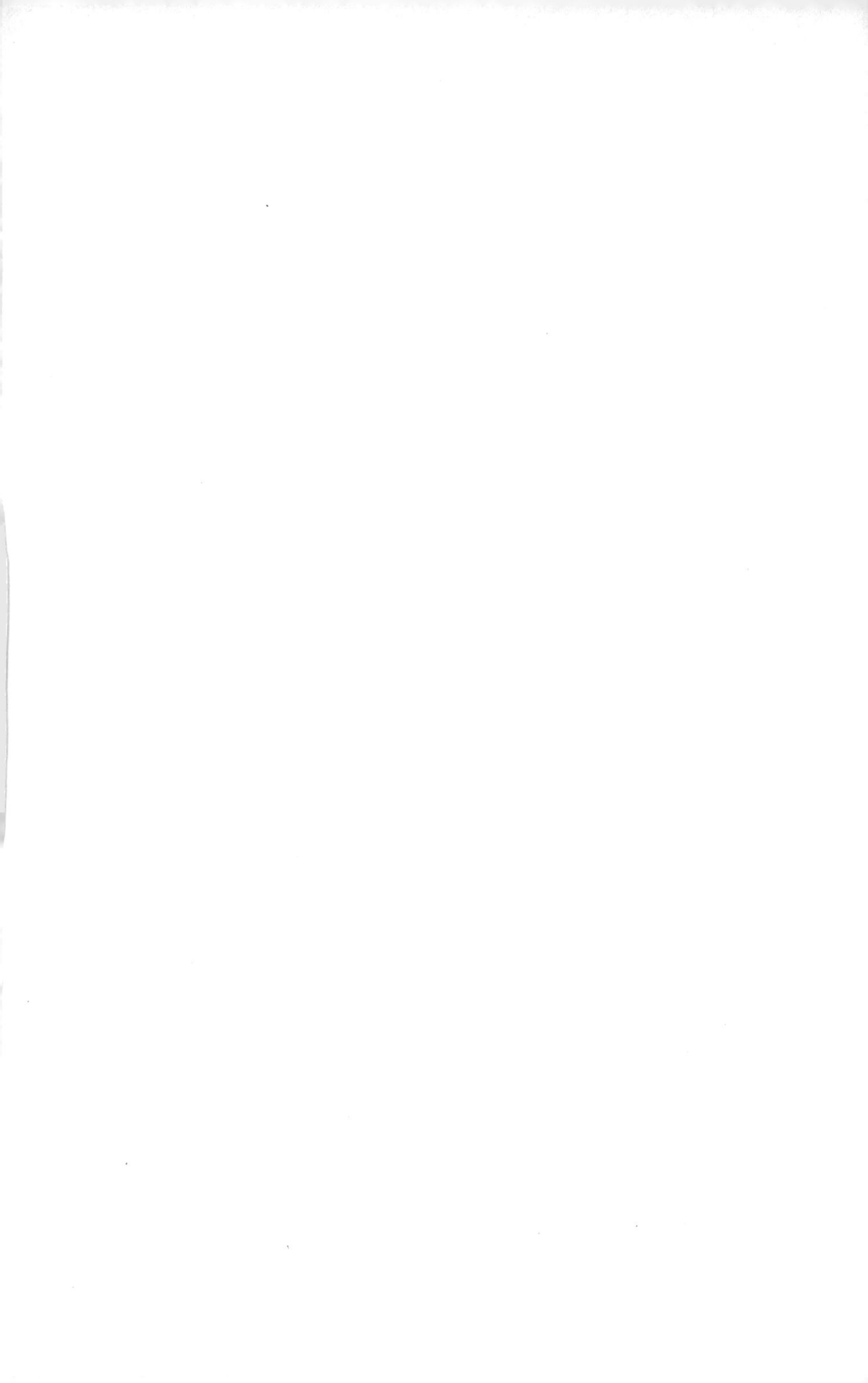

遼史補注

〔元〕脱脱　等撰
陳述　補注

第十册

卷九五至卷一一六（傳二）

中華書局

遼史補注卷九十五

列傳第二十五

耶律弘古　蕭滴洌　耶律適禄　耶律陳家奴

耶律馬六　耶律特麽　耶律仙童　蕭素颯　耶律大悲奴

〔補〕耶律万辛

耶律弘古，字胡篤堇，〔一〕樞密使化哥之弟。統和間，累遷順義軍節度使，入爲北面林牙。太平元年，加同政事門下平章事，出爲彰國軍節度使，兼山北道兵馬都部署，徙武定軍節度使。六年，拜惕隱。〔二〕討阻卜有功。聖宗嘗刺臂血與弘古盟爲友，禮遇尤異，拜南府宰相，改上京留守。重熙六年，遷南院大王，御製誥辭以寵之。十二年，〔三〕加于越。帝閔其勞，復授武定軍節度使，卒。訃聞，上哭曰：「惜哉善人！」喪至，親臨奠焉。

〔一〕按本史卷一八興宗紀重熙六年五月、六月並作胡覩衮。

〔二〕「拜惕隱」三字原錯於六年之上，據本史卷一七聖宗紀太平六年四月改。

〔三〕十二年　二，原誤「三」。按本史卷一九興宗紀重熙十二年八月，「于越耶律洪古薨」。洪古即弘古，據改。

耶律馬六，字揚隱，孟父楚國王之後。性寬和，善諧謔，親朋會遇，一坐盡傾。恬于榮利。

與耶律弘古爲刺血友，弘古爲惕隱，薦補宿直官。重熙初，遷旗鼓拽刺詳穩。爲人畏慎容物，或有面相陵折者，恬然若弗聞，不臧否世務。以故上益親狎。三年，遷崇德宮使，爲惕隱，〔一〕御製誥辭以褒之。拜北院宣徽使，寵遇過宰輔，帝常以兄呼之。改遼興軍節度使，卒，年七十。子奴古達，終南京宣徽使。

〔一〕按本史卷一八興宗紀重熙五年四月，「以崇德宮使耶律馬六爲惕隱」。

蕭滴洌，字圖寧，遥輦鮮質可汗宫人。〔一〕重熙初，遥攝鎮國軍節度使。六年，奉詔使宋，傷足而跛，不告遂行，帝怒。及還，決以大杖，降同簽南京留守事。遥授静江軍節度使，歷羣牧都林牙，累遷右夷離畢。以才幹見任使。會車駕西征，元昊乞降，帝以前後反覆，遣滴洌往覘誠否。因爲元昊陳述禍福，聽命乃還。拜北院樞密副使，出爲中京留守。十九年，改西京留守，卒。

〔一〕宫下應有分字。

耶律適禄，字撒懶。清寧初，爲本班郎君，稍遷宿直官。乾統中，從伐阻卜有功，加奉宸。歷護衛太保，改弘義宫副使。時上京梟賊趙鍾哥跋扈自肆，適禄擒之，加泰州觀察使，爲達魯號部節度使。天慶中，知興中府，加金吾衛上將軍。爲盜所殺。

耶律陳家奴，字綿辛，懿祖弟葛剌之八世孫。

重熙中，補牌印郎君。坐直日不至，降本班。會帝獵，陳家奴逐鹿圍內，鞭之二百。時耶律仁先薦陳家奴健捷比海東青鶻，授御盞郎君。歷鷹坊、尚廐、四方館副使，改徒魯古皮室詳穩。會太后生辰，進詩獻馴鹿，太后嘉獎，賜珠二琲，雜綵二百段。兄撒鉢卒，陳家奴聞訃，不告而去。帝怒，鞭之。

清寧初，累遷右夷離畢。適帝與燕國王射鹿俱中，王時年九歲，帝悦，陳家奴應製進詩。帝喜，解衣以賜。後皇太子廢，帝疑陳家奴黨附，罷之。

時西北諸部寇邊，以陳家奴爲烏古部節度使行軍都監，賜甲一屬、馬二疋，討諸部，擒其酋送于朝。偵候者見馬蹤，〔一〕意寇至，陳家奴遣報元帥，耶律愛奴視之曰：「此野馬也！」將出獵，賊至，愛奴戰歿。有司詰按，陳家奴不伏，詔釋之。由是感激，每事竭力。後諸部復來侵，陳家奴率兵三往，皆克，邊境遂寧。〔二〕

以老告歸，不從。道宗崩，爲山陵使，致仕。年八十卒。

〔一〕元朝秘史卷二：「踏着『蹤跡』又行了三宿，至日晚時，到一個百姓圈子行，見到那八個馬在圈子外立着。」清方式濟龍沙紀畧風俗：「索倫人尤善躡蹤，人馬有亡失者，蹤之即得。越數百里而知蹤之離合，且能辨其日次，亦異能也。」清吴振臣寧古塔紀畧：「（滿洲人）最善於描蹤。人、畜經過，視草地便知，能描至數十里，但一經雨便失之矣。」

〔二〕按本史卷二五道宗紀大安九年十月，「命鄭家奴率兵往援倒塌嶺」。卷二六道宗紀壽隆三年正月，「烏古部節度使耶律陳家奴以功加尚書右僕射」。六年二月「以烏古部節度使陳家奴爲南院大王」。鄭家奴全書僅此一見，其事與陳家奴合，應是一人。

耶律特麽，季父房之後。重熙間，爲北剋，累遷六部禿里太尉。〔一〕大安四年，爲倒塌嶺節度使。頃之，爲禁軍都監。是冬，討磨古斯，斬首二千餘級。十年，復討之。既捷，授南院宣徽使。〔二〕壽隆元年，爲北院大王。四年，知黄龍府事，薨。

〔一〕按本史卷四六百官志二：「奚六部，在朝曰奚王府。有二常衮，有二宰相，又有吐里太尉。」吐里太尉即禿里太尉，六部應作奚六部。

〔二〕按本史卷二五道宗紀大安九年十月，「以南院大王特末同知南京留守事」。十一月，「特抹等奏討阻卜捷」。同知南京留守與奏阻卜捷者應是一人。本傳則是奏捷者之傳。十年九月「以南院大王特末爲南院樞密使」。卷二六道宗紀壽隆元年五月，「南京宣徽使耶律特末爲北院大王」。

即另一人。特末、特抹應即特麽。屬同名。卷四八百官志四有南京宣徽院，一目即以壽隆元年耶律特末之例，疑南京宣徽院南京宣徽使係因南院宣徽使之訛，而南院宣徽使或是南院樞密使。

耶律仙童，仲父房之後。重熙初，爲宿直官，累遷惕隱、都監。以寬厚稱。蒲奴里叛，仙童爲五國節度使，率師討之，擒其帥陶得里。又擊烏隗叛，〔一〕降其衆，改彰國軍節度使，拜北院大王。清寧二年，知黄龍府事，遷待衛親軍馬步軍都指揮，歷忠順、武定二軍節度使。致仕，封蔣國公。咸雍初，徙封許國，卒。

〔一〕按本史卷二〇興宗紀重熙十八年五月，「五國節度使耶律仙童以降烏古叛人，授左監門衛大將軍」。烏隗應是烏古。

蕭素颯，字特免，五院部人。重熙間始仕，累遷北院承旨，彰愍宫使。

清寧初，歷左皮室詳穩、右夷離畢。〔一〕咸雍五年，剖阿里部叛，素颯討降之，率其酋長來朝。帝嘉其功，徙北院林牙，改南院副部署，卒。

子謀魯斡，字回璉，初補夷離畢郎君，遷文班太保。大康中，改南京統軍使，爲右夷離畢。與樞密使耶律阿思論事不合，見忌，出爲馬羣太保。北部來侵，謀魯斡破之，以功遷同知烏古敵烈統軍，仍許便宜行事。

後以讒毀，降領西北路戍軍，復爲馬羣太保，卒。

〔一〕陳襄語録：咸雍三年（治平四年）「六月十八日，左班殿直、閤門祇候馬初賜筵，太尉夷離畢蕭素伴宴，酒十三琖，素問張掞，臣坦答以見充羣牧使」。素即素颯。本史卷二二道宗紀咸雍四年六月，「以右夷離畢蕭素颯（爲）中京留守」。

耶律大悲奴，字休堅，王子班聶里古之後。

大康中，歷永興延昌宮使、右皮室詳穩。會阻卜叛，奉詔招降之。〔一〕壽隆二年，拜殿前都點檢。乾統初，歷上京留守、惕隱，復爲都點檢，改西南面招討使。請老，不許。天慶中，留守上京，領北南樞密院點檢中丞諸司等事。以彰國軍節度使致仕，卒。

大悲奴舉止馴雅，好禮儀，爲時人所稱。

論曰：遼自神册而降，席富强之勢，内修法度，外事征伐，一時將帥震揚威靈，風行電掃，討西夏，征党項，破阻卜，平敵烈。諸部震懾，聞鼙鼓而膽落股弁，斯可謂雄武之國矣。其戰勝攻取，必有奇謀秘計神變莫測者，將前史所載，未足以發之邪？抑天之所授，衆莫與争而能然邪？

雖然，兵者凶器，可戢而不可玩；争者末節，可遏而不可召。此黄石公〔二〕所謂柔能制剛，弱能制强也。又况乎仁者之無敵哉。遼之君臣智足守此，金人果能乘其敝而躡其後乎？是以於耶律弘古輩諸將，不能無慨然也。

〔一〕按本史卷二三道宗紀咸雍八年十二月，「漢人行宫副部署耶律大悲奴陞都部署」。卷二六道宗紀壽隆元年十月，「以北面林牙耶律大悲奴爲右夷離畢」。

〔二〕見漢書卷四〇張良傳。黄石公書謂太公兵法。

〔補〕耶律万辛，出自貴冑，曾祖諧里，夷離菫。父索胡舍利。万辛自入仕任官，勤幹奉公。重熙四年，興宗行柴册大禮。万辛晉封爲北大王、同政事門下平章事。万辛娶達曷娘子，年十六而夭，生一子馬九，任本王府司徒。再娶留女夫人，三十八歲壽終。生一子三部奴，官祗候。又娶索胡駙馬裊胡公主孫奚王西南面都招討大王何你乙林免之小女中哥。六年，內加北大王，封爲乙林免。生四子：長曰杷八、次陳六、次胡都乎、次散八。万辛以勇武著聞，騎不息鞍。鮮斫簡策。冠裳赫奕，累世爲本郡王。於重熙十年春薨於上京南之私第。〔一〕年六十九。

參北大王耶律万辛墓誌銘

〔一〕全遼文卷七北大王耶律万辛墓誌銘稱，重熙十年二月十五日夜疾薨於上京南之私第。以其年十月八日葬於舊郡之丁地。

遼史補注卷九十六

列傳第二十六

耶律仁先 撻不也 耶律良 蕭韓家奴 蕭德 蕭惟信

蕭樂音奴 耶律敵烈 姚景行 耶律阿思 〔補〕劉雲

〔補〕賈師訓 〔補〕鄧中舉

耶律仁先，字糺鄰，又〔一〕字糺鄰，小字查剌，孟父房之後。父瑰引，南府宰相，封燕王。〔二〕

仁先魁偉爽秀，有智畧。重熙三年，補護衛。帝與論政，才之。仁先以不世遇，言無所隱。授宿直將軍，累遷殿前副點檢，改鶴剌唐古部節度使，俄召爲北面林牙。〔三〕十一年，陞北院樞密副使。〔四〕時宋請增歲幣銀絹以償十縣地産，仁先與劉六符使宋，仍議書「貢」。宋難之。仁先曰：「曩者石晉報德本朝，割地以獻，周人攘而取之，是非利害，灼然可見。」宋無辭以對。乃定議增銀、絹十萬兩、匹，仍稱「貢」。既還，同知南京留

守事。〔五〕

十三年，伐夏，留仁先鎮邊。未幾，召爲契丹行宫都部署，奏復王子班郎君及諸宫雜役。〔六〕十六年，遷北院大王，奏今兩院户口殷庶，乞免他部助役，從之。十八年，再舉伐夏，仁先與皇太弟重元爲前鋒。蕭惠失利于河南，帝猶欲進兵，仁先力諫，乃止。後知北院樞密使，〔七〕遷東京留守。〔八〕女直恃險，侵掠不止，仁先乞開山通道以控制之，邊民安業。封吴王。

清寧初，爲南院樞密使。以耶律化哥〔九〕譖，出爲南京兵馬副元帥，守太尉，更王隋。〔一〇〕六年，復爲北院大王，民歡迎數百里，如見父兄。時北、南院樞密官涅魯古、蕭胡覩等忌之，請以仁先爲西北路招討使。耶律乙辛奏曰：「仁先舊臣，德冠一時，不宜補外。」九年五月，〔一一〕復拜南院樞密使，更王許。

九年七月，上獵太子山，耶律良奏重元謀逆，帝召仁先語之。仁先曰：「此曹兇狠，臣固疑之久矣。」帝趣仁先捕之。仁先出，且曰：「陛下宜謹爲之備！」未及介馬，重元犯帷宫。帝欲幸北、南院，仁先曰：「陛下若舍扈從而行，賊必躡其後；且南、北大王心未可知。」仁先子撻不也曰：「聖意豈可違乎？」仁先怒，擊其首。帝悟，悉委仁先以討賊事。乃環車爲營，拆行馬，作兵仗，率官屬近侍三十餘騎陣柢枑外。〔一二〕及交戰，賊衆多降。涅魯古中矢墮馬，擒之，重元被傷而退。仁先以五院部蕭塔剌所居最近，亟召之，分遣人集諸軍。黎明，重元率奚人二千犯行宮，蕭塔剌兵適至。仁先料賊勢不能久，俟其氣沮攻之。乃背營而陣，乘便奮擊，賊衆奔潰，追殺二十餘里，重元與數騎遁去。帝執仁先手曰：「平亂皆卿之功也。」加尚父，進封宋王，爲北院樞密使，親製文以褒之，詔畫灤河戰圖以旌其功。〔一三〕

咸雍元年，加于越，改封遼王，與耶律乙辛共知北院樞密事。乙辛恃寵不法，仁先抑之，由是見忌，出爲南京留守，改王晉。恤孤惸，禁姦慝，宋聞風震服。議者以爲自于越休哥之後，惟仁先一人而已。

阻卜塔里干〔一四〕叛命，仁先爲西北路招討使，賜鷹紐印及劍。上諭曰：「卿去朝廷遠，每俟奏行，恐失機會，可便宜從事。」仁先嚴斥候，扼敵衝，懷柔服從，庶事整飭。塔里干復來寇，仁先逆擊，追殺八十餘里。大軍繼至，又敗之。別部把里斯、秃没等來救，見其屢挫，不敢戰而降。北邊遂安。〔一五〕

八年卒，年六十，遺命家人薄葬。〔一六〕弟義先、信先，俱有傳。〔一七〕禮先，金州團練使。智先，果州防禦使。〔一八〕子撻不也。

撻不也，〔一九〕字胡獨堇。清寧二年，補祗候郎君，累遷永興宫使。以平重元之亂，遥授忠正軍節度使，賜定亂功臣，同知殿前點檢司事。歷高陽、臨海二軍節度使、左皮室詳穩。大康六年，授西北路招討使，率諸部酋長入朝，加兼侍中。自蕭敵禄爲招討之後，朝廷務姑息，多擇柔愿者用之，諸部漸至跋扈。撻不也含容尤甚，邊防益廢，尋改西南面招討使。

大安九年二月，〔二〇〕阻卜酋長磨古斯來侵，西北路招討使何魯掃古戰不利，詔撻不也代之。磨古斯之爲酋長，由撻不也所薦，至是遣人誘致之。磨古斯紿降，撻不也逆于鎮州西南沙磧間，禁士卒無得妄動。敵至，裨將耶律綰斯、徐烈見其勢鋭，不及戰而走，遂被害，〔二一〕年五十八。贈兼侍中，謚曰貞憫。

撻不也少謹愿，後爲族嫠婦所惑，出其妻，終以無子。人以此譏之。

〔一〕以上四字，據全遼文卷八耶律仁先墓誌銘增。「王諱仁先，字一得」。是漢名漢字。仁先又作仁起，見宋史、通考，參注〔五〕。糺鄰、查剌是契丹名。

〔二〕仁先墓誌與本傳異。誌云：「遠祖曰仲父述剌實魯于越，即第二横帳太祖皇帝之叔父也。王（即仁先）父諱思忠，聖宗皇帝朝，爲南宰相。」思忠爲瑰引漢名。述剌即述瀾，實魯即釋魯。本史卷六四皇子表：「玄祖四子，釋魯字述瀾，第三。重熙中，追封爲隋國王。于越。子滑哥，其後即三父房之仲父。」

〔三〕仁先墓誌：「興宗皇帝始在儲邸，一見如舊。暨登龍位，詔從鑾蹕，尋授左千牛衛將軍，出入禁闥，給事左右，再授崇德宮使，總轄圖版，兼領禁衛，又遷殿前副點檢。上曰：『唐有（李）大亮，我有仁先，古今二人，彼此一時。』改授北面林牙。」

〔四〕仁先墓誌：「又遷副樞密使，時朝廷以高麗、女真等五國入寇聞，上曰：『仁先可往』。命馳驛安定之，因奏保、定二州聯於北鄙，宜置關鋪，以爲備守，有詔報，自是五國絕不敢窺擾。上嘉之，賜予甚厚。重熙十一年，大兵南舉，宋國遣使乞固舊好，命王使之，故太尉劉宋公（劉六符）爲之副，是日臨遣，上曰：『彼自統和之後，歲貢金帛，邇來國情不誠，汝可往，庶畢朕命。』王至宋庭，甚承禮敬。宋帝與大臣議著信誓，書納，每歲添納金帛二十萬，永願爲好。報命，上悦之。授□□□□功臣，中書門下平章事。詔曰：『王師方舉，鄰國乞盟，奉貢交歡，卿之力也。』因授燕京留守同知兼權析津府尹事。下車之後，都邑肅清。又馳奏沿邊添置亭堡，詔允之。時武清李宜兒以左道惑衆，僞稱帝及立僞相，潛搆千餘人，劫敓居民。王偵知捕獲之，驛送闕下，遷契丹行宮都部署，又拜宋王。興宗皇帝親宣制曰：『唐室之玄齡、如晦，忠節僅同；我朝之信你（耶律魯不古，字信寧），空寧（耶律休哥字遜寧），壯猷宜比。』又賜詩曰：『自古賢臣耳所聞，今來良佐眼親見。』」

〔五〕按宋史卷一一仁宗紀：慶曆二年（重熙十一年）九月，「契丹遣耶律仁起、劉六符持誓事來」。通考亦作耶律仁起，仁起即仁先。

〔六〕按本史卷一九興宗紀重熙十五年十一月，「以契丹行宮都部署耶律仁先（爲）南院大王」。

〔七〕按本史卷二〇興宗紀重熙十九年閏十一月，「以南院大王耶律仁先知北院樞密使事，封宋王」。與墓誌錯一年。

〔八〕仁先墓誌：「（重熙）十八年，大兵西舉討夏國，命王爲都統軍，李元昊舉國大去，不遇敵而還。授東京留守，判遼陽府事，治如燕。」以上事蹟及封吴王並在興宗朝。

〔九〕化哥，本史卷一一〇張孝傑傳作化葛，即蕭革，卷一一三有傳，小字滑哥，此稱耶律氏，誤。

〔一〇〕按本史卷二一道宗紀清寧元年十月，「以吴王仁先同知南京留守事」。二年六月，「同知南京留守事吴王仁先爲南院樞密使」。四年六月，「以南院樞密使吴王仁先爲北院樞密使」。十一月，「以吴王仁先爲南京兵馬副元帥，徙封隋王」。

〔一一〕「九年五月」四字原缺，據本史卷二二道宗紀清寧九年五月，補。

〔一二〕本史卷一一六國語解：「柢枑，宮衛門外行馬也。」張元濟校記：「柢當作梐，見周禮。」

〔一三〕仁先墓誌：「今皇帝嗣位之初歲，詔王赴闕，授同知燕京留守事，旋拜樞密使，凡命將六，封王五，制詞皆自御製。王又與相國姚秦公（姚景行）相善，軍國大事，上多召二人議定。時帝叔宗元與子涅里骨，恃寵跋扈，秦公謂王曰：『觀此人父子，心懷逆節，外示詭色，萬一竊弄，是昧早圖。』

意者諷王陰摭其事以聞於上也。未幾，副部署耶律良奏得宗元父子、蕭知章等反狀，上召王謂曰：『彼輩承朕大恩，豈有是耶。』王具言其事。宗元已偵知之，涅里骨擐甲領數騎，來襲御幄，大王呼掌舍拔柸木以禦之，徐得弓矢，涅里骨中流鏑，殪於地，刃其首以進。翌日與宗元會戰，大破之。宗元遁去，縊死於林莽中。上遣使撫諭諸道。宰相姚秦公等馳至行在，既忭且泣。上曰：『公等無畏此者，平定內亂，宋王忠力第一。』秦公奏曰：『疾風知勁草，世亂見忠臣。』帝嘉歎久之，授北面樞密使，加尚父、守太傅、安邦衛社盡忠平亂同德功臣。」

〔一四〕塔里干即撻剌干，是官名。

〔一五〕仁先墓誌：「清寧九年七月十九日，皇上以北鄙達打、朮不姑等部族寇邊，命王爲西北路招討使往討之。斬首萬餘級，俘其酋長圖没里、同瓦等，馳送闕下。」

〔一六〕仁先墓誌：「（咸雍）八年四月二十日以疾薨於位，享年六十。皇上聞訃，震悼，輟朝三日。是歲二月二十四日夜，太白犯昴，識者謂：『太白犯昴，大將死期，惟宋王乎。』詔崇義軍節度使、左散騎常侍李翰充勑葬使，長寧軍節度使、檢校太傅楊庶績充勑祭發引使，以其年九月丙午朔十九日某甲子葬於葛蔞母山之膴原。從先塋，禮也。」咸雍七年有耶律仁先妻鄭氏建千佛塔露盤題記：「大遼國公尚父令公丞相大王燕國太夫人鄭氏造、咸雍七年八月日工畢記。」（見全遼文卷八及文物一九五九年第九期。）

〔一七〕義先傳、信先傳見本史卷九〇。

〔一八〕以上十四字，據仁先墓誌增補。

〔一九〕漢名慶嗣，咸雍八年九月時，任北面林牙，見仁先墓誌。

〔二〇〕以上六字原缺。按本史卷二五道宗紀磨古斯來侵事在大安九年二月，據補。

〔二一〕按本史卷二五道宗紀撻不也被害，在大安九年十月。

耶律良，〔一〕字習撚，小字蘇，著帳郎君之後。生於乾州，讀書醫巫閭山。學既博，將入南山肄業，友人止之曰：「爾無僕御，驅馳千里，縱聞見過人，年亦垂暮。今若即仕，已有餘地。」良曰：「窮通，命也，非爾所知。」不聽，留數年而歸。

重熙中，補寢殿小底，尋爲燕趙國王近侍。以家貧，詔乘廐馬。遷修起居注。會獵秋山，良進秋游賦，上嘉之。

清寧中，上幸鴨子河，作捕魚賦。由是寵遇稍隆，遷知制誥，兼知部署司事。奏請編御製詩文，目曰清寧集；上命良詩爲慶會集，親製其序。〔二〕頃之，爲敦睦宮使，兼權知皇太后宮諸局事。

良聞重元與子涅魯古謀亂，以帝篤於親愛，不敢遽奏，密言於皇太后。〔三〕太后託疾，召帝白其事。帝謂良曰：「汝欲間我骨肉耶？」良奏曰：「臣若妄言，甘伏斧鑕。陛下不早備，恐墮賊計。如召涅魯古不來，可卜其事。」帝從其言。使者及門，涅魯古意欲害之，羈於帳下。使者以佩刀斷帟而出，馳至行宮以狀聞。帝始信。亂平，以功遷漢人行宮都部署。〔四〕

咸雍初，同知南院樞密使事，爲惕隱，出知中京留守事。未幾卒，帝嗟悼，遣重臣賻祭，給葬具，追封遼西郡王，謚曰忠成。

〔一〕錢氏考異卷八三道宗紀：「清寧六年五月，耶律白請編次御製詩賦，仍命白爲序。咸雍六年六月，以惕隱耶律白爲中京留守。八月，耶律白薨，追封遼西郡王。按此三事俱見耶律良傳。紀與傳當有一誤，或一人而二名也。」述案耶律白即耶律良，一人二名。

〔二〕契丹文興宗哀册（清寧元年）即耶律良撰。（見全遼文附録三圖版。）

〔三〕全遼文卷八耶律仁先墓誌銘：「副部署耶律良奏得宗元父子、蕭知章等反狀。」參見仁先傳注〔一三〕。

〔四〕按本史卷二二道宗紀清寧九年七月，「（以）密告重元變，命籍横帳夷離菫房，爲漢人行宮都部署」。

蕭韓家奴，字括寧，奚長渤魯恩之後。性孝友。太平中，補祇候郎君，累遷敦睦宫使。伐夏，爲左翼都監，遷北面林牙。俄爲南院副部署，賜玉帶，改奚六部大王，治有聲。

清寧初，封韓國公，歷南京統軍使、北院宣徽使，封蘭陵郡王。九年，上獵太子山，聞重元亂，馳詣行在。帝倉卒欲避于北、南大王院，與耶律仁先執轡固諫，乃止。明旦，重元復誘奚獵夫來。韓家奴獨出諭之曰：「汝曹去順效逆，徒取族滅。何若悔過，轉禍爲福！」獵夫投仗首服。以功遷殿前都點檢，封荆王，賜資忠保義奉國竭貞平亂功臣。

咸雍二年，遷西南面招討使。大康初，徙王吴，賜白海東青鶻。皇太子爲乙辛誣構，幽于上京。韓家奴上書力言其冤，不報。四年，復爲西南面招討使。例削一字王爵，改王蘭陵，薨。〔一〕子楊九，終右祇候郎君班詳穩，贈同中書門下平章事。

〔一〕按本史卷二三道宗紀咸雍八年十二月，「同知南院樞密使事蕭韓家奴知左夷離畢事」。大康三年二月，「東北路統軍使蕭韓家奴，加尚父，封吴王」。七月，「知北院樞密副使蕭韓家奴爲漢人行宫都部署」。八月薨。卷二四道宗紀大康五年十月，例削一字王爵，改蘭陵郡王。

蕭德，又名唐古，〔一〕字特末隱，楮特部人。性和易，篤學好禮法。太平中，領牌印、直宿，累遷北院樞密副使，〔二〕敷奏詳明，多稱上旨。詔與林牙耶律庶成修律令，改契丹行宮都部署，賜宮户十有五。〔三〕

清寧元年，遷同知北院樞密使，封魯國公。上以德爲先朝眷遇，拜南府宰相。〔四〕五年，轉南京統軍使。九年，復爲南府宰相。〔五〕重元之亂，推鋒力戰，斬涅魯古首以獻，〔六〕論功封漢王。

咸雍初，以告老歸，優詔不許。久之，加尚父，致仕。〔七〕卒，年七十二。

〔一〕以上四字據紀補。

〔二〕長編：「慶曆六年（重熙十五年）四月辛酉，契丹國母遣保安節度使蕭德，嚴州團練使姚居化來賀乾元節。」按本史卷二〇興宗紀重熙十七年三月，「以知右夷離畢事唐古爲右夷離畢」。十九年七月，「以左夷離畢蕭唐古爲北院樞密副使」。

〔三〕長編：至和元年（重熙二十三年）九月，遣忠正節度使、同平章事蕭德如宋，告與夏平並求御容。歐陽脩內制集卷一，皇帝回謝契丹皇帝書與皇帝回謝契丹皇太后書並云「今忠正軍節度使、檢校太尉、同中書門下平章事蕭德等回，專奉書陳謝」。

〔四〕按本史卷二一道宗紀清寧三年六月，以同知樞密院事蕭唐古爲南府宰相。

〔五〕按本史卷二二道宗紀清寧九年七月作南府宰相蕭唐古等平重元之亂。

〔六〕按本史卷一一二涅魯古傳：「爲近侍詳穩渤海阿厮、護衛蘇射殺之。」應是射殺之後，斬首請功。

〔七〕按本史卷二二道宗紀咸雍三年六月，「南府宰相韓王蕭唐古致仕」。漢王即韓王。

蕭惟信，字耶寧，楮特部人。五世祖霞賴，南府宰相。曾祖烏古，中書令。祖阿古只，知平州。父高八，多智數，博覽古今。開泰初，爲北院承旨，稍遷右夷離畢，以幹敏稱，拜南府宰相。累遷倒塌嶺節度使，知興中府，復爲右夷離畢。陵青誘衆作亂，事覺，高八按之，止誅首惡，餘並釋之。歸奏，稱旨。

惟信資沉毅，篤志于學，能辨論。重熙初始仕，累遷左中丞。十五年，徙燕趙國王傅，帝諭之曰：「燕趙左右多面諛，不聞忠言，浸以成性。汝當以道規誨，使知君父之義。有不可處王邸者，以名聞。」惟信輔導以禮。十七年，遷北院樞密副使，坐事免官。尋復職，兼

北面林牙。〔一〕

清寧九年，重元作亂，犯灤河行宮，惟信從耶律仁先破之，賜竭忠定亂功臣。〔二〕歷南京留守、左右夷離畢，復爲北院樞密副使。〔三〕大康中，以老乞骸骨，不聽。樞密使耶律乙辛譖廢太子，中外知其冤，無敢言者，惟信數廷爭，不得復。〔四〕告老，加守司徒，卒。

〔一〕按本史卷二〇興宗紀重熙十八年正月，卷一一五西夏外記並記遣北院樞密副使蕭惟信以伐夏告宋。

〔二〕按本史卷二二道宗紀清寧九年七月，加太子太傅。

〔三〕按本史卷二二道宗紀咸雍七年十二月，以知北院樞密使事蕭惟信爲南府宰相兼契丹行宮都部署。

〔四〕焚椒録：大康元年，耶律乙辛誣陷宣懿皇后，「獄成將奏，樞密副使蕭惟信馳語乙辛、孝傑曰：『懿德賢明端重，化行宮帳，且誕育儲君，爲國大本，此天下母也，而可以叛家仇婢一語動摇之乎。公等身爲大臣，方當燭照姦宄，洗雪冤誣，烹滅此輩，以報國家，以正國體，奈何欣然以爲得其情也。公等幸更爲思之。』不聽」。

蕭樂音奴，字婆丹，奚六部敞穩突吕不六世孫。父拔剌，三歲居父母喪，毁瘠過甚，養于家奴奚列阿不。重熙初，興宗獵奚山，過拔剌所居，奚列阿不言于近臣，拔剌得見上。年甫十歲，氣象如成人。帝悦之，錫賚甚厚。既長，有遠志，不樂仕進，隱于奚王嶺之插合谷。上以其名家，又有時譽，就拜舍利軍詳穩。樂音奴貌偉言辨，通遼、漢文字，善騎射擊鞠，所交皆一時名士。年四十，始爲護衛。平重元之亂，以功遷護衛太保，改本部南剋，俄爲旗鼓拽剌詳穩。監障海東青鶻，獲白花者十三，賜榾柮犀並玉吐鶻。拜五蕃部〔一〕節度使，卒。子陽阿，有傳。〔二〕

〔一〕五蕃部即五國部。

〔二〕原在本史卷八二，今移至本書卷九九。

耶律敵烈，字撒懶，採訪使吼〔一〕五世孫。寬厚，好學，工文詞。重熙末，補牌印郎君，兼知起居注。清寧元年，稍遷同知永州事，禁盜有功，改北面林牙承旨。九年，重元作亂。敵烈赴援，力戰平之，遥授臨海軍節度使。十年，徙武安州觀察使。咸雍五年，累遷長寧宮使。撿括户部司乾州錢帛逋負，立出納經畫法，公私便之。大康四年，爲南院大王。秩滿，部民請留，同知南京留守事。有疾，上命乘傳赴闕，遣太醫視之。遷上京留守。大安中，改塌母城節度使。以疾致仕，加兼侍中，賜一品俸。八年卒。

〔一〕吼傳在本史卷七七。

姚景行，始名景禧。〔一〕曾祖漢英，〔二〕本周將，應曆初來聘，用敵國禮，帝怒，留之，隸漢人宮分。及景行既貴，始出籍，貫興中縣。

景行博學。重熙五年，擢進士乙科，爲將作監，改燕趙國王教授。〔三〕不數年，至翰林學士，樞密副使，參知政事。〔四〕性敦厚廉直，人望歸之。

道宗即位，多被顧問，爲北府宰相。〔五〕九年秋，告歸，道聞重元亂，收集行旅得三百餘騎勤王。〔六〕比至，賊已平。帝嘉其忠，賜以逆人財産。咸雍元年，出爲武定軍節度使。明年，驛召拜南院樞密使。〔七〕上從容問治道，引入內殿，出御書及太子書示之，賜什器車仗。帝有意伐宋，召景行問曰：「宋人好生邊事，如何？」對曰：「自聖宗皇帝以威德懷遠，宋修職貢，迨今幾六十年。若以細故用兵，恐違先帝成約。」上然其言而止。

致仕，不踰月復舊職。〔八〕丁家艱，起復，兼中書令。上問古今儒士優劣，占對稱旨，知興中府，〔九〕改朔方軍節度使。大康初，徙鎮遼興。以上京多滯獄，命爲留守，不數月，以獄空聞。

累乞致政，不從。復請，許之，加守太師。卒，遣使弔祭，追封柳城郡王，謚文憲。壽隆五年，詔爲立祠。

〔一〕契丹國志卷八作姚景熙。道宗御製大華嚴經隨品贊十卷，卷首有姚景禧奉敕撰引文。避天祚帝諱改景行。

〔二〕「曾」字原缺，據本書卷七九姚漢英補傳增入。姚漢英，天禄五年（即應曆元年，周廣順元年）與華光裔奉周命來使，見本紀及補傳。漢英有曾孫景祥，太師、左金吾衛上將軍，虔州節度使。景祥竟不見於史。新五代史卷六〇職方考，虔州屬吴、南唐，在遼爲遥領虚銜。景行多次見紀傳，無上將軍銜，若子孫稱譽，何至遺柳城郡王，亦可疑也，姑作二人處理。景禧、景祥，景字示字均同，排行甚嚴，漢英應爲景行曾祖。

〔三〕本史卷四七百官志三：「姚景行，重熙中爲燕趙國王教授。」

〔四〕長編：「慶曆四年（重熙十三年）十二月，契丹遣正義軍節度使蕭玖、太常少卿史館修撰姚景禧來賀正旦。」「皇祐元年（重熙十八年）四月，契丹國母遣林牙、保静節度使蕭祐，起居舍人知制誥姚景禧來賀乾元節。」契丹國志卷八：「如王綱、姚景熙、馮立輩皆道流中人，曾遇帝於微行，後皆任顯官。」檢景行仕歷，固科舉出身。

〔五〕按本史卷二一道宗紀清寧元年十二月，「以樞密副使姚景行爲參知政事」。又卷八九楊晳傳：「清寧初，入知南院樞密使，與姚景行同總朝政。」按卷九〇蕭阿剌傳：清寧元年爲北府宰相。卷二一道宗紀清寧二年十二月，「以宿國王陳留（蕭孝友）（爲）北府宰相」。五年六月，「以南院樞密使蕭阿速爲北府宰相」。卷二二道宗紀清寧九年十一月，以南院宣徽使蕭九哥爲北府宰相。此北府宰相或是參知政事之誤。然全遼文卷八耶律仁先墓誌銘稱相國姚秦公。

〔六〕卷九七楊績傳：「清寧九年，聞重元亂，與姚景行勤王，上嘉之。」全遼文卷八耶律仁先墓誌銘：「（宋）王（仁先）又與相國姚秦公相善，軍國大事，上多召二人議定，時帝叔宗元與子涅里骨内懷逆節。」景行曾促仁先陰檢其事以聞，參本卷仁先傳注。

〔七〕本史卷二二道宗紀咸雍二年二月，「詔武定軍節度使姚景行，問以治道，拜南院樞密使」。

〔八〕本史卷二二道宗紀：「咸雍二年七月丙辰，南院樞密使姚景行致仕。辛酉，景行復前職。」

〔九〕按本史卷二二道宗紀咸雍七年二月，「以南院樞密使姚景行知興中府事」。

耶律阿思，〔一〕字撒班。清寧初，補祗候郎君。以善射，掌獵事，進渤海近侍詳穩。重元之亂，與護衛蘇射殺涅魯古，賜號靖亂功臣，徙契丹行宮都部署。大安初，爲北院大王，〔二〕封漆水郡王。壽隆元年，爲北院樞密使，〔三〕監修國史。道宗崩，受顧命，加于越。〔四〕録乙辛黨人，罪重者當籍其家，阿思受賂，多所寬貰。蕭合魯嘗言當修邊備，阿思力沮其事，或譏其以金賣國。〔五〕後以風疾失音，致仕，加尚父，封趙王。薨，年八十，追封齊國王。

論曰：灤河之變，重元擁兵行幄，微仁先等，道宗其危乎！當其止幸北、南院，召塔刺兵以靖大難，功宜居首。良以反謀白太后，韓家奴以逆順降奚人，德與阿思殺涅魯古，皆有討賊之力焉。仁先齊名休哥，勳德兼備，此其一節歟。

〔一〕本史卷二二道宗紀清寧九年七月，卷一一二涅魯古傳並作阿厮。

〔二〕按本史卷二四道宗紀：「大安二年六月，以契丹行宮都部署耶律阿思兼知北院大王事。」

〔三〕壽隆元年，原作「大安十一年」。按大安止十年，次年壽隆元年。本史卷二六道宗紀：「壽隆元年十二月，以知北院樞密使事耶律阿思爲北院樞密使」。據改。

〔四〕全遼文卷九蕭義墓誌銘：「先皇（道宗）大漸……因山大葬玄寢，將考舊制，擇親信大臣，陵宅内外，謫發巫攘蠱厭之事。公暨北樞密使耶律撒巴寧贈齊王負其責焉。」撒巴寧即撒班。本史卷九八耶律儼傳：「帝大漸，儼與北院樞密使阿思同受顧命。」

〔五〕本史卷九〇蕭陶隗傳：「陶隗曰：『阿思有才而貪，將爲禍基。』」

〔補〕劉雲，一作筠，〔一〕西京德州宣德縣〔二〕人。家貲富實雄於鄉，委積豐厚，畜牧蕃息。北山之奚家鬮，西鄉之土厚，皆有別業。道宗朝，雲官至侍中，時賈師訓補中京留守推官，隸幕下，能勤於職事，雲見而擢拔之，〔三〕後卒至顯官。大康八年夏，雲爲南院樞密使。九年十月薨逝。雲有子四人：曰璋、曰瓊、曰玹、曰瓚。玹之子四人：顯仁字仲明，祖仁字仲昌，用仁字仲至，體仁字仲康。用仁之子即元初大丞相從征西遼者。

參紀、賈師訓墓誌銘、遺山文集大丞相劉氏先塋神道碑

〔一〕本史卷二四道宗紀大康八年六月、九年十月作劉筠。

〔二〕遺山文集卷二八大丞相劉氏先塋神道碑：「劉氏世居宣德縣北鄉之青魯里，孝弟力田，蓋有年矣。」

〔三〕見全遼文卷九賈師訓墓誌銘。

〔補〕賈師訓一作士勳，〔一〕字公範。先世燕人，高祖去疑〔二〕先仕後唐，以奉使被留。父子俱官始平節度使，遂家於遼州。入充遼濱縣籍。父冲，贈昭義軍節度使兼侍中，母沙氏，追封魯國太夫人。

師訓幼穎悟，七歲能誦書、作詩。十歲，適父以兄泳傴異籍，又欲奪其所應得，憤不得已，將訴之官。時師訓侍側，爲父釋之曰：「富貴皆丈夫所力爲，豈必繫先業之有無也。願大人亟與之。」父奇其言，恣兄所取。年十四，舉進士，由鄉解抵京師，丞相杜防，駙馬侍中劉公並重之，文成，更相稱愛，將議聞上，以事齟齬遂寢。十九歲試禮部，奏御。三十五登第。授秘書省著作佐郎。調恩州軍事判官。既至，有以盜馬售於人者，人不之知。後爲其主執之、送官辯驗，事連假主，假主懼不服，師訓廼捕其家牧兒，詰問得實，引質之，始伏其罪。京守聞其能，每有疑訟，付之辨析必白。尋以丁母憂，復出充東京麴院使，營督公課，綽有餘羡。時秤吏董猪兒得幸北樞密使乙辛，〔三〕怙勢日索官錢二千，人莫敢抗。師訓至，即不與，猪兒憾之，累以惡言相挑，師訓不與較。乃自以錘折齒誣師訓，師訓禁益切，遂止。服闋，授奉玄縣〔四〕令，改錦州永樂令。先是州帥以其家牛羊駞馬配縣民畜牧，日恣隸僕視肥瘠，動撼人取錢物，甚爲姦擾。師訓至縣，潛諷民使訴之，其始至者一二人，師訓叱左右逐出之，其次至者十數人，又叱之不顧。其後得人三百合告，師訓遂署其狀白州，州白其帥，帥懼，促收所俵家畜以還。倉卒之際，至有逋漏爲貧民獲者亦衆，其帥竟不敢言。又朝廷下教，俾撤沿海罟，師訓承教曰：「天生之物，所以資民食之不給也。民得漁取，所以給農力也。何害之有？」因緩其禁，而民悦便之。

入爲大理寺丞，持法彊固，不爲權勢沮奪。轉太子洗馬，補中京留守推官，在侍中劉雲〔五〕之幕，日直其事，裨益旁午。後屬乙辛，代爲居守，乙辛自以前在樞極，權震天下。每行事專恣，不顧利害，諸幕吏素憚，皆隨所倡而曲和之，師訓獨不從。乙辛怒懵之曰：「吾秉朝政迨二十年，凡一奏議，雖天子爲之遜接，汝安敢吾拒耶！」師訓起應之曰：「公綰符籥，某在幕席，皆上命也。安得奉公之勢而撓上之法耶。義固不可。」乙辛知不能屈，輒從。乙辛又以嬖人善騎射，署爲境内巡檢，師訓争之不從，未已，乙辛被召再入爲樞密使，將行，寮屬餞之都外，酒再行，師訓前跪，力白巡檢事不便，乙辛歎服，遽爲之罷。朝廷知其才，召入樞府爲掾史，俾覆刑曹案簿。

宣政殿學士陳覺素與執政不相能，方被微譴，執政緣法將奪陳覺翰林之官，乃潛召師訓屬之，師訓不許，竟論如法。再歲，知大理寺正，加秘書丞。奉詔充高麗人使接伴，道出乾陵，故中書令李仲禧，以當路權寵，構謫是鎮。時其家親舊過門，皆縮頸不敢視，師訓往復候謁獻遺，一無顧忌。仲禧默器之。徙同知永州軍州事，既上任，日夜經畫民事利病，奏減其部並鄰道龍化、降聖等州歲供行在役調，計民功三十餘萬，奏課天下第一，朝廷嘉之。就拜鴻臚少卿、知觀察使事。

尋詔按察河東路刑獄，聞有酋豪負勢，詐良民五百口爲部曲，數抑官爲賤，民心不厭而隨反之。師訓伺得其情，乃召酋豪詰之，一言切中其病，語立塞，遂服。因籍其户還官。同僚蕭龍虎歎服。至驛邸，易衣以謝。又人有以死罪被誣爲官吏所强榜服者，將刑，師訓至，審之，見其狀有枉，再治，果得辨而釋者數十人。以奏簿至中京屬封册，皇孫〔六〕燕國王開宴，召授太常少卿、樞密都丞旨。

尋扈駕春水，詔委規度春、泰兩州河隄及諸官府課役，亦奏免數萬工。大康十年，以太常少卿、史館修撰，奉命充南朝正旦國信副使。比還，密偵宋人軍國事宜，具以上聞。

道宗閱之，不釋手者數日。遷樞密直學士。大安二年，授樞密副使、右諫議大夫，曾奏事御所，有詔遣奚中某部所居漢民四百户，宰相承詔趨出。師訓獨侍，上問之，因前對曰：「自松亭已北距潢河，其間澤、利、潭、榆、松山、北安數州千里之地，皆奚壤也。漢民雜居者半，今一部之民可徙，則數州之民盡可徙矣。然則恐非國家之利。亦如遼東舊爲渤海之國，自漢民更居者衆，訖今數世無患，願陛下裁察。」上悟，其事遂止。又以素聞燕京留守府有一專司，凡都府事無巨細，必先閱之後行。其府置一局，諸事連外境情涉謀叛者，悉收付之考核。苟語一蹉跌，即寘之孥戮，亦委是吏主之。雖方域疆吏〔七〕已下洎諸幕職皆不與焉，以是吏得隨所喜惡，爲人禍福，關南之人，側目以視，故不待鳩率，歲所饋與，甚於輸官。師訓患之，謀革除其弊。卒以南北樞密院通事一人更代。自後其弊寢息。是歲穀稼不登，四方交請賑，復流亡窮餓之民，朝議以上心憂惻，不以實聞。師訓力言之，事多見納。故民被其賜者衆，進禮部侍郎、參知政事，〔八〕再扈蒐蹕。時上幸韶陽開宴，勑師訓進酒，顧謂左右曰：「斯人政行，無出其右者。」後故相王籍〔九〕因詔駙馬都尉，飲以巵酒，車駕回至涼陘，拜刑部尚書、中書侍郎平章事，加致主功臣。師訓在位，直亮不容人阿僻，遂爲同列所忌。然師訓所至，威令大行，豪黨惴懼，老姦宿盜，不待擊逐而逸他境。未幾，政聲流聞。道宗遣使授尚書左僕射，移中京留守。將行，人皆攔道塞門，挽車馬，竟莫之能止。師訓俟夜閈出，翌日，號泣而隨出界者數千百人。既在道，聞京中猾盜朋聚，民不安寢，師訓下車即督有司，盡索京中浮游丐食之民，教以自給之道以遣之，其老弱癃疾不能自活者，盡送義倉給養。仍勑吏卒分部里巷游徼，人或被盜，俾償其值，浹旬以來，闤市清肅。是時畿内所屬州縣，案件多積累未能決者，師訓至府，促吏條別其事，隨小大皆剖析之無滯留。又擇高年有行之吏，與法官參掌憲律，席之座右，隨簿所上，輒付讞之。一日之間，斷積案多起，由是郡邑大治。師訓莅事勤奮，事不訖不飲食，寢以成疾，因請還政。上聞，遷延甚久，竟以病許之。加同中書門下平章事。至誕日，遣中使賫物就第以賜。壽昌二年卒，年六十五。詔遣官督葬。〔一〇〕贈侍中。謚靖懿。師訓爲人，剛果峭直，有大志，善善惡惡，必使黑白灼然。爲政雖始若小煩，而終收治績。禮讓同儕，從無後人先己之意。更不肯以一時之利，賈詬笑於後世也。子中孫。〔一一〕

參墓誌、紀、長編、宋史

〔一一〕本史卷二五道宗紀大安五年六月作士勳，參注。〔八〕

〔一二〕去疑，本書卷七四有補傳。

〔三〕乙辛，全遼文卷九賈師訓墓誌銘均作乙信，本史卷一一〇有傳。

〔四〕本史卷三八地理志：顯州有奉先縣，乾州有奉陵縣，無奉玄縣。

〔五〕按本史卷二四道宗紀大康八年六月，以劉筠爲南院樞密使。九年十月，南院樞密使劉筠薨，劉雲即劉筠。

〔六〕皇孫即天祚延禧，墓誌原作皇子，誤。

〔七〕方域疆吏指地方大員，此局不屬其管轄，爲直通中央之特工機構。

〔八〕本史卷二五道宗紀大安五年六月，「以前樞密副使賈士勳參知政事，兼同知樞密院事」。

〔九〕本史卷二四道宗紀大康八年六月，「（以）王績（爲）漢人行宫都部署」。九年閏六月，「（以）漢人行宫都部署王績爲南院樞密副使」。王績即王籍。

〔一〇〕在墓誌題後，有「守太常卿、前知臨潢少尹、騎都尉、賜紫金魚袋張可及奉勑葬」一行。誌文内有「張可及監督葬事，皆官給其費，以次年四月十七日藏于京南勸農縣西德山之陽」。

〔一一〕墓誌：「娶故乾州節度使韓曄女，蚤逝，生子中孫。再娶故侍中邢熙年次女。」下泐。

〔補〕鄧中舉，字子進，先世南陽人。祖延正，〔一〕長於醫卜，父澄，優遊不仕。中舉尚志好學，少舉進士及第，調倅營州軍州事，未及考，召補丞相掾，以才見稱於時。又補廳房主書，轉吏房丞旨。每因奏事，上頗顧諭。考滿，授中京府少尹，尋命按通中、上、東三京路供奉官，廕從得實，上嘉之。再命燕京留守中門使，旋委詮讀禮部進士文卷，次授燕京副留守，屬皇弟留守宋魏國王〔二〕出獵近甸，有獵夫之役，中舉以例行固不加役，或大宗强奴有恣横者，中舉以法繩之，得閭邑畏愛。同知留守歎德相公述便宜，欲以平園圃斬桑柘以利兵道，中舉力争，乃聞於朝，卒允其請，仍命增植之。

大安三年冬，充南使接伴，展專對之才。次年冬，受命充南朝生辰國信副使。〔三〕使還，授提點大理寺，執法明冤，號稱平允。五年夏，充遼東路按察使。其未發也，屬秋有開闢，急於取士，以中舉爲春卿，權利寒素，槩然才外，間不容髮。六年，特授宣權鹽鐵使，未周歲，丁父憂。旋奉命起復舊職。服闋，加直學士，知鹽鐵使。凡出納供擬，必濟以中道，留臺有疑政，其民多詣朝省請以中舉決之。前後裁遣逮百餘數，人稱清明。壽昌三年，特授保安軍節度使，既至止，以咸鎮有轉良户，垂八十年未原其情。公鞫之，凡三月而得實。壽昌四年夏以疾薨。年六十一。〔四〕

弟中及，舉進士。子奕，舉進士，早卒。純，亦舉進士。〔五〕

參鄧中舉墓誌、長編

〔一〕本史卷一九興宗紀重熙十年八月，「以醫者鄧延貞治詳穩蕭留寧疾驗，贈其父母官以奬之。」此作正，避宗真嫌名，史文應是金、元人回改。延貞，本書卷一〇八有補傳。

〔二〕即和魯斡，見本書卷七二補傳。

〔三〕長編：「元祐三年十二月丙子，遼國遣使長寧軍節度使耶律迪，副使中散大夫、守太常少卿、充史館修撰鄧中舉，來賀興龍節。」

〔四〕鄧中舉墓誌銘（參見遼金契丹女真史研究一九八六年二期遼代鄧中舉墓誌銘補議）：「夫人馬氏，曰陳留郡夫人。公既薨，追悼悲痛，未浹旬亦以疾卒。」

〔五〕鄧中舉墓誌銘：「女子四人：長適進士安曼期，次爲比丘尼，次適秘書郎張轂，次在室。」

遼史補注卷九十七

列傳第二十七

耶律斡特剌　孩里　竇景庸　耶律引吉
楊績　趙徽　王觀　耶律喜孫　〔補〕王師儒

耶律斡特剌，字乙辛隱，許國王寅底石六世孫。少不喜官禄，年四十一，始補本班郎君。時樞密使耶律乙辛擅權，讒害忠良，斡特剌恐禍及，深自抑畏。大康中，爲宿直官，歷左、右護衛太保。大安元年，升燕王傅，徙左夷離畢。〔一〕四年，改北院樞密副使。帝賜詩褒之，遷知北院樞密使事，賜翼聖佐義功臣。北阻卜酋長磨古斯叛，斡特剌率兵進討。會天大雪，敗磨古斯四別部，斬首千餘級，拜西北路招討使，封漆水郡王，加賜宣力守正功臣。尋拜南府宰相。〔二〕復討鬬古胡里扒部，破之，召爲契丹行宫都部署。

先是，北、南府有訟，各州府得就按之；比歲，非奉樞密檄，不得鞫問，以故訟者稽留。

斡特剌奏請如舊，從之。壽隆五年，〔三〕復爲西北路招討使，討耶覩刮部，俘斬甚衆，獲馬、駝、牛、羊各數萬。明年，擒磨古斯，加守太保，賜奉國匡化功臣。乾統初，乞致仕，不許，止罷招討。復兼南院樞密使，〔四〕封混同郡王。遷北院樞密使，加守太師，賜推誠贊治功臣。致仕，薨，謚曰敬肅。

〔一〕按本史卷二四道宗紀大安二年六月，以知樞密使事耶律斡特剌兼知左夷離畢事。

〔二〕按本史卷二六道宗紀壽隆三年十月，以西北路招討使斡特剌爲南府宰相。

〔三〕「壽隆」二字原脱，按本史卷二六道宗紀壽隆五年五月，「以南府宰相斡特剌兼西北路招討使，禁軍都統」。據補。

〔四〕「復兼」二字原脱。按本史卷二七天祚帝紀乾統元年六月，「以南府宰相斡特剌兼南院樞密使」。據補。二年五月，「斡特剌獻耶覩刮等部捷」。七月，「阻卜來侵，斡特剌等戰敗之」。十月，「以南府宰相耶律斡特剌爲北院樞密使」。

孩里，〔一〕字胡輦，回鶻人。其先在太祖時來貢，願留，因任用之。

孩里，重熙間歷近侍長。清寧九年，討重元之亂有功，加金吾衞上將軍，賜平亂功臣。累遷殿前都點檢，以宿衞嚴肅稱。大康初，加守太子太保。二年，加同中書門下平章事。三年，〔二〕改同知南院宣徽使事。會耶律乙辛出守中京，孩里入賀；及議復召，陳其不可。後乙辛再入樞府，出孩里爲廣利軍節度使。〔三〕及皇太子被誣，孩里當連坐，有詔勿問。大安初，歷品達魯虢部節度使。壽隆五年，有疾，自言吾數已盡，却醫藥，卒，年七十七。

孩里素信浮圖。清寧初，從上獵，墮馬，憒而復蘇。言始見二人引至一城，宫室宏敞，有衣絳袍人坐殿上，左右列侍，導孩里升階。持牘者示之曰：「本取大腹骨欲，誤執汝。」牘上書「官至使相，壽七十七」。須臾還，擠之大壑而寤。道宗聞之，命書其事。後皆驗。

〔一〕按本史卷二二道宗紀清寧九年七月作海鄰。

〔二〕「三年」二字衍。按本史卷二三道宗紀耶律乙辛出守中京在大康二年六月、同年十月召還。故出乙辛及議復召均屬二年事，乙辛再入樞府，又出孩里於廣利軍。故同知南院宣徽使事亦應在二年。

〔三〕按本史卷三八地理志二：「銅州，廣利軍，刺史。」或在大康時已升節度。

竇景庸，中京人，中書令振之子。聰敏好學。清寧中，第進士，授祕書省校書郎，累遷少府少監。咸雍六年，授樞密直學士，尋知漢人行宮副部署事。〔一〕大安初，遷南院樞密副使，監修國史，知樞密院事，賜同德功臣，封陳國公。有疾，表請致仕；不從，加太子太保，授武定軍節度使。〔二〕審決冤滯，輕重得宜，以獄空聞。七年，拜中京留守。九年薨，謚曰肅憲。子瑜，三司副使。〔三〕

〔一〕長編：熙寧六年（咸雍九年）十二月，遼主遣崇禄少卿竇景庸爲賀宋正旦副使。

〔二〕按本史卷二五道宗紀大安六年十一月，「以南府宰相竇景庸爲武定軍節度使」。

〔三〕女爲賜紫比丘尼，見房山石經題記。

耶律引吉，字阿括，品部人。父雙古，鎮西邊二十餘年，治尚嚴肅，不殖貨利，時多稱之。

引吉寅畏好義。以蔭補官，累遷東京副留守、北樞密院侍御。時蕭革、蕭圖古辭等以佞見任，鬻爵納賄；引吉以直道處其間，無所阿唯。改客省使。時朝廷遣使括三京隱户不得，以引吉代之，得數千餘户。

時昭懷太子知北南院事，選引吉爲輔導。樞密使乙辛將傾太子，惡引吉在側，奏出之，爲羣牧林牙。大康元年，乙辛請賜牧地，引吉奏曰：「今牧地褊陿，畜不蕃息，豈可分賜臣下。」帝乃止。乙辛由是益嫉之，除懷德軍節度使，徙漠北猾水馬羣太保，〔一〕卒。

〔一〕猾水，本史卷一〇一蕭陶蘇斡傳作滑水。

楊績，〔一〕良鄉人。太平十一年進士及第，累遷南院樞密副使。與杜防、韓知白等擅給進士堂帖，降長寧軍節度使，徙知涿州。

清寧初，拜參知政事，兼同知樞密院事，爲南府宰相。九年，聞重元亂，與姚景行勤王，上嘉之。十年，知興中府。咸雍初，入知樞密院事。二年，乞致仕，不許，拜南院樞密使。

帝以績舊臣，特詔燕見，論古今治亂，人臣邪正。帝曰：「方今羣臣忠直，耶律玦、劉伸而已；然伸不及玦之剛介。」續拜賀曰：「何代無賢，世亂則獨善其身，主聖則兼濟天下。陛下銖分邪正，升黜分明，天下幸甚。」累表告歸，不許，封趙王。大康中，以例改王遼西。致仕，加守太保，薨。子貴忠，知興中府。

〔一〕參見本書卷八九楊晳傳，此爲重出。全遼文卷八耶律仁先墓誌銘作楊庶績。續通考作馬績，誤。陳襄語録、長編作楊哲。

趙徽，南京人。重熙五年，擢甲科，〔一〕累遷大理正。〔二〕清寧二年，銅州人妄毁三教，徽按鞫之，以狀聞，稱旨。歷煩劇，有能名。累遷翰林學士承旨。〔三〕咸雍初，爲度支使。三年，〔四〕拜參知政事。出爲武定軍節度使，〔五〕及代，軍民請留。〔六〕後同知樞密院事，兼南府宰相、門下侍郎、平章事。致仕，卒。追贈中書令，謚文憲。

〔一〕按本史卷一八興宗紀重熙五年十月，「以日射三十六熊賦、幸燕詩試進士於廷，賜馮立、趙徽四王觀，南京人。博學有才辯。重熙七年，中進士乙科。〔一〕興宗崩，充夏國報哀使；還，除給事中。〔二〕咸雍初，遷翰林學士。〔三〕五年，兼乾文閣學士。七年，改南院樞密副使，賜國姓，參知政事，兼知南院樞密事。〔四〕坐矯制修私第，削爵爲民，〔五〕卒。

十九人進士第。以馮立爲右補闕，趙徽以下皆爲太子中舍，賜緋衣、銀魚」。

〔二〕長編至和元年（重熙二十三年）四月，「契丹遣昭德（軍）節度使蕭璉、殿中監趙徽來賀乾元節」。

〔三〕咸雍元年燕京歸義寺彌陀邑特建起院碑，邑衆題名有「開府儀同三司兼侍中、開國公趙徽」。（見黄仁恒遼代金石録卷三）

〔四〕陳襄語録：「咸雍三年六月二日，東頭供奉官鄭全翼賜宴，度支使户部侍郎趙微（徽）伴宴，酒十一琖。微問臣襄、蔡内翰今在何處？答以丁母憂。又云：微奉使南朝，是蔡内翰館伴，兼言往年歐陽脩侍郎來賀登位，是微接伴。」趙微即趙徽。

〔五〕按本史卷二三道宗紀咸雍八年十二月，「樞密副使、參知政事趙徽出爲武定軍節度使」。

〔六〕長編元祐元年（大安二年）十二月賀宋正旦副使朝議大夫、太常少卿、史館修撰趙微（徽）。

〔一〕按本史卷四七百官志三：「王觀，興宗重熙中爲兵部侍郎。」

〔二〕長編：「嘉祐四年（清寧五年）四月，契丹國母遣右監門衛上將軍耶律偘，起居郎知制誥王觀來賀乾元節。」

〔三〕陳襄語録：「（咸雍三年）六月二十二日，左承制韓君卿賜宴，翰林學士、給事中王觀伴宴，酒九琖。館伴使副（太傅耶律）弼、（太常少卿楊）益誠，送伴使副（蕭）好古、（楊）規中與焉。觀言其君好儒釋二典，亦嘗見仁宗皇帝三寶讃，欽歎久之。」

是年觀以翰林學士奉敕撰燕京大昊天寺碑云：「尾絡之分，燕爲大邦。闤千里之日圍，聚萬家之星井。中有先公主之館第，雕華宏冠，甲於都會。改而爲寺，遵遺託而薦冥福也。詔王行己督轄丁匠，梓者斤，陶者埴，金者冶，彩者繪，鍤雲屯，杵雷動，三霜未逾而功告畢。棟宇廊廡，亭檻軒牖，甍簷拱桷，欄楯櫟櫨。皆飾之以丹青，間之以瑶碧，金繩離其道，珠網罩其空。縹瓦鴛翔，修梁蜺亘。曉浮佳氣，涵寶砌以生春；夜納素輝，爍璿題而奪晝。」

又曰：「中廣殿而崛起，儼三聖之睟容；傍層樓而對峙，龕八藏之靈編。重扉砑啓，一十六之聲聞列於西東；邃洞異舒，百二十之賢聖分其左右。或鹿苑龍宫之舊蹟，或刻檀布金之遺芬。種種莊嚴，不可殫紀。」（永樂大典卷四六五〇引元一統志，參日下舊聞考卷五九，全遼文卷八。）大昊天寺額與碑俱道宗御書，故亦稱「御筆寺」。元一統志卷一言王觀撰御筆寺碑即此。其碑因敕參知政事、侍郎王觀論撰銘記。

〔四〕按本史卷二三道宗紀在咸雍八年六月。

〔五〕按本史卷二三道宗紀在咸雍八年十月。

耶律喜孫，字盈隱，永興宮分人。興宗在青宮，〔一〕嘗居左右輔導。聖宗大漸，喜孫與馮家奴告仁德皇后同宰相蕭浞卜等謀逆事。及欽哀爲皇太后稱制，喜孫尤見寵任。

重熙中，其子涅哥爲近侍，坐事伏誅。帝以喜孫有翼戴功，且悼其子罪死，欲世其官，喜孫無所出之部，因見馬印文有品部號，使隸其部，〔二〕拜南府宰相。尋出爲東北路詳穩，〔三〕卒。

論曰：孩里、引吉之爲臣也，當乙辛擅權、蕭革貪黷之日，雖與同官，而能以正自處，不少阿唯，其過人遠矣！傳曰：「歲寒知松栢之後凋。」二子有焉。若斡特剌之戰功，竇景庸之讞獄，楊績之忠告，亦賢矣夫。

〔一〕東方青色，青宮猶言東宮。

〔二〕按本史卷一七聖宗紀太平六年六月，「詔凡官畜並印其左以識之」。

〔三〕按本史卷一九興宗紀重熙十五年七月，「以前南府宰相耶律喜孫(爲)東北路詳穩」。

〔補〕王師儒字通夫，范陽人。曾祖惟忠，天成軍節度掌書記。祖詁，不仕。父祁，重熙七年，二十一歲，舉進士第一，〔一〕仕至殿中少監、樞密副都承旨。

師儒性孝謹，及冠，病時輩拘於童子彫蟲，獨持辭達之義，不同流俗。自鄉黨至輦轂間，大爲時賢推許，皆期以上第。咸雍元年，二十六歲，舉進士丙科，授將仕郎，守秘書省校書郎。執政者惜其徒勞於州縣，擢充樞密院令史。六年夏，加太子洗馬，朝廷委以掾局，猶謂未盡其才。當年冬，遽遷儒林郎直史館，仍易勳銜服章，同列榮之。間一歲，授秘書丞應奉閣下文字。十年冬，加尚書、比部員外郎、尋兼史館修撰。吏材儒術，爲儕輩推重，後侍從行闕。大康三年秋，加朝散大夫、尚書職方郎中，賜紫金魚袋。明年夏，遷將作少監，知尚書吏部銓。未幾，改授堂後官，仍充史館修撰。後授秘書少監，充南宋正旦國信接伴。

九年冬，道宗以天祚始出閣，封梁王，命師儒以太常少卿、乾文閣待制爲伴讀。〔二〕

初，接伴宋使錢勰，在驛途相與論六經、子、史以至山南異物、醫卜之書，師儒無不知者，勰深驚其淵博。到闕，館宴次，故相國竇景庸時任樞密直學士，方在館，許以博洽。且言於本朝兩制間求之，亦不多得。時屬上微行，親聞之，自是恩禮眷待，絶異等倫，旋授知制誥。又以善辭令，俾復充宋賀生辰國信使接伴，大安元年，使宋爲祭奠副使。〔三〕三年，加諫議大夫。四年，遷給事中，權翰林侍讀學士。五年，正授前職，仍加大中大夫。〔四〕六年，即拜翰林學士，〔五〕簽諸行宮都部署。未周歲，兼樞密直學士。八年，加尚書刑部侍郎知樞密副使，是冬，正授樞密副使。階升崇禄大夫，爵封開國公。十年，改授參知政事、簽樞密院事，〔六〕仍加散騎常侍，特賜佐理功臣。壽昌初，超拜同中書門下平章事，再知樞密副使〔七〕簽中書省事。十數年間，清資要職，連至九遷。〔八〕道宗方圖柄用，六年夏，會宋謝登位人使至，宥曹書吏，誤以「寶」字加之，坐是連累，與門下鄭顓、中書韓資讓，同日削平章事，仍罷樞密中書省職。〔九〕上尋知其非罪，密詔令冬赴廣平甸行在，及其至也，改授宣政殿大學士判史館事，〔一〇〕上柱國，食邑五百户，依前伴讀燕國王。七年春正月，道宗薨逝，天祚以師儒充攢途都提點，所至事無不辦。當年二月改元乾統，夏六月，改授諸行宮都部署，加尚書左僕射。十一月十日以疾卒於廣平淀公府，年六十二。上以師儒伴讀誨正十八年，未嘗少離左右，傷悼異常。追贈太子太師。特遣長婿諸行宮都部署司主事、起居舍人賈煇充勑祭發引使。賻贈異等，後以恩贈武定軍節度使、同中書門下平章事，又贈侍中。功臣、户封並進其數。

師儒任樞密副使時，適燕地饑饉，因上奏請賑，主計者以粟價騰踊，不可賤出阻之，師儒再三力争，上悟，深所嘉納，燕民賴之濟活者無算。及任宣政殿大學士判史館事，時國史已完稿。宰相耶律儼奏：國史非經大手筆刊定，不能信後，仍請師儒再加筆削，上從之。每豫遊、宴會，入宿閣夜飲，召親信者侍坐，師儒必與焉。每遇進酒索歌，師儒輒以詩代唱，御覽無不稱善。道德文學兼而有之。自初入仕途，不四十年，知遇見器，爲天子師輔。〔一〕

子元孫，始冠而卒。德孫，承恩廕，授率府副率，閤門祗候，應進士舉。女春宫，適宣徽判官、崇禄少卿賈煇。芝香，適樞密都承旨時立愛。〔二〕

參紀、長編、王師儒墓誌銘

〔一〕按本史卷一八興宗紀重熙七年六月，「御清涼殿試進士，賜邢彭年以下五十五人（及）第」。

〔二〕按本史卷二四道宗紀大康十年三月，「命知制誥王師儒、牌印郎君耶律固傅導燕國王延禧」。卷九八蕭兀納傳：「上謂王師儒、耶律固等曰：『兀納忠純。』自是，令兀納輔導燕王。」

〔三〕長編：元豐八年（大安元年）七月，「遼國遺奉國軍節度使耶律琚，起居郎、知制誥、充史館修撰王師儒來祭奠」。文昌雜録卷六：「近者彼國中書舍人王師儒來修祭奠，余充接伴使，因以問師儒（捺鉢之義），答云：『捺鉢是契丹家語，猶言行在也。』」本史卷二四道宗紀大安二年正月，「召權翰林學士趙孝嚴、知制誥王師儒等講五經大義」。

〔四〕長編：元祐四年（大安五年）八月，「刑部侍郎趙君錫，翰林學士蘇轍爲賀遼國生辰使」。宋史卷三三九蘇轍傳：「（元祐間）代軾爲翰林學士，尋權吏部尚書使契丹，館客者侍讀學士王師儒能誦洵、軾之文及轍茯苓賦，恨不得見全集。」欒城集卷四二北使還論北邊事劄子：「及至中京，度支使鄭顓押宴，爲臣轍言：先臣洵所爲文字中事迹，頗能盡其委曲。及至帳前，館伴王師儒謂臣轍：『聞常服伏苓，欲乞其方。』蓋臣轍嘗作服伏苓賦，必此賦亦已到北界故也。」

〔五〕全遼文卷九大安六年撰蕭袍魯墓誌銘署「翰林侍讀學士、大中大夫、行給事中、知制誥、充史館修撰、伴讀燕國王上輕車都尉、太原縣開國侯、食邑一千户、賜紫金魚袋師儒奉勑撰」。

〔六〕按本史卷二五道宗紀大安十年十二月，「以樞密副使王師儒參知政事兼同知樞密院事」。

〔七〕按本史卷二六道宗紀壽昌元年十月，「以參知政事王師儒爲樞密副使」。

〔八〕壽昌四年（元符元年）十月，宋雄州上奏：契丹新置魏州，欲徙上等户一千以實之，宰相王師儒以爲不可，力諫不從，退而自刺其腹，賴左右救止，微傷而已。道宗遽從其言，仍賜壓驚錢三千緡，擢陞三官。宋曾布白哲宗：北事虛實未可知，若其相能以憂民爲心、强諫如此，而其主聽納，又賜金加官，君臣之際亦甚所難得也。哲宗默然。事見長編元符元年十月。

〔九〕按本史卷二六道宗紀壽昌六年六月，「以有司案牘書宋帝『嗣位』爲『登寶位』，詔奪宰相鄭顓以下官，出顓知興中府事，韓資讓爲崇義軍節度使，御史中丞韓君義爲廣順軍節度使」。

〔一〇〕本史卷二六道宗紀壽昌六年十月：「以樞密副使王師儒監修國史。」

〔一一〕按全遼文卷一〇王師儒墓誌銘：「夫人故同中書門下平章事、判三司使事兼贈中書令韓造之女，以公累封豐國夫人。天慶四年二月二十八日，終于燕京齊禮坊之第。」

〔一二〕按墓誌題：「大遼佐理功臣、諸行宫都部署、特進、行尚書左僕射、贈武定軍節度使、同中書門下平章事兼侍中、上柱國、太原郡開國公、食邑二千户、食實封二百户王公墓誌銘并序。」

遼史補注卷九十八

列傳第二十八

蕭兀納　耶律儼　劉伸　耶律胡呂　〔補〕耶律固

〔補〕梁援　〔補〕尚暐　〔補〕高爲裘　澤

蕭兀納，一名撻不也，〔一〕字特免，六院部人。其先嘗爲西南面拽剌。兀納魁偉簡重，善騎射。清寧初，兄圖獨以事入見，帝問族人可用者，圖獨以兀納對，補祗候郎君。遷近侍敞史，護衛太保。

大康初，爲北院宣徽使。時乙辛已害太子，因言宋魏國王和魯斡之子淳可爲儲嗣。羣臣莫敢言，唯兀納及夷離畢蕭陶隗諫曰：「舍嫡不立，是以國與人也。」帝猶豫不決。五年，帝出獵，乙辛請留皇孫，帝欲從之。兀納奏曰：「竊聞車駕出遊，將留皇孫，苟保護非人，恐有他變。果留，臣請侍左右。」帝乃悟，命皇孫從行。由此，始疑乙辛。

頃之，同知南院樞密使事，出乙辛、淳等。帝嘉其忠，封蘭陵郡王，人謂近於古社稷臣，授殿前都點檢。〔二〕上謂王師儒、耶律固等曰：「兀納忠純，雖狄仁傑輔唐，屋質立穆宗，無以過也。卿等宜達燕王知之。」自是，令兀納輔導燕王，益見優寵。大安初，詔尚越國公主，兀納固辭。改南院樞密使，〔三〕奏請掾史宜以歲月遷叙，從之。壽隆元年，拜北府宰相。〔四〕

初，天祚在潛邸，兀納數以直言忤旨。及嗣位，出爲遼興軍節度使，守太傅。以佛殿小底王華誣兀納借内府犀角，詔鞫之。兀納奏曰：「臣在先朝，詔許日取帑錢十萬爲私費，〔五〕臣未嘗妄取一錢，肯借犀角乎！」天祚愈怒，奪太傅官，降寧邊州刺史，尋改臨海軍節度使。

兀納上書曰：「自蕭海里亡入女直，彼有輕朝廷心，宜益兵以備不虞。」不報。天慶元年，知黄龍府事，改東北路統軍使，復上書曰：「臣治與女直接境，觀其所爲，其志非小。宜先其未發，舉兵圖之。」章數上，皆不聽。及金兵來侵，戰于寧江州，其孫移敵蹇死之；〔六〕兀納退走入城。留官屬守禦，自以三百騎渡混同江而西，城遂陷。後與蕭敵里拒金兵于長濼，〔七〕以軍敗免官。五年，天祚親征，兀納殿，復敗績。後數日乃與百官入見，授上京留守。六年，耶律章奴叛，〔八〕來攻京城，兀納發府庫以賚士卒，諭以逆順，完城池，以死拒戰。章奴無所得而去。以功授副元帥，尋爲契丹都宫使。〔九〕

天祚以兀納先朝重臣，有定策勳，每延問以政，兀納對甚切。上雖優容，終不能用。以疾卒，年七十。子特末，中書令守司空。孫撒古，移敵蹇，朮者，北護衛太保，仲宣，護衛太保。〔一〇〕

〔一〕亡遼録，契丹國志卷一〇、一一、一九又作撻勃也。金史卷二太祖紀作撻不野。契丹國志卷一〇作蕭德恭。

〔二〕按本史卷二四道宗紀封蘭陵郡王在大康五年五月。出乙辛在六年正月。六年十二月以蕭撻不也爲北府宰相。七年五月，以蕭撻不也兼殿前都點檢。

〔三〕按本史卷二四道宗紀大康八年二月，兼知契丹行宮都部署事；六月，兼知北院樞密使事；大安元年六月，兼知南院樞密使事；十月，爲南院樞密使。

〔四〕按本史卷二六道宗紀在壽隆二年十二月。又卷二四道宗紀大康六年十二月以蕭撻不也爲北府宰相，至大安元年十月改南院樞密使。此似是再任。

〔五〕日取帑錢，「日」字疑是月或臣。

〔六〕金史卷二太祖紀：「俄與敵遇于出河店，會大風起，塵埃被天，乘風勢擊之，遼兵潰。逐至斡論濼，殺獲首虜及車馬甲兵珍玩不可勝計。……斬其節度使撻不野。」參與此役者，尚未見有另一撻不野，或因撻不也之孫移敵蹇所誤傳。寧江州之戰，在天慶四年九月。

〔七〕長濼，本史卷二七天祚帝紀天慶四年十一月作「斡鄰濼」。金史卷二太祖紀作「斡論濼」。

〔八〕本史卷一〇〇耶律章奴傳及卷二八天祚帝紀並繫此事於天慶五年。

〔九〕按本史卷二八天祚帝紀天慶六年六月，「魏國王（耶律）淳進封秦晉國王，爲都元帥；上京留守蕭撻不也爲契丹行宫都部署兼副元帥」。

〔一〇〕以上二十八字，據紀及金史補。按本史卷二九天祚帝紀：「保大二年八月，親遇金軍，戰于石輦驛，敗績，都統蕭特末及其姪撒古被執。」「保大四年十一月，從行者舉兵亂，北護衛太保朮者、舍利詳穩牙不里等擊敗之。」朮者，金史卷八二有傳，傳云：「蕭仲恭本名朮里者。祖撻不也，仕遼爲樞密使，守司徒，封蘭陵郡王。父特末，爲中書令，守司空，尚主。（述按尚道宗女梁宋國大長公主，見本史卷六五公主表。）仲恭性恭謹，動有禮節，能被甲超橐駝。遼故事，宗戚子弟別爲一班，號『孩兒班』，仲恭嘗爲班使，歷宫使、本班詳穩。遼帝西奔天德，仲恭爲護衛太保，兼領軍事。至霍里底泊，大軍奄至，倉卒走。仲恭母馬乏，不能進，謂仲恭兄弟曰：『汝等盡節國家，無以我爲也。』仲恭母，遼道宗季女也。遼主傷之，命弟仲宣留侍其母。仲恭從而西。時大雪，寒甚，遼主乏食，仲恭進衣並進乾糒。遼主困，仲恭伏冰雪中，遼主借之以憩。凡六日，乃至天德，始得食。後與遼主俱獲，太宗以仲恭忠於其主，特加禮待。天會四年，仲恭使宋。且還，宋人意仲恭、耶律余睹皆有亡國之戚，而余睹爲監軍，有兵權，可誘而用之，乃以蠟丸書令仲恭致之余睹，使爲内應。仲恭素忠信，無反覆志，但恐宋人留不遣，遂陽許。還見宗望，即以蠟丸書獻之。

宗望察仲恭無他，薄罰之。於是再舉伐宋，執二帝以歸。累遷右宣徽使，改都點檢。皇統初，封蘭陵郡王，授世襲猛安，進拜平章政事，同監修國史，封濟王。天德二年，封越國王，除燕京留守。是歲，薨，年六十一。」近年有契丹字墓誌出土，詳仲恭入金仕歷。仲宣，金史卷八二亦有傳，傳云：「仲宣本名野里補，仲恭（同）母弟。聰敏好學，沉厚少言。五歲，遥授郡刺史，累加太子少師，爲本班詳穩。從天祚西，爲護衛太保、左右班詳穩。至石輦鐸，遼主留仲宣侍母，遂與其母皆見獲。太宗嘉之，且謂仲宣能知遼國故事，命權宣徽使，從睿宗伐康王。師還，家居者久之。皇統二年，特授鎮國上將軍，歷順義、永定、昭義、武寧四鎮節度使。爲政平易，小吏不敢爲姦，賄賂禁絶。朔、潞百姓皆爲立祠刻石頌之。正隆二年，卒，年六十四。」

耶律儼，字若思，析津人。本姓李氏。

父仲禧，重熙中始仕。清寧初，同知南院宣徽使事。四年，城鴨子、混同二水間，〔一〕拜北院宣徽使。咸雍初，坐誤奏事，出爲榆州刺史。俄詔復舊職，遷漢人行宫都部署。六年，賜國姓，封韓國公，改南院樞密使。〔二〕時樞臣乙辛等誣陷皇太子，詔仲禧偕乙辛鞫之，蔓引無辜，未嘗雪正。乙辛薦仲禧可任，拜廣德軍節度使，〔三〕復爲南院樞密使，卒，謚欽惠。

儼儀觀秀整，好學，有詩名，登咸雍進士第。守著作佐郎，補中書省令史，以勤敏稱。大康初，歷都部署判官、將作少監。後兩府奏事，論羣臣優劣，唯稱儼才俊。〔四〕改少府少監，知大理正，賜紫。〔五〕六年，遷大理少卿，奏讞詳平。明年，陞大理卿。丁父憂，奪服，同簽部署司事。

大安初，爲景州刺史。繩胥徒，禁豪猾，撫老恤貧，未數月，善政流播，郡人刻石頌德。二年，改御史中丞，詔按上京滯獄，多所平反。同知宣徽院事，提點大理寺。〔六〕六年冬，改山西路都轉運使。刮剔垢弊，奏定課額，益州縣俸給，事皆施行。壽隆初，授樞密直學士。以母憂去官，尋召復舊職。宋攻夏，李乾順遣使求和解，帝命儼如宋平之，〔七〕拜參知政事。六年，駕幸鴛鴦濼，召至內殿，訪以政事。〔八〕

帝晚年倦勤，用人不能自擇，令各擲骰子，以采勝者官之。儼嘗得勝采，上曰：「上相之徵也！」遷知樞密院事，賜經邦佐運功臣，封越國公。〔九〕修皇朝實録七十卷。〔一〇〕

帝大漸，儼與北院樞密使阿思同受顧命。乾統三年，徙封秦國。六年，封漆水郡王。天慶中，以疾，命乘小車入朝。疾甚，遣太醫視之。薨，贈尚父，謚曰忠懿。

儼素廉潔，一芥不取於人。經籍一覽成誦。又善伺人主意。妻邢氏有美色，常出入禁中，儼教之曰：「慎勿失上意！」由是權寵益固。〔一一〕三子：處貞，太常少卿；處廉，同知

中京留守事；處能，少府少監。〔一二〕

〔一〕按本史卷三八地理志二：「賓州，統和十七年，遷兀惹户，置刺史于鴨子、混同二水之間，後升。」卷一六聖宗紀太平四年二月，「詔改鴨子河曰混同江。」賓州上下統稱曰混同江，此言清寧四年城鴨子、混同二水間。未合。或是水沿舊名，城爲新建。

〔二〕按本史卷二二道宗紀，賜國姓在咸雍七年十二月。卷二三道宗紀，封韓國公在咸雍八年十二月。九年八月爲南院樞密使。

〔三〕按本史卷二三道宗紀在大康四年十一月。

〔四〕契丹國志卷一九李儼傳：「儼少而狡桀，倜儻不羣，軒然夷倨，才濟其姦。」又云：「資猾性巧，善諛佞人。」

〔五〕長編：熙寧十年（大康三年）十二月，「遼主遣……副使太常少卿、史館修撰李儼來賀正旦」。

〔六〕按本史卷二五道宗紀大安四年四月，「召樞密直學士耶律儼講尚書洪範」。

〔七〕按本史卷一一五西夏外記：「壽隆四年六月，（西夏）求援，十一月，遣樞密直學士耶律儼使宋，諷與夏和。」雲莊四六餘話云：「紹聖中，蔡京爲館伴，時遼使李儼留館頗久。一日，儼方飲次，忽將盤中杏曰：『來未開花，如今多幸。』京即舉梨謂之曰：『去雖葉落，那可輕離。』」並見老學庵筆記卷四。

老學庵筆記卷四有遼道宗題李儼黄菊賦：「昨日得卿黄菊賦，碎剪金英填作句。袖中猶覺有餘香，冷落秋風吹不去。」退齋閒雅録云：（李處能）謂（劉）遠曰：「本朝道宗皇帝好文，先人昔荷寵異。嘗於九日進菊花賦，次日賜詩答批一絶句云：『昨日吟卿黄花賦，碎剪金英作佳句。至今襟袖有餘香，冷落西風吹不去。』」

〔八〕宋會要禮四五：「元符三年（壽昌六年）三月十三日，遼國信使蕭德崇，副使李儼見於紫宸殿。」據長編元符二年（壽昌五年）二月繫銜作「副使樞密直學士、尚書禮部侍郎李儼。」

〔九〕據全遼文卷一〇乾統元年所撰道宗皇帝哀册署銜作「經邦守正翊贊功臣、開府儀同三司、行尚書左僕射兼門下侍郎、同中書門下平章事、監修國史、知樞密院事、上柱國、趙國公、食邑六千五百户、食實封陸佰伍拾户臣耶律儼撰」，應是後增至六字功臣、越國公。

〔一〇〕按本史卷二四道宗紀：「大安元年十一月，史臣進太祖以下七帝實録。」似即此皇朝實録七十卷。全遼文卷一〇王師儒墓誌銘：「（壽昌六年冬）改授宣政殿大學士判史館事。……編修所申：國史已絶筆。宰相耶律儼奏：『國史非經大手筆刊定，不能信後。』擬公再加筆削，上從之。」本史卷二七天祚帝紀：「乾統三年十一月，召監修國史耶律儼纂太祖諸帝實録。」應是末一次續修或潤色。

〔一一〕契丹國志卷一九李儼傳：「儼嘗與知樞密院事牛温舒有隙，各進所親厚，朋黨紛然，恃（蕭）奉先爲内主，温（舒）不能勝。」本史卷一〇二李處温傳：「伯父儼，雅與北樞密使蕭奉先友舊。執政十餘年，善逢迎取媚，天祚又寵任之。」

〔二〕三朝北盟會編政宣上帙一八引亡遼録：「又有延慶殿學士、提舉太乙宫趙敏修，遼國宰相李儼之子處能也。先在海島，蕭太后詔令歸俗，乘驛騎赴闕，將復用，行次平州，聞金人已下燕土，越境歸朝，在京師賜第。有母某國夫人邢氏等骨肉，亦自平州歸。三人旦夕出入王黼、蔡攸府第議事，朝廷遂信其説。通平州，納燕人，豈偶然哉，良有以也。」按三人謂李安弼（即李石）、高黨（即高履）及處能（即敏修）。

劉伸，伸又作詵，〔一〕字濟時，宛平人。少穎悟，長以辭翰聞。重熙五年，登進士第，歷彰武軍節度使掌書記、大理正。因奏獄，上適與近臣語，不顧，伸進曰：「臣聞自古帝王必重民命，願陛下省臣之奏。」上大驚異，擢樞密都承旨，權中京副留守。

詔徙富民以實春、泰二州，伸以爲不可，奏罷之。遷大理少卿，人以不冤。陞大理卿，改西京副留守。以父憂，終制，爲三司副使，加諫議大夫，提點大理寺。〔二〕以伸明法而恕，案冤獄全活者衆，徙南京副留守。俄改崇義軍節度使，政務簡静，民用不擾，致烏、鵲同巢之異，優詔褒之。改户部使，歲入羡餘錢三十萬緡，拜南院樞密副使。

道宗嘗謂大臣曰：「今之忠直，耶律玦、劉伸而已！」宰相楊績賀其得人，拜參知政事。〔三〕上諭之曰：「卿勿憚宰相！」時北院樞密使乙辛勢焰方熾，伸奏曰：「臣於乙辛尚不畏，何宰相之畏！」乙辛銜之，相與排詆，出爲保靜軍節度使。上終欲大用，加守太子太保，遷上京留守。乙辛以事徙鎮雄武，復以崇義軍節度使致仕。

適燕、薊民飢，伸與致政趙徽、韓造〔四〕日濟以糜粥，所活不勝算。大安二年卒，上震悼，賻贈加等。

〔一〕以上四字據注〔三〕增。

〔二〕長編：「嘉祐三年（清寧四年）五月，契丹遣林牙、歸德節度使耶律嗣臣、右諫議大夫劉伸，來獻其國母遺留物。」

〔三〕按本史卷二二道宗紀：「咸雍二年五月，以户部使劉詵爲樞密副使。十二月，以樞密副使劉詵（爲）參知政事。」劉詵即劉伸。全遼文卷八咸雍元年撰耶律宗允墓誌銘署「朝請大夫、守將作少監、充史館修撰應奉閣下文字、飛騎尉、賜紫金魚袋劉詵奉敕撰」。宋會要禮三〇：治平四年（咸雍三年）六月，遼祭奠弔慰使內有太常少卿、充史館館修撰劉詵，并入奠大行皇帝神御於皇儀殿。

〔四〕本史卷二三道宗紀大康元年六月作韓操。

耶律胡呂，字蘇撒，弘義宮分人。其先欲穩，佐太祖有功，爲奚迭烈部夷離菫。〔一〕父楊五，左監門衛大將軍。

胡呂性謙謹，於人無適莫。重熙末，補寢殿小底。以善職，屢更華要，遷千牛衛大將軍。大安中，北阻卜酋磨魯斯叛，〔二〕爲招討都監，與耶律那也率精騎二千討平之，以功爲漢人行宫副部署，兼知太和宫事。致仕，加同中書門下平章事，卒。

論曰：兀納當道宗昏惑之會，擁佑皇孫，使乙辛姦計不獲復逞，而遼祚以續。比之屋質立穆宗，非溢美也。儼以俊才莅政，所至有能譽；纂述遼史，具一代治亂，亦云勤矣。但其固寵，不能以禮正家，惜哉。劉伸三爲大理，民無冤抑；一登户部，上下兼裕，至與耶律玦並稱忠直，不亦宜乎。

〔一〕奚字原缺，按本史卷七三耶律欲穩傳作奚迭剌部夷離菫。又卷一太祖紀：「先是德祖俘奚七千户，徙饒樂之清河，至是創爲奚迭剌部。」據補。

〔二〕磨魯斯，本史卷二五道宗紀大安八年十月作磨古斯。

〔補〕耶律固，出身貴胄。大康十年，任牌印郎君，司文墨。受命與知制誥王師儒傅導燕國王延禧。道宗嘗謂固等曰：「蕭兀納忠純，雖狄仁傑輔唐，無以過之。卿等宜達燕王知之。」尋陞總知翰林院事。壽昌七年正月，道宗崩於韶陽川行在所，〔一〕遺詔燕國王延禧嗣位，即天祚皇帝。所有大行皇帝殯葬禮儀，天祚皆問固行之。

天慶二年（高麗睿宗七年），高麗太后柳氏薨。固以永州管內觀察處置使爲勑祭使，奉使祭王太后於高麗虞宮。明年春，將還，請以春秋釋例、金華瀛洲集各一部攜歸。高麗王允之。

固學識淵博，精通契丹文、漢文。契丹字道宗、宣懿兩哀册均出自固手。辟遼亡入金，熙宗召遼遺臣修遼史，固以特進主其事。當固官廣陵尹時，奉詔譯書，辟蕭永祺於門下，傳其業，尋卒。永祺繼之，成紀三十卷、志五卷、傳四十卷呈金廷。今金史所記皇統八年四月「遼史成」。世稱蕭永祺遼史者，實沿固所撰修之稿也。

參遼史紀、志、傳、金史紀、傳、高麗史

〔一〕參全遼文卷一〇漢文道宗皇帝哀册。

〔補〕梁援，字輔臣，顯州人，祖籍定州。四世祖文規，〔一〕致仕居燕。天顯中，太宗統兵至燕，因用於軍中，隸宫籍，累功遷防禦使。曾祖廷嗣，〔二〕朝廷嘗賜以醫巫閭山近地爲别業，遂家顯州。祖延敬，娶荆王女耶律氏。父仲方，官至宥州刺史。

援初生之夕，母鄭氏夢有異僧乘白雲自空而下，化爲彩鳳入於懷，時以爲文章之象也。幼穎悟，五歲誦孝經、論語、爾雅。十一歲通五經大義，十三作牽馬嶺碑文，人頗異之。始弱冠，與兄揀同舉進士，因有所得，固以試卷易名以奉其兄。於是預中甲科，奏籍。清寧五年，道宗始御百福殿，放進士百十五人，援以文采擢甲科第一。

援所作辭賦，爲時所稱。初命儒林郎、守右拾遺直史館，歷左補闕起居郎，並充史館修撰。旋加將作少監、秘書少監，應奉閣下文字。史職仍舊。加少府監知制誥兼兵刑房承旨。咸雍五年，從駕春蒐，兼權行宫御史臺。改衛尉卿兼吏房承旨，加乾文閣直學士、知制誥。援曾三奉命接送南朝國信副使，六充館伴副使。咸雍九年，以乾文閣待制充皇太后南朝正旦國信副使。〔三〕提按刑獄者六次，銓讀考試典掌貢舉者十次，其他出使小國、雜領繁務者，率在其間。蓋以善禮容、長決斷、精藻鑑之故也。十年，加右諫議大夫。大康元年，提點大理寺，因館伴能以語辯屈宋人，超拜翰林學士。於時宋以天池之地歸於遼，奉詔撰天池神堂之碑。皇太后薨逝，詔充皇太子〔四〕致祭都部署，因侍次講書，首解周易乾卦初九潛龍勿用之義，深承賞異。是冬，權諸行宮副部署兼判三班院，適值姦臣耶律乙辛〔五〕等肆巧言以搆害太子，援欲冒死上奏，潛作二書：一以致父母，一以示子孫，用史館印識之。遂奏狀曰：「皇太子年小，事理暗昧，不同凡庶，及陳故事，用啟上心。」乙辛等大怒，請下吏。道宗不令致辨，二書後竇藏於家。五年，奉詔修整儀注，奏定增置鐘簴之數，號稱詳備。改寧昌軍節度，州民有積訟十年不決者，一問而承服。六年，授户部使，静江軍節度，因大水入都門，援率二人冒雨督役，遲晚晴霽，水不爲害。援嘗乘車嶺路，偏入於峒中，一輪不動，轢空而出。暨東都禦水之夕，前有深溝丈餘，竟能繞道安渡。吉人天助，信不誣也。

八年，改天城軍節度使。十年，再授翰林學士。大安初，復拜諸行宮副部署兼領内署之任。三年，丁母憂，十月，起復興中尹，百里内野蠶成繭，馳驛以進，詔充御服綿纊及貫念珠以賜諸沙門。五年，起復諸行宮都部署。六年，權菍上京留守，是冬加宣政殿學士知上京留守臨潢尹事，自任興中尹至居守上京，凡辨疑獄免死罪爲平民者二十餘人。九年，知宣徽南院使事。壽昌初，知武定軍節度事。先是援尹興中時，兩奏獄空，至是三日獄亦空。朝廷降璽書以美之。三年，再授諸行宮都部署〔六〕加尚書左僕射，通檢燕京路。五年，賜號忠亮功臣、特進、檢校太尉，同中書門下平章事，判遼興軍節度使事。〔七〕六年夏，詔至闕，拜樞密副使，加號同德功臣、修國史、韓國公、簽中書省事。冬十月，正授兼中書侍郎，同中書門下平章事，監修國史，知樞密院事，加開府儀同三司，進封趙國公，食邑一萬户，仍賜經邦二字益功臣之號。暨七年正月道宗薨，援充玄宮都部署及撰上謚册文。迨山陵畢，詔免本屬之宫籍，移隸於中京大定縣，勑格餘人不以爲例，示特寵也。無何，竟遘疾薨殁，年六十八。同年十月葬先塋，敕史臣誌其墓。〔八〕妻清河張氏，職方郎中靖之女，封趙國夫人。先是皇太后賜之冠帔，以齊國太夫人未有是命，固以爲讓，皇太后因并賜之。子二：慶先，善屬文，四預奏籍，特賜進士及第，守太子洗馬、直史館權應奉閣下文字。慶元，左承制，閤門通事舍人。〔九〕

援以儒者致位臺宰，植性耿介，〔一〇〕莫于以私，更以忠規清範，傳在後昆云。

參紀、長編、梁援墓誌、鄭洛墓誌、元遺山集贊皇郡太君墓誌、玉石觀音像石刻

〔一〕梁援墓誌銘稱四代祖。梁文規，本書卷八三有補傳。

〔二〕梁廷嗣，本書卷八三有補傳。

〔三〕咸雍三年宋遣史炤、周孟揚等來遺其先帝遺物，援爲送伴副使，與耶律世達伴送史炤等，適陳襄、孫坦來告神宗即位，遇於中路館，相待以禮。（以上見陳襄語録）九年援爲副使，以太常少卿、乾文閣待制與千牛衛上將軍耶律榮奉太后命如宋賀正旦。（以上見長編神宗熙寧六年十二月，梁援誤作梁授。）大安元年宋遣范百禄、劉惟清爲回謝遼國使（見長編神宗元豐八年九月），援又爲館伴使。

〔四〕皇太子即昭懷大孝順聖皇帝。參本史卷七二順宗濬傳。

〔五〕耶律乙辛，墓誌作耶律英弼。

〔六〕按本史卷二六道宗紀，以武定軍節度使梁援爲漢人行宮都部署，在壽昌三年九月。

〔七〕壽昌五年九月玉石觀音像石刻（見全遼文作者索引）署銜：「諸行宮都部署、尚書右僕射。」按本史卷二六道宗紀，以漢人行宮都部署梁援爲遼興軍節度使，在壽昌五年十二月。以遼興軍節度使梁援爲樞密副使，在壽昌六年六月。

〔八〕梁援墓誌銘（見北方文物一九八六年二期）題「大遼故經邦忠亮同德功臣開府儀同三司、尚書左僕射兼中書侍郎、同中書門下平章事、監修國史、知樞密院事、上柱國、趙國公、食邑一萬户、食實封壹仟户、贈侍中、謚號忠懿梁公墓誌銘並序。朝請大夫、中書舍人、充史館修撰、輕車都尉、平昌縣開國伯、食邑七百户、賜紫金魚袋臣孟初奉敕撰」。

〔九〕墓誌：「一女，小字寶相，孫男曰韓國奴。三女孫：長曰引璋，次曰宣娥，季曰迎相女。兄曰揀，登進士第，解褐，授秘書省校書郎，早逝。有三男：長曰慶詒，舉進士，三赴御簾，未第而卒。次曰慶祥，左承制。次曰慶誼，内供奉班祗候。二弟：曰揆，閤門祗候，左承制。曰抃，登進士科，官爲長慶令。皆早逝。抃有五男：曰慶玄，内供奉班祗候。曰慶衷，閤門祗候。曰恩化，曰興府，曰八十七，皆業進士。一妹，適故檢校工部尚書、部署院主事張孝俊。」

〔一〇〕全遼文卷九鄭恪墓誌銘：「會表弟梁援爲户部使，植性耿介，避物議之謂私親也，不獲早爲之所，居七年始得去職。」

參尚暐墓誌銘

〔補〕尚暐，籍貫失考。祖瑩，將仕郎、守恩州司候參軍。父從約，進士。暐清寧五年及第，當年勾充樞密院令史。特降授朝散大夫、尚書金部郎中、知度支户部判官、授朝散大夫、守將作少監、知上京内省副使。授朝散大夫、守太常少卿、知大定府少尹。壽昌二年卒於白霤之地，年六十六。

娶康氏，封縣君，即梅棘夷離畢侍中之孫女。〔一一〕

二子：長君誨，在班祗候；次益謙，備進士舉。〔一二〕

〔一〕按全遼文卷九尚暐墓誌銘：「次娶武威縣君安氏，即安太保之女也。」

〔二〕按墓誌：「公有三女：長適朝散大夫、將作少監韓君詳；次適進士王泗；次適故晉王孫中京諸軍都虞候、銀青崇禄大夫、檢校尚書右僕射、使持節登州諸軍事、登州刺史兼殿中侍御史、飛騎尉武威縣開國子、食邑五百户石瀚。」按墓誌：暐「有孫五人：龍樹、馬鳴、大安、永安、長安。孫女一人，文殊」。

〔補〕高爲裘，渤海人。先世居扶餘府魚谷縣烏惹里。祖模翰，〔一〕太祖天贊間，官至同平章事兼侍中、天下兵馬都部署。父儒，勝州刺史。

爲裘世襲重禄，家累餘資。及稍長，輕財重義，交結當世權豪名士。至於六藝，靡不精習。開泰七年九月，由祖父蔭寄班祗候，授西班小底，〔二〕銀青崇禄大夫兼監察御史、武騎尉。至重熙九年十二月，授右班殿直、侍衛神武軍指揮使。清寧二年六月，授禮賓副使、知順義軍馬步軍都指揮使事，是年七月終於任。〔三〕

子澤、洵、渥。渥曾授在班祗候。

澤自幼如成人，不妄言笑，不慕權利。意崇佛老，身樂丘園，自以高尚，不事王侯。以大康三年十二月，終於朔州南門私第。年五十九。子永肩、永年。〔四〕永肩，禮賓副使、銀青崇禄大夫、檢校右散騎常侍兼殿中侍御史、前蔚州長清軍〔五〕指揮使、飛騎尉。永肩二子：長曰据，鄉貢進士。次曰和哥。永年不仕。有四子：長曰拱，在班祗候。次曰抃。次曰小和尚。次曰乾孫。

參高爲裘墓誌銘、高澤墓誌銘

〔一〕本史卷七六有傳。

〔二〕本史卷四五百官志有三班院祗候，即包括寄班祗候。卷一一六國語解：「三班院祗候，左右班並寄班爲三班。祗候，官名。」又「遼制多小底官」。

〔三〕出土於山西朔縣之高爲裘墓誌銘（參見中國考古集成華北卷劉俊喜遼代朔州高氏的兩方墓誌）：「公先娶天水閻氏，太原孫氏，生男三女二。長女適扶風馬三郎，次女適扶風馬興祖，皆名家子。」

〔四〕見出土於山西朔縣之高澤墓誌銘（參見中國考古集成華北卷劉俊喜遼代朔州高氏的兩方墓誌）。

〔五〕按本史卷四一地理志：「蔚州，忠順軍。」此長清軍應是曾有之軍號。

遼史補注卷九十九

列傳第二十九

蕭巖壽　耶律撒剌　蕭速撒　耶律撻不也
蕭撻不也　蕭忽古　耶律石柳　〔補〕王士方
蕭常哥〔一〕　蕭陽阿〔二〕　〔補〕甯鑑　〔補〕張世卿

蕭巖壽，乙室部人。性剛直，尚氣。仕重熙末。道宗即位，皇太后屢稱其賢，由是進用。

上出獵較，巖壽典其事，未嘗高下于心，帝益重之。歷文班太保、同知樞密院事。咸雍四年，從耶律仁先伐阻卜，〔三〕破之，有詔留屯，亡歸者衆，由是鐫兩官。十年，討敵烈部有功，爲其部節度使。

大康元年，同知南院宣徽使事，遷北面林牙。密奏乙辛以皇太子知國政，心不自安，與張孝傑數相過從，恐有陰謀，動搖太子。上悟，出乙辛爲中京留守。〔四〕會乙辛生日，上遣近臣耶律白斯本賜物爲壽，乙辛因私屬白上：「臣見姦人在朝，陛下孤危。身雖在外，竊用寒心。」白斯本還，以聞。上遣人賜乙辛車，諭曰：「無慮弗用，行將召矣。」由是反疑巖壽，出爲順義軍節度使。

乙辛復入爲樞密使，流巖壽於烏隗路，終身拘作。巖壽雖竄逐，恒以社稷爲憂，時人爲之語曰：「以狼牧羊，何能久長！」三年，乙辛誣巖壽與謀廢立事，執還殺之，年四十九。乾統間，贈同中書門下平章事，繪像宜福殿。巖壽廉直，面折廷諍，多與乙辛忤，故及於難。

〔一〕原在本史卷八二，今移此。

〔二〕原在本史卷八二，今移此。

〔三〕按本史卷二二道宗紀，耶律仁先伐阻卜，在咸雍五年正月。（卷七〇屬國表作三月。）

〔四〕中京原誤上京，據本史卷二三道宗紀大康二年六月及卷八九耶律庶箴傳，卷九七孩里傳，卷一一〇耶律乙辛傳改。

耶律撒剌，字董隱，南院大王磨魯古之孫。〔一〕性忠直沉厚。清寧初，累遷西南面招討使，以治稱。咸雍九年，改北院大王。〔二〕未幾，爲契丹行宮都部署。

大康二年，耶律乙辛爲中京留守，詔百官廷議，欲復召之，羣臣無敢正言。撒剌獨奏曰：「蕭巖壽言乙辛有罪，不可爲樞臣，故陛下出之；今復召，恐天下生疑。」進諫者三，不納，左右爲之震悚。乙辛復爲樞密使，見撒剌讓曰：「與君無憾，何獨異議？」撒剌曰：「此社稷計，何憾之有！」乙辛誣撒剌與速撒同謀廢立，詔按無迹，出爲始平軍節度使。及蕭訛都斡誣首，竟遣使殺之。

乾統間，追封漆水郡王，繪像宜福殿，仍追贈三子官爵。

〔一〕按本史卷八二磨魯古傳作北院大王。

〔二〕按本史卷二三道宗紀：「咸雍九年十一月，南院大王合里只致仕。十二月，以南院宣徽使耶律撒剌爲南院大王。」此作北院誤。

蕭速撒，字禿魯堇，漢名素，〔一〕突呂不部人。性沉毅。重熙間，累遷右護衛太保。蒲奴里叛，從耶律義先往討，執首亂陶得里以歸。清寧中，歷北面林牙、彰國軍節度使，入爲北院樞密副使。咸雍十年，經畧西南邊，〔二〕撤宋堡障，戍以皮室軍，上嘉之。大康二年，知北院樞密使事。〔三〕耶律乙辛權寵方盛，附麗者多至通顯；速撒未嘗造門。乙辛銜之，誣構速撒首謀廢立；按之無驗，出爲上京留守。乙辛復令蕭訛都斡以前事誣告，上怒，不復加訊，遣使殺之。時方盛暑，尸諸原野，容色不變，烏鵲不敢近。乾統間，追封蘭陵郡王，繪像宜福殿。

〔一〕以上三字，據長編、皇宋十朝綱要補。參本書卷二三道宗紀咸雍十年注〔四〕、〔一〇〕、〔一三〕、〔一五〕。

〔二〕本年四月，與宋使議疆界於代州。參本書卷二三道宗紀咸雍十年注〔四〕、〔一〇〕。

〔三〕「事」字原脱。按本史卷二三道宗紀大康二年六月，「北院樞密副使蕭速撒知北院樞密使事」。據補。

耶律撻不也，字撒班，系出季父房。父高家。〔一〕仕至林牙，重熙間破夏人于金肅軍有功，優加賞賚。

撻不也，清寧中補牌印郎君，累遷永興宫使。九年，平重元之亂，以功知點檢司事，賜平亂功臣，爲懷德軍節度使。咸雍五年，遷遥輦剋。大康三年，授北院宣徽使。耶律乙辛謀害太子，撻不也知其姦，欲殺乙辛及蕭特里得、〔二〕蕭十三等。乙辛知之，令其黨誣構撻不也與廢立事，殺之。乾統間，追封漆水郡王，繪像宜福殿。

〔一〕按本史卷二〇興宗紀重熙十九年二月作南面林牙高家奴。

〔二〕本史卷一一一本傳作蕭得裏特。卷七二順宗傳作蕭特裏特。下文蕭忽古傳作蕭得里特。

蕭撻不也，字斡里端，國舅郡王高九〔一〕之孫。性剛直。咸雍中，補祗候郎君。大康元年，爲彰愍宫使，尚趙國公主，拜駙馬都尉。〔二〕三年，改同知漢人行宫都部署。與北院宣徽使耶律撻不也善，乙辛嫉之，令人誣告謀廢立事。不勝搒掠，誣伏。上引問，昏聵不能自陳，遂見殺。〔三〕乾統間，追封蘭陵郡王，繪像宜福殿。

〔一〕高九，漢名孝誠，蘭陵郡王。見全遼文卷七耶律元妻晉國夫人蕭氏墓誌銘。

〔二〕本史卷六五公主表：道宗第二女糺里，下嫁蕭撻不也。

〔三〕本史卷六五公主表：「駙馬都尉蕭撻不也坐昭懷太子事被害。」

蕭忽古，字阿斯憐，性忠直，趫捷有力。甫冠，補禁軍。咸雍初，從招討使耶律趙三討番部之違命者。及請降，來介有能躍駝峯而上者，以儇捷相詫。趙三問左右誰能此，忽古被重鎧而出，手不及峯，一躍而上，使者大駭。趙三以女妻之。帝聞，召爲護衛。

時北院樞密使耶律乙辛以狡佞得幸，肆行兇暴。忽古伏于橋下，伺其過，欲殺之。俄以暴雨壞橋，不果。後又欲殺于獵所，爲親友所沮。大康三年，復欲殺乙辛及蕭得里特等，乙辛知而械繫之，考劾不服，流于邊。及太子廢徙于上京，召忽古至，殺之。乾統初，追贈龍虎衛上將軍。

耶律石柳，字酬宛，六院部人。祖獨攧，南院大王。父安十，統軍副使。

石柳性剛直，有經世志。始爲牌印郎君。大康初，爲夷離畢郎君。時樞密使耶律乙辛誣殺皇后，謀廢太子，斥忠賢，進姦黨，石柳惡其所爲，乙辛覺之。太子既廢，以石柳附太子，流鎮州。〔一〕

天祚即位，召爲御史中丞。時方治乙辛黨，有司不以爲意。石柳上書曰：

臣前爲姦臣所陷，斥竄邊郡。幸蒙召用，不敢隱默。恩賞明則賢者勸，刑罰當則姦人消。二者既舉，天下不勞而治。臣見耶律乙辛身出寒微，位居樞要，竊權肆惡，不勝名狀。蔽先帝之明，誣陷順聖，構害忠讜，敗國罔上，自古所無。賴廟社之休，陛下獲纂成業，積年之冤，一旦洗雪。正陛下英斷，克成孝道之秋。如蕭得裏特實乙辛之黨，耶律合魯亦不爲早辨，賴陛下之明，遂正其事。

臣見陛下多疑，故有司顧望，不切推問。乙辛在先帝朝，權寵無比。先帝若以順考爲實，則乙辛爲功臣，陛下豈得立耶？先帝黜逐嬖后，詔陛下在左右，是亦悔前非也。陛下詎可忘父讎不報，寬逆黨不誅。今靈骨未獲，而求之不切。傳曰，聖人之德，無加于孝。昔唐德宗因亂失母，思慕悲傷，孝道益著。周公誅飛廉、惡來，天下大悦。今逆黨未除，大冤不報，上無以慰順考之靈，下無以釋天下之憤。怨氣上結，水旱爲沴。

臣願陛下下明詔，求順考之瘞所，盡收逆黨以正邦憲，快四方忠義之心，昭國家賞罰之用，然後致治之道可得而舉矣。謹別録順聖升遐及乙辛等事，昧死以聞。

書奏不報，聞者莫不歎惋。

乾統中，遥授静江軍節度使，卒。子馬哥，同中書門下平章事。〔二〕

論曰：易言「履霜，堅冰至」，謹始也。使道宗能從巖壽、撒剌之諫，后何得而誣，太子何得而廢哉？速撒、撻不也以忠言見殺，國欲無亂，得乎？石柳之書，亦幸出於乙辛既敗之後，獲行其説。有國家者，可不知人哉！

〔一〕按本史卷二一四道宗紀：「大康六年正月，耶律乙辛出知興中府事。三月，封皇孫延禧爲梁王。」此後后党逐漸起用，石柳應於此期召回任官。卷二五道宗紀大安十年七月「阻卜等寇倒塌嶺，盡掠西路羣牧馬去，東北路統軍使耶律石柳以兵追及，盡獲所掠而還」。

〔二〕按本史卷二八天祚帝紀：「天慶五年十二月，北面林牙耶律馬哥討張家奴。六年十一月，東面行軍副統馬哥等攻曷蘇館，敗績。十二月，削副統耶律馬哥官。」卷二九天祚帝紀：「保大二年九月，敵烈部叛，都統馬哥克之。四年正月，上趨都統馬哥軍。金人來攻，棄營北遁，馬哥被執。」

〔補〕王士方，臨潢人。〔一〕正直敢言。道宗朝，姦臣樞密使耶律乙辛於誣陷宣懿皇后之後，又謀殺太子濬，世無敢白其冤者。士方擊義鐘〔二〕以訴，道宗感悟，卒誅乙辛，厚賞士方，授承奉官。

孫中安，入金擢進士第。曾孫賁，金史有傳。

參金史卷九六王賁傳

〔一〕金史卷九六王賁傳：「其先自臨潢移貫宛平。」應是漢人北遷者。

〔二〕遼有鐘院，人得擊鐘訴冤。見本史卷六一刑法志及卷一一六國語解。

蕭常哥，〔一〕又作長哥，漢名義，字子常，小〔二〕字胡獨堇，國舅之族。〔三〕祖約直，同政事門下平章事；父實老，累官節度使。〔四〕

常哥魁偉寡言。性忠厚，表裏如一。〔五〕年三十餘，始爲祗候郎君。歷本族將軍、松山州刺史。〔六〕壽隆元年，改南女直都監，授東京四軍副都指揮使。〔七〕二年，以女爲燕王妃〔八〕拜永興宮使。及妃生子，爲南院宣徽使，尋改漢人行宮都部署。乾統初，〔九〕加太子太師，爲國舅詳穩。二年，改遼興軍節度使，召爲北府宰相，〔一〇〕以柴册禮，加兼侍中。〔一一〕天慶元年，致仕，卒，謚曰欽肅。〔一二〕子冲之，由牌印郎君入仕，至州刺史。〔一三〕

〔一〕蕭常哥傳原在本史卷八二。今移本書卷九九。

〔二〕以上十一字，據本史卷二六道宗紀壽隆三年三月及孟初撰蕭義墓誌銘（見全遼文卷九）補。

〔三〕墓誌：「其先迪烈寧，太祖姑表弟，應天皇后之長兄也。初置北相，首居其位。」迪烈寧即蕭敵魯，本史卷七三有傳。北相謂北府宰相。見本書卷七三敵魯傳注〔二〕、〔三〕。墓誌：「曾王父恭，在聖宗朝高尚自晦。丞相韓德讓因事奇而舉之，起家授南面丞旨，歷林牙、夷離畢等官，拜平章事。時東韓夷弗遜，公（從）討有功。歿，贈守司空中書令。」本史卷一六聖宗紀太平三年六月，「以蕭孝恭（爲）東京統軍兼沿邊巡檢使」。此蕭孝恭與蕭恭是否同一人，當可存疑。

〔四〕墓誌：「父宗石，德茂氣充，材長運短，位不充量，既壯而終。贈中書令。母陳國太夫人耶律氏，故北府名王世遷之姊。實生三男：長曰重，燕京右宣徽使、保信軍節度使；仲曰輔，東京四軍都兵馬使；公其季子也。」實老即宗石。按本史卷二一四道宗紀大康五年三月：「以左夷離畢耶律世遷同知北院樞密使事。六年十二月，以耶律世遷知北院樞密使事。八年四月，以耶律世遷爲上京留守。」

〔五〕以上七字，據墓誌補。墓誌云：「義，字子常，氣象雄偉，內志忠厚，外體庭碩，表裏如一，而不衰墮。」

〔六〕墓誌：「咸雍中，妙選英能，扈從巡狩，且謂后妃之門，率循忠義之範，顧惟夙干，迥越常流。」

〔七〕以上十八字據墓誌「壽昌元年，歷南女直都監，授東京四軍副都指揮使，公之亨通，自有階矣」增補。

〔八〕按本史卷二六道宗紀壽隆三年三月，「燕國王延禧生子，賜名撻魯。妃之父長哥遷左監門衛上將軍」。卷七一后妃傳：「天祚德妃，北府宰相常哥之女。封燕國妃，生子撻魯。乾統三年，改德妃。」長哥、常哥即子常。燕王妃即德妃。墓誌：「今我天祚皇帝初九潛龍，有大聖德，公之次女，選儷儲闈，輔佐于中，周旋有度，（公）雖屢移官次，而恒從乘輿。」

〔九〕乾統原誤統和，因以常哥傳誤入本史卷八二。檢前有壽隆，後有天慶，應是乾統，而墓誌正作乾統。據改。並將本傳移入本卷。墓誌：「先皇大漸，與左右政臣奉承遺制，推戴聖人，於是自諸行宫都部署授國舅詳穩，加太子太師。因山大葬玄寢，將考舊制，擇親信大臣，陵宅内外讁發巫攘蠱厭之事，公暨北樞密使耶律撒巴寧贈齊王，負其責焉。乾統二年，授遼興軍節度使。下車之後，政流海隅。三年，屬新德嗣慶，民望徯蘇，順天應人，來幸霫邑，四海浹恩，推先親舊，公授平章事，職如故。四年復幸燕，召公詣闕，會妃覆誕，詔于母家，敕宗室及外戚大家禮可往者悉如之，□□備禮，當時所榮。……初平山孤竹之地，控帶邊防，申威令以制其豪强，修仁政以養其疲瘵。受代而後，爰及累年，至今稱之，如不容口。」

〔一〇〕按本史卷二七天祚帝紀乾統五年正月，「以遼興軍節度使蕭常哥爲北府宰相」。墓誌：「五年春，拜北宰相，錫號保義功臣。」

〔一一〕墓誌：「（乾統）六年，上方有事于帝山，命公先儀，授本府相禮，視嚴天仗，具體而微，是歲陽徵之月，鳴鑾登壇，刻玉增號。其于親執神御，陟降帝躬，皆公與皇叔越王淳偶爲之。及臨軒備册，庭執號寶，公獨與焉。訖，賜銀絹衣帶各差。仍恩加兼侍中、陳國公。」本史卷二七天祚帝紀：「乾統六年十一月丙申，行柴册禮，甲辰，祠木葉山。」墓誌：「每合宴會朝，常待以殊禮。議者曰：服事先朝，罄效勤力，登翼我后，巍巍嘉績。聯翩大任，煊赫蕃錫。傾丹腹于夙夜，奉清光于咫尺。乃欲脱去榮利，緬慕神仙，三抗表章，願還印綬。天子不允，詔免拜禮，進位守司徒，别賜推誠守正之號。天慶元年，堅請辭政，皇上雅矜其意，不得已而許之。加守太傅兼中書令，增號崇仁全德功臣。致仕。仍詔醫署假一人從行。遽嬰疾恙，别敕太醫，頒之御藥，王人撫諭，相繼于途。命數不移，有加無損，以其年十一月十八日，薨於其私第，享年七十有三。皇上聞訃震悼，敕有司稽寵典以贈官。積休功而定□，具儀祭引，則中大夫、守鴻臚少卿、充史館修撰韓綱承詔以領之。備禮窀穸，則中大夫、大理少卿張公孝奉命摠之。以二年三月十三日葬於遼川之右聖迹山陽，祔先塋也。賵贈之禮，並加常數。夫人耶律氏封陳國夫人，即故北大王團寧之猶女也。」墓誌題：「大遼故推誠保義守正崇仁全德功臣，北宰相、武寧軍節度徐、宿等州觀察等使、開府儀同三司、檢校太尉、守太傅兼中書令、行徐州大都督府長史、上柱國蘭陵郡陳國公、食邑六千户、食實封陸佰户、致仕贈守太師、謚恭穆蕭公墓誌銘並序。」

〔二〕墓誌作謚恭穆。欽肅，金人修史時諱恭改欽肅。

〔三〕以上十四字，據墓誌補。墓誌：「一男冲之，敬守成規，視爲令器。故燕國王初誕，申舅族之慶，拜左奉宸，由牌印班入仕，授□州刺史。娶南王帳故南大王仲達之孫也，今南王永孚即從叔父也。女三人：長爲尼，賜紫，號慈敬大德；今皇帝贊睿德妃，即其次也；第三女適南面承旨耶律珪，乃皇家宗室之裔。孫子三人，曰□□□□□蘇斡，曰特末。」

蕭陽阿，〔一〕字稍隱。端毅簡嚴，識遼、漢字，通天文、相法。父〔二〕卒，自五蕃部〔三〕親輓喪車至奚王嶺，人稱其孝。

年十九，爲本班郎君。歷鐵林、鐵鷂、大鷹三軍詳穩。乾統元年，由烏古敵烈部屯田太保爲易州刺史。倖臣劉彦良嘗以事至州，怙寵恣横，爲陽阿所沮。彦良歸，妄加毁訾，尋遣人代陽阿。州民千餘詣闕請留，即日授武安州觀察使。歷烏古涅里、順義、彰信等軍節度使，權知東北路統軍使事。

聞耶律狼不、鐸魯斡等叛，獨引麾下三十餘人追捕之，身被二創，生擒十餘人，送之行在。坐不獲首惡，免官。未幾，權南京留守，卒。

〔一〕蕭陽阿傳，原在本史卷八二，今移本書卷九九。

〔二〕父蕭樂音奴，本史卷九六有傳。

〔三〕五蕃部即五國部。

〔補〕甯鑑，字晦之，涿州固安人。曾祖貞，祖可一。父的，明經登第，終於鄀陽縣主簿，子孫因家焉。母李氏。

鑑儀貌俊逸。初舉進士，同輩吟風雪夜縱酒詩，鑑獨有「天下凍寒棄我意」之句。早在布衣，即志懷遠大。歷任著作佐郎、順州軍事判官、大理評事、中京内省判官、秘書郎、泰州康樂令、平州掌書記、樞密院試驗。以母老除朔州觀察判官。改授敦睦、弘義、延昌宫判官、加太子洗馬。因上奏，道宗特器之，改授西京留守推官，加殿中丞，未拜，特旨樞密院令史。丁母憂，尋起復，加尚書户部郎中。

天祚即位，詔覆張孝傑獄，流議中鑑深文其實，根株之外，一切湔浣，以能授樞密户房主事。遷左司郎中，俄轉兵房承旨，加少府少監。翌年冬，授命接伴南宋人使，竟以小心得過，出爲忠順軍節度副使。乾統四年，以疾卒於官署，年四十九。

三子：長奎孫，舉進士；次福惠，左班祗候；季鄭九，亦進士。〔一〕

參甯鑑墓誌銘、固安縣志卷三

〔一〕按全遼文卷一〇甯鑑墓誌銘題「大遼故少府少監忠順軍節度副使甯君墓誌銘」。

〔補〕張世卿，字虚白，歸化州人。兄弟六人，皆早逝。惟世卿獨存。大安中，民穀不登，飢餓而死者衆。朝廷詔行郡國開發倉廪以賑恤之。世卿進粟二千五百斛，以助國用。〔一〕

天祚嘉其忠，特授右班殿直。累遷至銀青崇禄大夫、檢校國子祭酒，兼監察御史、雲騎尉。世卿尤崇敬佛法，特於郡北方百步，以金募膏腴幅員三頃，盡植異花百餘品，迨四萬窠，引水灌溉，繁茂殊絶，中敞大小二亭，北置道院，佛殿僧舍大備，東有别位層樓巨堂，前後東西廊具焉，以待四方賓客棲息之所。隨位次第，已碣於亭左，儼然亭園之勝。每年四月二十九日，天祚皇帝天興節，世卿虔請内外諸僧尼男女邑衆，於園内建道場一晝夜，具香花美饌，供養齋設，特造瑠璃瓶五百隻，自春洎秋，繫日採花，持送諸寺。致供周年，延僧一萬人，及施藥設粥濟貧。積至十數載，誦法花經十萬部，讀誦金光明經二千部，於道院長開此經及菩薩戒講，並建大院一所，州西碑塔一座，高數百尺，彫鏤金剛、梵行、佛頂、高王常、清净、靈樞、赤松子中誡經等。天慶六年卒，年七十四。

子恭謙，曾隸北樞密院，敕留承應。妻劉氏。孫男二人：長曰伸，妻耶律氏。次曰三慶。

參張世卿墓誌銘

〔一〕按本史卷二四、二五道宗紀大安二年、三年，在上京、中京、南京等地，屢次發粟賑貧民。三年四月立入粟補官法。張世卿正是入粟授官之例。

遼史補注卷一百

列傳第三十

耶律棠古　蕭得里底　蕭酬斡　〔補〕耶律習涅

〔補〕耶律弘義　耶律章奴　耶律朮者　〔補〕趙孝嚴

〔補〕史洵直　〔補〕張衍

耶律棠古，字蒲速宛，六院郎君葛剌之後。

大康中，補本班郎君，累遷至大將軍。性坦率，好別白黑，人有不善，必盡言無隱，時號「强棠古」。在朝數論宰相得失，由是久不得調，後出爲西北戍長。

乾統三年，蕭得里底爲西北路招討使，以后族慢侮僚吏。棠古不屈，乃罷之。棠古訟之朝，不省。天慶初，烏古敵烈叛，召拜烏古部節度使。至部，諭降之。遂出私財及發富民積，以振其困乏，部民大悦，加鎮國上將軍。會蕭得里底以都統率兵與金人戰敗績，棠古請以軍法論。且曰：「臣雖老，願爲國破敵。」不納。

保大元年，乞致仕。明年，天祚出奔，棠古謁於倒塌嶺，爲上流涕，上慰止之，復拜烏古部節度使。及至部，敵烈以五千人來攻，棠古率家奴擊破之，加太子太傅。〔一〕年七十二卒。

〔一〕本史卷六六皇族表同。卷二九天祚帝紀保大二年七月作「加太子太保」。

蕭得里底，〔一〕字紀鄰，晉王孝先之孫。父撒鉢，歷官使相。

得里底短而僂，外謹内倨。大康中，補祇候郎君，稍遷興聖宫副使，兼同知中丞司事。大安中，燕王妃生子，得里底以妃叔故，歷寧遠軍節度使、長寧宫使。壽隆二年，監討達里得、拔思母二部，多俘而還，改同知南京留守事。

乾統元年，爲北面林牙、同知北院樞密事，受詔與北院樞密使耶律阿思治乙辛餘黨。阿思納賄，多出其罪；得里底不能制，亦附會之。

四年，知北院樞密事。夏王李乾順爲宋所攻，遣使請和解，詔得里底與南院樞密使牛温舒使宋平之。宋既許，得里底受書之日，乃曰：「始奉命取要約歸，不見書辭，豈敢徒還。」遂對宋主發函而讀。既還，朝議爲是。天慶三年，加守司徒，封蘭陵郡王。

女直初起，廷臣多欲乘其未備，舉兵往討；得里底獨沮之，以至敗衄。天祚以得里底不合人望，出爲西南面招討使。八年，召爲北院樞密使，寵任彌篤。是時，諸路大亂，飛章告急者絡繹而至，得里底不即上聞，有功者亦無甄別。由是將校怨怒，人無鬭志。

保大二年，金兵至嶺東。會耶律撒八、習騎撒跋〔二〕等謀立晉王敖盧斡事泄，上召得里底議曰：「反者必以此兒爲名，若不除去，何以獲安。」得里底唯唯，竟無一言申理。王既死，人心益離。金兵踰嶺，天祚率衞兵西遁。元妃蕭氏，得里底之姪，謂得里底曰：「爾任國政，致君至此，何以生爲！」得里底但謝罪，不能對。明日，天祚怒，逐得里底與其子麽撒。〔三〕

得里底既去，爲耶律高山奴執送金兵。得里底伺守者怠，脱身亡歸，復爲耶律九斤所得，送之耶律淳。時淳已僭號，得里底自知不免，詭曰：「吾不能事僭竊之君！」不食數日，卒。子麽撒，爲金兵所殺。

〔一〕按得里底與本史卷一〇二有傳之蕭奉先事迹重複，疑似一人兩傳。檢其係屬，又各有所自出，姑並存之待證。

〔二〕撒跋爲撒八重出，非二人。

〔三〕麽撒，本史卷六七外戚表作磨撒。金史卷七七撻懶傳：「獲遼樞密使得里底及其子磨哥、那野以還。」磨哥即麼撒。

蕭酬斡，〔一〕字訛里本，國舅少父房之後。祖阿剌，終採訪使。父別里剌，以后父封趙王。〔二〕

酬斡貌雄偉，性和易。年十四，尚越國公主，拜駙馬都尉，爲祇候郎君班詳穩。年十八，封蘭陵郡王。〔三〕時帝欲立皇孫爲嗣，恐無以解天下疑，出酬斡爲國舅詳穩，降皇后爲惠妃，遷于乾州。初酬斡母入朝，擅取驛馬，至是覺，奪其封號；復與妹魯姐爲巫蠱，〔四〕伏誅。大康八年，〔五〕詔酬斡與公主離婚，大安二年除名，〔六〕籍興聖宮，流烏古敵烈部。天慶中，以妹復尊爲太皇太妃，召酬斡爲南女直詳穩，遷征東副統軍。時廣州渤海作亂，乃與駙馬都尉蕭韓家奴襲其不備，平之，復敗敵將侯槩于川州。〔七〕是歲，東京叛，遇敵來擊，師潰；獨酬斡率麾下數人力戰，殁于陣，追贈龍虎衛上將軍。

〔一〕酬斡，一作酬窩，見全遼文卷九蕭德温墓誌銘。

〔二〕阿剌，漢名知足，本史卷九〇有傳。別里剌，漢名德温，本書卷九〇有補傳。

〔三〕按本史卷二四道宗紀大康五年五月，「殿前副點檢、駙馬都尉蕭酬斡封蘭陵郡王」。七年五月，「以蕭酬斡爲漢人行宮都部署兼知樞密院事」。

〔四〕唐律疏議卷一八賊盜：「蠱有多種，罕能究悉，事關左道，不可備知。或集合諸蠱，置於一器之內，久而相食，諸蠱皆盡，若蛇在，即爲『蛇蠱』之類。」

〔五〕以上四字據本史卷六五公主表補。

〔六〕以上六字據本史卷二四道宗紀大安二年七月補。

〔七〕按本史卷二八天祚帝紀：「天慶六年三月，東面行軍副統酬斡等擒侯槩於川州。」「十二月，封庶人蕭氏（惠妃）爲太皇太妃。」

〔補〕耶律習涅、小字把八，族籍大橫帳季父房。〔一〕父乙信直魯姑，母，大國舅鄭九之女乃合得夫人。習涅有兄辟離剌，小字不迭里，官雲內州節度使。弟二人：王家奴、習泥里。

六世祖爲于越王兵馬大元帥習寧，小字盧不姑，〔二〕太祖從侄。高祖賢適，字阿古真，〔三〕西平郡王。曾祖應恩，小字觀音，〔四〕官大同軍節度使。祖直魯袞，小字解里，官太尉。

習涅自大安間從仕，歷右祗候郎君，任宿衛，忠敬克篤，勛力彌盛。因詔同知歸化州軍州事，著有政績。次授興復軍節度副使，有良吏之稱。天慶四年卒，年五十一。習涅先娶捺割，國舅乍里太師女。次娶國舅阿思不里太師女。子正臣，蒲蘇，斡然。

參耶律習涅墓誌銘

〔一〕本史卷六六皇族表誤入仲父房，太祖從侄，不知所出。或以剌葛叛逆故。

〔二〕盧不姑本史卷七六有傳，作魯不古。卷三太宗紀天顯十一年七月與此同，作盧不姑。卷四太宗紀會同三年三月作魯不姑，五年二月作于越信恩，册府元龜卷九九五作于越進寧。契丹國志卷一四作梁王信寧，番名解里，剌葛之子。

〔三〕遼代耶律習涅墓誌（見考古一九九一年四期）作奧聒只，小字賢聖。本史卷七九有傳。

〔四〕遼代耶律習涅墓誌（見考古一九九一年四期）作應恩，小字觀音。

〔補〕耶律弘義，皇家貴胄，祖齊國大王。弘義尚重元女因八公主之女彌勒女。公主爲聖宗孫女，興宗姪女，道宗之妹，天祚皇帝之姑。身爲駙馬而其名字官爵不著，或是附隨重元党羽而闕之也。

弘義曾官六殿詳穩、太和宮副使。

子女四人：長男蘇那，護衛將軍；次子高什鉢；季子有福。女一，名骨捏。

參全遼文卷一〇耶律弘益妻蕭氏墓誌銘

耶律章奴，〔一〕字特末衍，季父房之後。父查剌，養高不仕。章奴明敏善談論。大安中，補牌印郎君。乾統元年，累遷右中丞，兼領牌印宿直事。六年，以直宿不謹，降知內客省事。天慶四年，授東北路統軍副使。〔二〕五年，改同知咸州路兵馬事。〔三〕

及天祚親征女直，蕭胡篤爲先鋒都統，章奴爲都監。大軍渡鴨子河，章奴與魏國王淳妻兄蕭敵里及其甥蕭延留等謀立淳，〔四〕誘將卒三百餘人亡歸。既而天祚爲女直所敗，章奴乃遣敵里、延留以廢立事馳報淳。淳猶豫未決。會行宮使者乙信持天祚御札至，備言章奴叛命，淳對使者號哭，即斬敵里、延留首以獻天祚。

章奴見淳不從，誘草寇數百攻掠上京，取府庫財物。至祖州，率僚屬告太祖廟云：「我大遼基業，由太祖百戰而成。今天下土崩，竊見興宗皇帝孫魏國王淳道德隆厚，能理世安民，臣等欲立以主社稷。會淳適好草甸，大事未遂。邇來天祚惟耽樂是從，不恤萬機；强敵肆侮，師徒敗績。加以盜賊蜂起，邦國危于累卵。臣等忝預族屬，世蒙恩渥，上欲安九廟之靈，下欲救萬民之命，乃有此舉，實出至誠，冀累聖垂祐。」西至慶州，復祀諸廟，仍述所以舉兵之意，移檄州縣、諸陵官僚，士卒稍稍屬心。

時饒州渤海及侯槩等相繼來應，衆至數萬，趨廣平淀。其黨耶律女古等暴横不法，劫掠婦女財畜。章奴度不能制，内懷悔恨；又攻上京不克，北走降虜。〔五〕順國女直阿鶻産率兵追敗之，殺其將耶律彌里直，擒貴族二百餘人，其妻子配役繡院，或散諸近侍爲婢；餘得脱者皆遁去。章奴詐爲使者，欲奔女直，爲邏者所獲，縛送行在，伏誅。〔六〕

〔一〕本史卷六六皇族表作張奴，卷二八天祚帝紀二、卷七〇屬國表皆作張家奴。

〔二〕按本史卷二七天祚帝紀天慶四年十一月，「以西北路招討使耶律斡里朵爲行軍都統，副點檢蕭乙薛、同知南院樞密使事耶律章奴副之」。

〔三〕按本史卷二八天祚帝紀天慶五年八月，「以斡里朵等軍敗免官，以圍場使阿不爲中軍都統，耶律張家奴爲都監。率番、漢兵十萬；蕭奉先充御營都統，諸行營都部署耶律章奴爲副」。張家奴、章奴複出。下文蕭胡篤，紀作蕭胡覩姑。章奴爲都監與紀合。或以都監兼御營副都統。

〔四〕本史卷二八天祚帝紀，天慶五年九月，「耶律章奴反，謀迎立魏國王淳。章奴先遣王妃親弟蕭諦里以所謀説魏國王」。諦里即敵里。

〔五〕虜字下原有「上」字，衍文，從刪。

〔六〕按本史卷二八天祚帝紀：「天慶六年二月戊辰，侍御司徒撻不也等討張家奴，戰于祖州，敗績。乙酉，遣漢人行宮都部署蕭特末率諸將討張家奴。戊子，張家奴誘饒州渤海，及中京賊侯槩等萬餘人攻陷高州。三月，東面行軍副統酬斡等擒侯槩丁川州。四月，親征張家奴，敗之。甲戌，誅叛黨，饒州渤海平。」

耶律朮者，字能典，于越蒲古只之後，魁偉雄辨。乾統初，補祗候郎君。六年，因柴册，加觀察使。天慶五年，受詔監都統耶律斡里朵戰。及敗，左遷銀州刺史，徙咸州糺將。

嘗與耶律章奴謀立魏國王淳。及聞章奴自鴨子河亡去，即引麾下數人往會之。道爲游兵所執，送行在所。上問曰：「予何負卿而反？」朮者對曰：「臣誠無憾。但以天下大亂，已非遼有，小人滿朝，賢臣竄斥，誠不忍見天皇帝艱難之業一旦土崩。臣所以痛入骨髓而有此舉，非爲身計。」後數日，復問，朮者厲聲數上過惡，陳社稷危亡之本，遂殺之。

論曰：遼末同事之臣，其善惡何相遠也！棠古骨鯁不屈權要，兩鎮烏古，恩威並著。酬斡平亂渤海，又以討叛力戰而死，忠可尚矣。得里底縱女直而不討，寢變告而不聞。其蔽主聰明，爲國階亂，莫斯之甚也。章奴、朮者乘時多艱，潛謀廢立，將求寵幸，以犯大逆，其得免於天下之戮哉！

〔補〕趙孝嚴，里貫未詳。咸雍八年撰耶律仁先墓誌，署「前崇義軍節度副使、銀青崇禄大夫、檢校散騎常侍兼殿中侍御、飛騎尉趙孝嚴撰」。又奉命撰神變加持經義釋演密鈔引文，曰：「大哉如來之教也，有顯有密。所謂顯者，五性三乘是也；所謂密者，總持密藏是也。若夫圓修萬行，具證十身，頓了一法界心，直超三無數劫，此乃神變加持之力，不可思議也。故毗盧遮那佛親爲口說，金剛秘密主次傳心印。玄之又玄，秘之甚秘。粵從唐代，有三藏善無畏者自中天來，持以梵本，與禪師一行受詔同譯。其理甚深，尚難趣入，乃謂無畏再爲敷説。一行遂增潤其文，號曰義釋，斯則啓明門之關鍵也。暨我大遼國有三藏摩尼者，從西竺至，躬慕聖化，志弘呪典，然廣傳授，未遑論撰，歷歲既久，逮今方興。伏維天佑皇帝睿智如神，聰謀出俗，以至公治國，賞罰無私；以大信臨人，恩威有濟。閲儒籍則暢禮樂詩書之旨，研釋典則該性相權實之宗。至教之三十二乘，早賾妙義；雜華之一百千頌，親製雄詞。修觀行以精融，入頓乘而邃悟。肇居儲邸，已學梵文；有若生知，殊非性習。通聲字之根柢，洞趣證之源流。欲使玄風，兼扶盛世。時有總秘大師賜紫沙門覺苑，幼攻蟻術，長號鵬耆；學贍羣經，業專密部。禀摩尼之善誘，窮瑜伽之奧詮。名冠宗師，詔開講會。最上乘之至理，由此發揚，因集科文五卷，通行于世。師自是談演之暇，乘精運思，復撰成鈔十卷，文無不周，義無不攝。鏡先制之幽隱，燭後學之昏疑。意者，近報國恩，遠弘佛道，亦既進奏，亟命雕鏤，申諭微臣，得述前引。道安天闊，信側管以徒爲；澄觀月高，慚隔縠而莫覩。强攄鄙素，聊贊玄言。」署「朝議大夫、行起居郎、充乾文閣待制、史館修撰、騎都尉、賜紫金魚袋臣趙孝嚴奉敕撰」。讀其文，可知君臣與高僧之相得，亦以見孝嚴能融會儒釋及其文詞之通暢也。

大安元年十二月，以中大夫、行起居郎、知制誥、充史館修撰奉命爲賀宋興龍節副

使。〔一〕壽隆元年六月，以參知政事爲漢人行宫都部署。〔二〕

參全遼文卷八耶律仁先墓誌銘文前題詞、卷九神變加持經義釋演密鈔引文、長編、紀

〔一〕見長編神宗元豐八年十二月。

〔二〕本史卷二六道宗紀壽隆五年十二月又重敘此事。

〔補〕史洵直，字知命，儒州縉山人。世爲右族，高祖繼隆，嘗爲本郡刺史。曾祖旻，祖延贇，父翊，俱不仕。母戰氏，追贈至洛陽郡太君。弟兄八人，洵直年居最長，自幼卓立不羣。文章敏巧，出于自然。甫弱冠，聲名藉甚。清寧八年，登進士第，釋褐，授著作佐郎，尋差充西京管内都商税判官。大安二年，以守殿中監奉使高麗賀生辰〔一〕前後共歷一十八任，官至左諫議大夫，致仕。乾統四年五月以疾終于昌平縣之私第，年八十三。洵直立身行道，以忠貞奉上，以嚴明待下。安貧樂道，博學多能，凡内典、醫方、音律、星緯、書數、射御，無不精妙。性輕財好施，疾惡敬善。事繼母楊氏，以禄榮養，三紀如一。

好讀書，每安坐静室，唯擁書籍自娱。

娶安州防禦使邢英女，即吏部尚書邢古〔二〕之妹也。大安元年，封河間縣君。乾統元年，遇恩追贈郡號。

三子：琛，故御容殿祗候；觀音奴，早逝；鎰，舉進士。女一，適將作少監牛温敖。孫男天倪，西頭供奉官、前三河縣商麴鐵都監。天剛，舉進士。禄孫出家，法名行敷，禮西京石佛院詮正大師。〔三〕

參史洵直墓誌銘、高麗史

〔一〕見高麗史卷一〇。

〔二〕邢古即邢希古，避天祚嫌名省「希」字。曾於大安二年撰易州太寧山浄覺寺碑銘，署「太中大夫、充昭文館直學士、知諸宫制置使護軍、開國侯邢希古」。（見全遼文作者索引）蘇轍欒城集卷四二北使還論北邊事劄子：「臣等初至燕京，副留守邢希古相接送，令引接殿侍元辛傳語臣轍云：『令兄内翰（謂臣兄軾）眉山集已到此多時，内翰何不印行文集，亦使流傳至此。』」又圖畫見聞志卷六：「余熙寧辛亥（遼咸雍七年）冬，被命接勞北使爲輔行，日與其副燕人馬禋、邢希古結驅並馳，希古恭順詳敏，有儒者之風，從容語及圖畫。」據長編：熙寧辛亥（即四年）十二月，希古曾以崇禄少卿史館修撰銜奉使至宋賀正旦。希古無傳，附其事於此。

〔三〕全遼文卷一一史洵直墓誌銘前題「大遼故左諫議大夫、開國子、食邑五百户、賜紫金魚袋致仕史公墓誌銘」。

〔補〕張衍，析津府香河人。祖守均，父壽，俱晦跡不仕。衍於壽隆元年登進士第，授校書郎，管内都商税判官。處脂膏之所，廉潔不染，課績畢，遷秘書郎，知龍門縣事，秩滿，補中京留守推官，決疑獄，釋重囚五人，時服其明允。遷都官員外郎，賜金魚紫袍，左散騎常侍，差監銀絹庫，授比部郎中。通判易州，又授朝散大夫、尚書比部郎中。二子：經，銀青崇禄大夫、監察御史、儒州商麴鐵院使、檢校國子祭酒、雲騎尉、左班祇候。繹，應鄉貢進士舉。

參民國香河縣志，據出土張衍墓誌

遼史補注卷一百一

列傳第三十一

蕭陶蘇斡　耶律阿息保　蕭乙薛

蕭胡篤　〔補〕耶律劭　〔補〕馬直温

蕭陶蘇斡，字乙辛隱，突吕不部人。四世祖因吉，髮長五尺，時呼爲「長髮因吉」。祖里拔，奥隗部節度使。

陶蘇斡謹愿，不妄交。伯父留哥坐事免官，聞重元亂，挈家赴行在。時陶蘇斡雖幼，已如成人，補筆硯小底。累遷祗候郎君，轉樞密院侍御。咸雍五年，遷崇德宫使。會有訴北南院聽訟不直者，事下，陶蘇斡悉改正之，爲耶律阿思所忌。帝欲召用，輒爲所沮。〔一〕八年，歷漠北滑水馬羣太保，數年不調，嘗曰：「用才未盡，不若閑。」乾統中，遷漠南馬羣太保，以大風傷草，馬多死，鞭之三百，免官。九年，徙天齊殿宿衛。明年，穀價翔踊，宿衛士多不給，陶蘇斡出私廩賙之，召同知南院樞密使事。

天慶四年，爲漢人行宫副部署。時金兵初起，攻陷寧江州。天祚召羣臣議，陶蘇斡曰：「女直國雖小，其人勇而善射。自執我叛人蕭海里，勢益張。我兵久不練，若遇强敵，稍有不利，諸部離心，不可制矣。爲今之計，莫若大發諸道兵，以威壓之，庶可服也。」北院樞密使蕭得里底曰：「如陶蘇斡之謀，徒示弱耳。但發滑水以北兵，〔二〕足以拒之。」遂不用其計。

數月間，邊兵屢北，人益不安。饒州渤海結構頭下城以叛，有步騎三萬餘，招之不下。陶蘇斡帥兵往討，擒其渠魁，斬首數千級，得所掠物，悉還其主。〔三〕及耶律章奴叛，陶蘇斡與留守耶律大悲奴爲守禦。章奴既平，陶蘇斡請曰：「今邊兵懈弛，若清暑嶺西，則漢人嘯聚，民心益揺。臣愚以爲宜罷此行。」不納。乃命陶蘇斡控扼東路，招集散卒。

後以太子太傅致仕，卒。

〔一〕按本史卷二二道宗紀咸雍七年三月，「以討五國功，加五國節度使蕭陶蘇斡静江軍節度使」。

〔二〕按本史卷二七天祚帝紀天慶四年七月作「發渾河北諸軍」。滑水應即渾河。參本書卷二七天祚帝紀天慶四年注〔三〕。

〔三〕按本史卷二八天祚帝紀：「天慶五年二月，饒州渤海古欲等反，自稱大王。三月，以蕭謝佛留等討之。四月，蕭謝佛留等爲渤海古欲所敗，以南面副部署蕭陶蘇斡爲都統，赴之。五月，敗績。

六月，陶蘇斡招獲古欲等。」

耶律阿息保，字特里典，五院部人。祖胡劣，太祖時徙居西北部，〔一〕世爲招討司吏。

阿息保慷慨有大志，年十六，以才幹補內史。天慶初，轉樞密院侍御。金人起兵城境上，遣阿息保問之，金人曰：「若歸阿疎，敢不聽命。」阿息保具以聞。金兵陷寧江州，邊兵屢敗，遣阿息保與耶律章奴等齎書而東，冀以脅降。阿息保曰：「臣前使，依詔開諭，略無所屈。將還，謂臣曰：『若所請不遂，無相見。』今臣請獨往。」不聽。將行，別蕭得里底曰：「不肖適異國，必無生還，願公善輔國家。」既至，阿息保見執。久乃遁歸。

及天祚敗績，遷都巡捕使。六年，從阿疎討耶律章奴，加領軍衛大將軍。阿疎將兵而東，阿息保送至軍，乃還。天祚怒其專，鞭之三百。尋爲奚六部禿里太尉。後阿疎反，阿息保以偏師進擊，臨陣墜馬，被擒。因阿疎有舊得免。時阿疎頗好殺，阿息保謂曰：「欲舉大事，何以殺爲！」由是全活者衆。會阿疎敗，乃還。〔二〕以戰失利，囚中京數歲。

保大二年，金兵至中京，始出獄。尋爲敵烈皮室詳穩。是時，魏王淳僭號，屢遣人以書來招。阿息保封書以獻，因諫曰：「東兵甚銳，未可輕敵。」及石輦鐸之敗，天祚奔竄，召阿息保，不時至，疑有貳心，并怒爲淳所招，殺之。

初，阿息保知國將亡，前後諫甚切。及死以非罪，人尤惜之。

〔一〕太祖，「祖」原誤「子」，依道光殿本據大典改。阿息保爲天祚時人，則太祖時之胡劣與阿息保應不僅隔一代。

〔二〕阿疎，本史卷二七天祚帝紀天慶二年九月作阿鶻産。金史卷六七有阿疎傳。

蕭乙薛，字特免，國舅少父房之後。性謹愿。壽隆間，累任劇官。天慶初，知國舅詳穩事，遷殿前副點檢。金兵起，爲行軍副都統。以戰失利，罷職。〔一〕六年，出爲武定軍節度使，遷西京留守。〔二〕明年，討劇賊董厖兒，戰易水西，大破之。以功爲北府宰相，〔三〕加左僕射，兼東北路都統。十年，金兵陷上京，詔兼上京留守、東北路統軍使。〔四〕爲政寬猛得宜，民之窮困者，輒加振恤，衆咸愛之。

保大二年，金兵大至，乙薛軍潰，左遷西南面招討使。以部民流散，不赴。及天祚播遷，給侍從不闕，拜殿前都點檢。凡金兵所過，諸營敗卒復聚上京，遣乙薛爲上京留守以

安撫之。〔五〕

明年，盧彦倫以城叛，乙薛被執數月，以居官無過，得釋。後爲耶律大石所殺。

〔一〕按本史卷二七天祚帝紀：「天慶四年十二月，乙薛往援賓州，爲女直所敗。」

〔二〕按本史卷二八天祚帝紀：「天慶六年正月，渤海高永昌僭號，遣蕭乙薛招之，不從。」

〔三〕按本史卷二八天祚帝紀：「天慶七年二月，董龐兒聚衆萬餘，西京留守蕭乙薛與戰於易水，破之。三月，龐兒黨復聚，復擊破之於奉聖州。十二月，以西京留守蕭乙薛爲北府宰相。」

〔四〕按本史卷二八天祚帝紀：天慶十年六月，「以北府宰相蕭乙薛爲上京留守，知鹽鐵内省兩司、東北統軍司事。」

〔五〕按本史卷二九天祚帝紀：「保大四年正月，上至烏古敵烈部，以都點檢蕭乙薛知北院樞密使事。」

蕭胡篤，〔一〕字合朮隱。其先撒葛只，太祖時願隸宫分，遂爲太和宫分人。〔二〕曾祖敵魯，〔三〕明醫。人有疾，觀其形色即知病所在。統和中，宰相韓德讓貴寵，敵魯希旨，言德讓宜賜國姓，籍横帳，由是世預太醫選。子孫因之入官者衆。

胡篤爲人便佞，與物無忤。清寧初，補近侍。大安元年，爲彰愍宫太師。壽隆二年，轉永興宫太師。天慶初，累遷至殿前副點檢。五年，從天祚東征，爲先鋒都統，〔四〕臨事猶豫，凡隊伍皆以圍場名號之。進至剌離水，〔五〕與金兵戰，敗，大軍亦却。及討耶律章奴，以籍私奴爲軍，遷知北院樞密使事，卒。

胡篤長于騎射，見天祚好游畋，每言從禽之樂，以逢其意。天祚悦而從之。國政隳廢，自此始云。

論曰：甚矣，承平日久，上下狃於故常之可畏也！天慶之間，女直方熾，惟陶蘇斡明於料敵，善於忠諫；惜乎天祚痼蔽，不見信用。阿息保不死阿疎之難，乙薛甘忍盧彦倫之執，大節已失矣，他有所長，亦奚足取。胡篤以游畋逢迎天祚而隳國政，可勝罪哉！

〔一〕按本史卷二八天祚帝紀天慶五年八月及謀夏録並作蕭胡覩姑。

〔二〕按太和宫爲道宗置。此應由太祖所置弘義宫輾轉隸屬，胡篤時隸太和宫。

〔三〕敵魯，本史卷一〇八有傳稱耶律氏。

〔四〕按本史卷二八天祚帝紀：「天慶五年八月以都點檢蕭胡覩姑爲都統。」

〔五〕剌離水，金史卷四熙宗紀皇統二年正月及卷二四地理志作來流河。又名淶流河，三朝北盟會編政宣上帙四即作淶流河，亦即今流入松花江之拉林河。

〔補〕耶律劭，失其世系。有弟出家，名恒劭。劭能文，撰有興中府安德州創建靈巖寺碑銘。其畧云：「安德州靈巖寺者，北連龍岫，前俯郡城，溪壑幽深，峯巒掩映。天然勝概，斗絶於一方；宛爾道場，廓開於十地。初統和中，有山主僧可觀與其同志，幼爲縣吏，各負逋租；亡命此山，共逃箠楚。後偕追捕，同付獄中，數日幽囚，桎梏自解。尋免征録，因遂出家，卜築結菴，專精戒律。壽考遷逝，靈應肸蠁。太平五年，復有邑里趙延貞、王承遂、張塋、焦慶等三十有三人，狀施烽臺山四面隙地，以廣布金之浄域，遠模靈鷲之風規。增大給孤之園，益茂耆陁之樹。年祺寖久，徒衆漸隆。重和初元，有郡人雄武軍節度使太原王公育與邑人尹節、高聳等，禮請悟開上人住持，經始營葺。僧衆蟻附，工徒子來。殿宇嶷爾以有年，錢穀豐衍而不匱。果畢能事，全付後人。僧伽實繁，悉萃六合之浄侶；達摩無覩，固乏三藏之秘文。重和二十二年，有寺僧浄奥與悟開上人鳩集浄財，締結信士，與邑人尹節、李敬、張士禹、高聳等購經一藏，用廣流通。二十四年，建九聖殿以龕置焉。繪像煒煜而嶽峙，內藏巀嶭而雲矗。經律論學，揚法海之驚瀾；上中愞根，逗塵機於來哲。清寧四載，特賜淨覺之名；咸雍六年，復錫靈巖之號。居然閎邃，迥出塵表。故得水雲上士，龍像名流，覽境界之清虛，駐瓶錫而棲止。有閭山懺悔守司徒通圓慈行大師志福，遊憩於此，以其闕鐘杵之音，失晨昏之警，飛奏爲請，天旨下俞。徵良冶于遠方，貿精銅于異域。鑪橐一鼓，大器告成。逸韻疊擊而豐隆，林薄四震於幽邈。設簴爲飾，構樓以懸。壽昌初元，歲次己亥，復建大殿，以敞法筵。楹柱撐空，榱桷蔽日。輪奐克成於大壯，清淨特備於寶坊。羣峯巑岏，而繚若垣墻；諸塔聳峻，而勢同湧現。禪房自通於幽處，講座屢雨其天花。今天子即位之二年，有守太師通圓輔國大師法頤者，久藹人天之譽，蔚爲帝王之師。〔一〕衆僧懇請，遂居是寺。人對境以心冥，地因居而名著。師因精選道行，得長老惠敬，付以寺事。提綜不倦，勤瘁歷年。建置悉覩於周圓，儲蓄益臻於羨積。劭恭膺詔檢，恪守郡符；志慕佛乘，誓求法印。時因暇日，屢叩禪關。有清行大德賜紫沙門奉檀、寺主沙門行柔等，語其權輿，見託紀述。學慚博雅，夢無白鳳之奇；詞愧疏蕪，語乏黃絹之句。牢讓不獲，謹爲銘詞。」碑文署朝請大夫、守殿中少監、知安德州軍州事、上騎都尉、洓（漆）水縣開國子、食邑五百户、賜紫金魚袋耶律劭撰，僧恒劭書并篆額。碑陰有小篆，末題劭述劭書，字畫遒勁。文有云：「余兄文學之外，尤工小篆。得秦相李斯洎唐李陽冰之法，校其工拙，亦不在下。寺僧有好事者，求少筆跡，留之碑陰云。」恒劭更撰有沙門積祥爲先師造經幢記，文辭流暢可誦。足見劭、劬兄弟不僅長儒釋之學，更嫻於文學、書法。此亦見大遼晚季之士風矣。

參興中府安德州創建靈巖寺碑銘及碑陰銘

〔一〕興宗贈高僧思孝詩：「吾師如此過形外，弟子争能識淺深？」（見全遼文卷二）帝王自稱弟子而尊高僧曰吾師。故天祚時耶律劭得譽高僧法頤「久藹人天之譽，蔚爲帝王之師」。

〔補〕馬直温，字子中，扶風人。燕薊望族，以德行著稱於士林。文雅厚重，有長者之風。歷官五十年，鮮有過失。丁母憂。服除，移典順州。將受代，天慶二年冬，上表乞歸，允之。拜右散騎常侍，致仕。〔一〕娶張嗣復女館，大安元年廕封清河縣君，乾統七年，晉封清河郡夫人。子五人：遼孫、鎮孫、起翁奴并夭。梅舉進士，兩就庭試不利，充内供奉班祗候。幼子楞椛兒，亦夭。

參馬直温妻張館墓誌銘

〔一〕按全遼文卷九馬直温妻張館墓誌銘誌蓋題：「大遼金紫崇禄大夫、右散騎常侍、柱國、開國公致仕馬直温故妻清河郡夫人張氏墓誌銘并序。」

遼史補注卷一百二

列傳第三十二

蕭奉先　李處温　張琳　耶律余覩　〔補〕張㲄

蕭奉先，〔一〕天祚元妃之兄也。外寬内忌。因元妃爲上眷倚，累官樞密使，封蘭陵郡王。

天慶二年，上幸混同江鈎魚。故事，生女直酋長在千里内者皆朝行在。適頭魚宴，上使諸酋次第歌舞爲樂，〔二〕至阿骨打，但端立直視，辭以不能。再三旨諭，不從。上密謂奉先曰：「阿骨打跋扈若此！可託以邊事誅之。」奉先曰：「彼粗人，不知禮義，且無大過，殺之傷向化心。設有異志，蕞爾小國，亦何能爲！」上乃止。

四年，阿骨打起兵犯寧江州，東北路統軍使蕭撻不也戰失利。上命奉先弟嗣先爲都統，將番、漢兵往討，屯出河店。〔三〕女直乃潛渡混同江，乘我師未備來襲。〔四〕嗣先敗績，軍將往往遁去。奉先懼弟被誅，乃奏「東征潰軍逃罪，所至刼掠，若不肆赦，將嘯聚爲患」。

從之。嗣先詣闕待罪，止免官而已。由是士無鬬志，遇敵輒潰，郡縣所失日多。

初，奉先誣耶律余覩結駙馬蕭昱謀立其甥晉王，事覺，殺昱。余覩在軍中聞之懼，奔女直。保大二年，余覩爲女直監軍，引兵奄至，上憂甚。奉先曰：「余覩乃王子班之苗裔，此來實無亡遼心，欲立晉王耳。若以社稷計，不惜一子，誅之，可不戰而退。」遂賜晉王死。中外莫不流涕，人心益解體。

當女直之兵未至也，奉先逢迎天祚，言：「女直雖能攻我上京，終不能遠離巢穴。」而一旦越三千里直擣雲中，計無所出，惟請播遷夾山。天祚方悟，顧謂奉先曰：「汝父子誤我至此，殺之何益！汝去，毋從我行。恐軍心忿怒，禍必及我。」奉先父子慟哭而去，爲左右執送女直兵。女直兵斬其長子昂，送奉先及次子昱於其國主。道遇我兵，奪歸，天祚並賜死。

〔一〕案此與本史卷一〇〇蕭得里底傳事迹重複，疑似一人兩傳。檢其系屬，又各有所自出，姑並存之待證。

〔二〕朝會之後，繼以歌舞，自屬通例。索隱卷八云：「此亦漢故事，漢書景十三王傳，應劭注：景帝後二年，諸王來朝，有詔更前稱壽歌舞。」述按彼此相同之事，非必出自沿襲。

〔三〕金史卷二四地理志：「肇州，舊出河店也。以太祖兵勝遼，建爲州。」索隱卷八：「一統志：在今吉林白都訥東南阿勒楚喀河西岸。」

〔四〕「來襲」原作「擊之」。據宏簡録卷二一三及本傳上、下文改。

李處温，析津人。伯父儼，〔一〕大康初爲將作少監，累官參知政事，封漆水郡王，雅與北樞密使蕭奉先友舊。儼卒，奉先薦處温爲相，處温因奉先有援己力，傾心阿附，以固權位，而貪污尤甚，凡所接引，類多小人。

保大初，金人陷中京，諸將莫能支。天祚懼，奔夾山，兵勢日迫。處温與族弟處能、〔二〕子奭，外假怨軍聲援，結都統蕭幹謀立魏國王淳，〔三〕召番、漢官屬詣魏王府勸進。魏國王將出，奭乃持赭袍衣之，令百官拜舞稱賀。魏王固辭不得，遂稱天錫皇帝。以處温守太尉，〔四〕處能直樞密院，奭爲少府少監，左企弓以下及親舊與其事者，賜官有差。

會魏國王病，自知不起，密授處温番漢馬步軍都元帥，意將屬以後事。及病亟，蕭幹等矯詔南面宰執入議，獨處温稱疾不至，陰聚勇士爲備，紿云奉密旨防他變。魏國王卒，蕭幹擁契丹兵，宣言當立王妃蕭氏爲太后，權主軍國事，衆無敢異者。幹以后命，召處温至，時方多難，未欲即誅，但追毁元帥劄子。處能懼及禍，落髮爲僧。

尋有永清人傅遵説隨郭藥師入燕，被擒，具言處温嘗遣易州富民趙履仁書達宋將童貫，欲挾蕭后納土歸宋。后執處温問之，處温曰：「臣父子於宣宗有定策功，宜世蒙宥容，可使因讒獲罪？」后曰：「向使魏國王如周公，則終享親賢之名於後世。誤王者皆汝父子，何功之有！」并數其前罪惡。處温無以對，乃賜死，奭亦伏誅。〔五〕

〔一〕按即耶律儼，本史卷九八有傳。處温，本史卷三〇天祚帝紀末附耶律淳紀事作純。

〔二〕本史卷九八耶律儼傳：「子處能。」族弟應作從弟。

〔三〕魏王、魏國王，係用舊稱。本史卷二八天祚帝紀：天慶六年六月，已進封秦晉國王。

〔四〕三朝北盟會編政宣上秩六引茅齋自叙有李門下，原注：「李門下者，處温也。」本史卷三〇天祚紀末附耶律淳紀事：德興元年（保大二年），「宰相李純等潛納宋兵」。純即處温。

〔五〕三朝北盟會編政宣上帙九引北征紀實：「李處温者，遼國故相李儼之子也。嘗諫天祚以國危，使奉中國，不納。及九大王立，以推立功而相之，與四軍大王者對主國柄。後又輔蕭后，説蕭后歸朝，乃密遣人通好二帥，約日以燕山降。及蕭后歸，而二帥失信，不能周旋於其間。事洩，處温爲四軍所殺，而抗王師矣。」處温爲李儼即耶律儼之姪。九大王謂耶律淳，四軍大王謂蕭幹。

張琳，瀋州人。幼有大志。壽隆末，爲秘書中允。天祚即位，累遷户部使，頃之，擢南府宰相。〔一〕

初，天祚之敗於女直也，〔二〕意謂蕭奉先不知兵，乃召琳付以東征事。琳以舊制，凡軍國大計，漢人不與，辭之。上不允，琳奏曰：「前日之敗，失於輕舉。若用漢兵二十萬分道進討，無不克者。」上許其半，仍詔中京、上京、長春、遼西四路計户産出軍。時有起至二百軍者，生業蕩散，民甚苦之。四路軍甫集，尋復遁去。〔三〕

及中京陷，天祚幸雲中，留琳與李處温佐魏國王淳守南京。處温父子召琳，欲立淳爲帝，琳曰：「王雖帝胄，初無上命；攝政則可，即真則不可。」處温曰：「今日之事，天人所與，豈可易也！」琳雖有難色，亦勉從之。

淳既稱帝，諸將咸居權要，琳獨守太師，十日一朝，平章軍國大事。陽以元老尊之，實則不使與政。琳由是鬱悒而卒。〔四〕

〔一〕按乾統元年所撰道宗宣懿皇后哀册結銜（見全遼文作者索引及事蹟考）：「樞密副使、崇禄大夫、行尚書户部侍郎、修國史、上護軍、清河郡開國公、食邑二千户、食實封貳佰户臣張琳。」本史卷二七天祚帝紀：「乾統元年十二月，以樞密副使張琳知樞密院事。」

〔二〕契丹國志卷一〇：「天慶五年八月，天祚下詔親征女真，自長春州分路而進。一夕，軍中戈戟有光，馬皆嘶鳴，咸以爲不祥。天祚問天官李圭，圭不能對。宰相張琳前奏曰：『唐莊宗攻梁，矛戟夜有光。郭崇韜曰：火出兵刃，破賊之兆。遂滅梁。』天祚喜而信之，遂行。女真師至鴨緑江，人心疑懼。」

〔三〕按本史卷二八天祚帝紀：「天慶六年正月，渤海高永昌僭號。閏月，遣蕭韓家奴、張琳討之。四月，蕭韓家奴、張琳等復爲賊所敗。十月，以張琳兵敗，奪官。」契丹國志卷一九：「天祚立，（琳）兩爲户部使，負東京人望。女真日熾，高永昌繼叛於渤海，時天慶六年也。永昌叛，遼東五十餘州盡没，獨瀋州未下，琳痛念鄉枌，欲自討之。契丹屢敗，精兵鋭卒，十無一存。琳討永昌，縛手無策，始招所謂『轉户軍』。蓋遼東渤海，乃夙所讎；若其轉户，則使從良，庶幾捐軀奮命。命下，得兵二萬餘。琳自顯州進兵，渤海止備遼河三叉口。琳遣羸卒數千，陽爲來攻，間道以精騎渡河，直趨瀋州，渤海始覺。經三十餘戰，渤海乃走保東京。其後女真援至，師自驚恐，望風而潰，失亡不可勝計。琳遁入遼州，謫授遼興軍節度使，乃平州也。」

〔四〕金史卷七五左企弓傳：「企弓等奉表降。遼致仕宰相張琳進上降表，詔曰：『燕京應琳田宅財物並給還之。』琳年高，不能入見，止令其子弟來。」

耶律余覩，一名余都姑，〔一〕國族之近者也。慷慨尚氣義。〔二〕保大初，歷官副都統。

其妻天祚文妃之妹；文妃生晉王，最賢，國人皆屬望。時蕭奉先之妹亦爲天祚元妃，生秦王。奉先恐秦王不得立，深忌余覩，將潛圖之。適耶律撻葛里之妻會余覩之妻於軍中，奉先諷人誣余覩結駙馬蕭昱、撻葛里，〔三〕謀立晉王，尊天祚爲太上皇。事覺，殺昱及撻葛里妻，賜文妃死。余覩在軍中聞之，懼不能自明被誅，即引兵千餘，并骨肉軍帳叛歸女直。〔四〕

會大霖雨，道途留阻。天祚遣知奚王府蕭遐買、北宰相蕭德恭、大常衮耶律諦里姑、歸州觀察使蕭和尚奴、四軍太師蕭幹追捕甚急。至閭山，及之。諸將議曰：「蕭奉先恃寵，蔑害官兵。余覩乃宗室雄才，素不肯爲其下。若擒之，則他日吾輩皆余覩矣。不如縱之。」還，紿云追襲不及。

余覩既入女直，爲其國前鋒，引婁室孛堇兵攻陷州郡，不測而至。天祚聞之大驚，知不能敵，率衛兵入夾山。

余覩在女直爲監軍，久不調，意不自安，〔五〕乃假遊獵，遁西夏。夏人問：「汝來有兵幾何？」余覩以二三百對，夏人不納，卒。

論曰：遼之亡也，雖孽降自天，亦柄國之臣有以誤之也。當天慶而後，政歸后族。奉先沮天祚防微之計，陷晉王非罪之誅，夾山之禍已見於此矣。處温逼魏王以僭號，結宋將以賣國，迹其姦佞，如出一軌。嗚呼！天祚之所倚毗者若此，國欲不亡，得乎？張琳娖娖守位，余覩反覆自困，則又何足議哉。

〔一〕金史卷一三三本傳作耶律余睹。余都姑見松漠紀聞。完顔婁室神道碑、完顔希尹碑並作余篤。

〔二〕按本史卷六九部族表天慶六年十一月，「東面行軍副統馬哥、余覩等攻曷蘇館，敗績。」金史卷一三三本傳：「初，太祖起兵，遼人來拒，余睹請自效，以功累遷金吾衛大將軍，爲東路都統。天輔元年（天慶七年），與都統耶律馬哥軍於渾河，銀朮哥、希尹拒之，余睹等不敢戰。比銀朮哥等至，馬哥、余睹已遁去。天輔二年（天慶八年），龍化州人張應古等來降，而余睹復取之，遼以撻不野爲節度使。未幾，應古等逐撻不野自效。太祖已取臨潢府，賜詔余睹，及太祖班師，闍母等還至遼河，方渡，余睹來襲，力戰却之，獲甲馬五百匹。」本史卷二八天祚帝紀：「天慶八年十月，龍化州張應古等四人率衆降金。九年二月，賊張撒八誘中京射糧軍，僭號，南面軍帥余覩擒撒八。」

〔三〕撻葛里，契丹國志卷一一作撻曷里。

〔四〕按本史卷二九天祚帝紀保大元年正月，卷七一后妃傳、卷一〇二蕭奉先傳並同此傳稱奉先諷人誣余覩；卷七二晉王敖魯斡傳與卷六四皇子表並稱「晉王積有人望，保大元年，余覩與其母文妃密謀立之」。兩説歧互。按金史卷一三三所載余覩降金書及三朝北盟會編靖康中帙三三引靖康要盟録所載宋廷密賜余覩書，均可證明謀立應屬事實。

金史卷一三三本傳：「天輔五年（保大元年），余覩送款於咸州路都統，以所部來降，乞援接於桑林渡。都統司以聞，詔曰：『余睹到日，使與官屬偕來，餘衆處之便地。』無何，余睹送上所受遼國宣誥及器甲旗幟等，與將吏韓福奴、阿八、謝老、太師奴、蕭慶、醜和尚、高佛留、蒲答、謝家奴、五哥等來降。余睹作書；具言所以降之意，大概以謂：『遼主沉湎荒於遊畋，不恤政事，好佞人，遠忠直，淫刑吝賞，政煩賦重，民不聊生。』又言：『樞密使得里底本無材能，但阿諛取容，其子磨哥任以軍事。』又言：『文妃長子晉王素繫人望，宜爲儲副，得里底以元妃諸子己所自出，使晉王出繼文妃。』又言：『晉王與駙馬乙信謀復其樞密使，來告余睹共定大計，而所圖不成。』又言：『已粗更軍事，進策遼主，得里底蔽之，遼主亦不省察。』又曰：『大金疆土日闢，余睹灼知天命，遂自去年春與耶律慎思等定議，約以今夏來降。近聞得里底、高十捏等欲發，倉卒之際不及收合四遠，但率傍近部族户三千，車五千兩、畜産數萬，遼北軍都統以兵追襲，遂棄輜重，轉戰至此。所有官吏職位姓名、人户畜産之數，遣韓福奴具録以聞。』遂與其將吏來見，上撫慰之，遂賜坐，班同宰相，賜宴盡醉而罷。上命余睹以舊官領所部，且諭之曰：『若能爲國立功，別當奬用。』自余睹降，益知遼人虛實矣。」

金史卷一三三本傳：「都統杲取中京，余睹爲鄉導，與希尹等招撫奚部。奉聖州降，其官吏皆遁去，余睹舉前監酒李師夔爲節度使，進士沈璋爲副使，州吏裴贖爲觀察判官。沈璋招集居民還業者三千餘，遷太常少卿。」

〔五〕金史卷一三三本傳：「耶律麻者告余睹、吴十、鐸剌結黨謀叛，及其未發宜先收捕。上召余睹等從容謂之曰：『今聞汝謀叛，誠然邪？其各無隱。若果去，必須鞍馬甲冑器械之屬，當悉付汝，吾不食言。若再被擒，無祈免死。欲留事我，則無懷異志，吾不汝疑。』余睹等戰慄不能對，乃杖鐸剌七十，餘皆不問。天會三年，大舉伐宋，余睹爲元帥右都監。宗翰伐宋，余睹留西京。天會十年，余睹謀反，雲内節度使耶律奴哥等告之。余睹亡去，其黨燕京統軍蕭高六伏誅，蔚州節度使蕭特謀自殺。邊部斬余睹及其諸子，函其首以獻。」（金史卷三太宗紀天會十年九月同。蕭特謀作蕭特謀葛。）金史卷三太宗紀天會十年十一月，「部族節度使土古廝捕斬余睹及其諸子，函其首來獻。」

三朝北盟會編靖康中帙三三引沈良靖康遺録：「先是斡離不退師回燕山，遣蕭慶來催前所許金帛。於是送蕭慶於都亭驛一小屋中，封其户，傳食以過。凡數日，徐處仁、吴敏當國，建議謂蕭慶本契丹人，爲金所滅，不能無怨。因請賜余覩書，令慶齎去，厚禮待之。慶得書遂行，使車過河，即宣言：南朝有書，令我約契丹共滅大金，并書馳驛送至粘罕，由是愈忿矣。」靖康中帙三三引靖康要盟録：「（靖康元年）四月，因虜使蕭仲恭等還朝，密賜耶律太師（書），以黃絹寫之云：

『大宋皇帝致書於左金吾衛上將軍、右都監耶律太師：昔我烈祖章聖皇帝，與大遼結好於澶淵，惇信修睦，百有餘年。邊境宴安，蒼生蒙福。義同一家，靡有兵革戰鬬之事，通和遠久，振古所無。金人不道，稱兵朔方，拘靡天祚，剪滅其國，在於中國誓好之舊，義當興師以拯顛危。而姦臣童貫等，迷國擅命，沮遏信使，結納仇讎，許以金繒，分據燕土。金匱之約，藏在廟祧，委棄弗遵，神人共怨。致金人之彊暴，敢肆陸梁，俶擾邊境，達於都畿，則惟此之故。道君太上皇帝，深悼前非，因成内禪。朕初即大位，惟懷永圖，念烈祖之遺德，思大遼之舊好，輟食興念，無時敢忘。凡前日大臣前後誤國搆禍，皆已竄逐，思欲親仁善鄰，以爲兩國生靈無窮之福，此志既定，未有以達。而使人蕭仲恭、趙輪之來，能道遼國與燕雲之遺民，不忘耶律氏之德，冀假中國詔令，擁立耆哲，衆望所屬，無如金吾者，適諧至意，良用欣懷。昔聞金吾前爲遼國將兵，數有大功。謀立晉王，實爲大遼宗社之計，不幸事不克就，避禍去國。向使前日之謀行，晉王有國，則天祚安享榮養？耶律氏不亡，於天祚不害其爲孝，而於耶律氏之計，誠至忠矣。宗社之英，天人所相，爲是宜繼有遼國，克紹前休，以慰遺民之思。方今總兵於外，且有西南招討太師之助，一德協心，足以共成大事。以中國之勢，竭力擁衛，何事不成？謀事貴斷，時不可失，惟金吾圖之。書不盡言，已令蕭仲恭、趙輪面道委曲。天時蒸染，更冀保綏。』」拾遺卷二〇：「按余覩仕遼爲金吾衛將軍，降金，後天會三年大舉伐宋，余覩爲元帥右都監。事詳金史。靖康帝書中所稱，蓋兩國之官也。」松漠紀聞：「余都姑之降，金人以爲西軍大監軍，久不遷，常怏怏。其軍合董也失金牌。金人疑其與林牙暗合，遂質其妻子。余都姑有叛心。明年九月，約燕京統軍反，統軍之兵，皆契丹人。余都謀誅西軍之在雲中者，盡約雲中、河東、河北、燕京郡守之契丹漢兒，令誅女真之在官在軍者。天德知軍，僞許之，遣其妻來告。時悟室爲西監軍，自雲中來燕，微聞其事而未信，與通事漢兒那也同行四百里，那也見二騎馳甚遽，問之曰：曾見監軍否？以不識對。問爲誰，曰余都下人。那也追及悟室曰：適兩契丹人云：余都下人，既在西京，何故不識監軍？（北人謂雲中爲西京）恐有姦謀，遂回馬追獲之。搜其鞾中，得余都書曰：『事已泄，宜便下手，復馳告。』悟室即回燕，統軍來謁，縛而誅之。又二日，至雲中。余都微覺。父子以遊獵爲名，遁入夏國，夏人問有兵幾何？云親兵三二百。遂不納。投達靼，達靼先受悟室之命，其首領詐出迎，具食帳中，潛以兵圍之。達靼善射，無衣甲，余都出敵，不勝，父子皆死。凡預謀者悉誅。契丹之黠，漢兒之有聲者，皆不免。」

金史卷七四宗望傳：「上聞遼主在大魚濼，自將精兵萬人襲之。蒲家奴、宗望率兵四千爲前鋒，晝夜兼行，馬多乏，追及遼主於石輦驛，軍士至者才千人，遼軍餘二萬五千。方治營壘，蒲家奴與諸將議，余睹曰：『我軍未集，人馬疲劇，未可戰。』宗望曰：『今追及遼主而不亟戰，日入而遁，則無及。』遂戰，短兵接，遼兵圍之數重，士皆殊死戰。遼主謂宗望兵少必敗，遂與嬪御皆自高阜下平地觀戰。余睹示諸將曰：『此遼主麾蓋也。若萃而薄之，可以得志。』騎兵馳赴之，遼主望見大驚，即遁去，遼兵遂潰。」

金史卷九一移剌按荅傳：「移剌按荅，遼橫帳人也。父留斡，與耶律余睹俱來降。西京下，復叛，留斡遇害。按荅以死事之子，授左奉宸。」

〔補〕張毅亦書作覺，〔一〕平州義豐人，少第進士，爲遼興軍節度副使。鎮民殺節度使蕭諦里，毅拊定亂者，州人推之領州事。

燕王淳死，毅知遼必亡，籍管内丁壯五萬人，馬千匹，選將練兵，聚糧穀，招延士大夫，潛爲一方之備。蕭后遣時立愛來知州，拒弗納。

金人入燕，訪毅情狀於遼故臣康公弼，〔二〕公弼言：「彼可能爲，當示以不疑。」乃以爲臨海軍節度使，任知平州。遼相左企弓〔三〕等將東歸，粘罕欲先遣兵擒毅。公弼曰：「如此是趣之叛也，我請使焉而觀之。」遂往見毅。毅曰：「契丹八路皆陷，今獨平州存。敢有異志？所以未釋甲者，防蕭幹耳。」厚賂公弼使還。公弼道其語，粘罕信之。金升平州爲南京，毅爲留守，加同中書門下平章事。既而聞毅有異志，金主遣使劉彦宗〔四〕及斜鉢諭之，詔曰：「平山一郡今爲南京，節度使今爲留守，恩亦厚矣。或言汝等陰有異圖，何爲當此農時，輒相扇動，非去危就安之計也。其諭朕意。」

企弓、公弼與曹勇義、〔五〕虞仲文〔六〕皆東遷，時燕民盡徙，流離道路，或詣穀訴公弼、企弓等不能守燕，致吾民如是，能免我者，非公而誰？ 穀召僚屬議，皆曰：「近聞天祚復振於松漠，金人所以急趨山西者，畏契丹議其後也。 公能仗大義迎故主，以圖興復，責企弓等之罪而殺之。 縱燕人歸燕，南朝宜無不納，倘金人西來，內用營、平之兵，外籍南朝之援，何所懼乎？」穀又訪於翰林學士李石，亦以爲然。 乃殺左企弓、虞仲文、曹勇義、康公弼四人。保大三年，穀使人繪天祚像於廳，每事告而後行。 呼父老諭曰：「女真讎也豈可從？」指天祚像曰：「此非汝主乎？ 豈可背。 當相約以死，必不得已則歸中原。」燕人尚義，皆景從。 於是悉遣徙民歸。 石更名安弼，偕故三司使高黨往燕山，說王安中曰：「平州自古形勝之區，地方數百里，帶甲十餘萬，穀文武全才，若爲我用，必能屏翰王室。 苟爲不然，彼西迎天祚，北通蕭幹，將爲吾肘腋患矣。」安中深然之，具奏於朝，願以身任其責。 令安弼、黨詣京師，徽宗以手札付詹度曰：「本朝與金國通好，信誓甚重，豈當首違。 金人昨所以不即討穀者，以兵在關中而穀抗榆關故也。 今既已東去，他日西來，則穀蕞爾數城，恐未易當。 爲今之計，姑當密示羈縻足矣。」而度數誘致之，諷令內附。 保大三年六月，穀遣書至安撫司云：「金虜恃虎狼之强，驅徙燕京富家巨室，止留空城以塞盟誓，緬想大朝亦非得已，遺民假道當管，寃痛之聲，盈於衢路，州人不忍，僉謂宜抗賊命以全生靈。 使復父母之邦，且爲大朝守禦之備。已盡遣其人過界。謹令掌書記張鈞，參謀軍事張敦固詣安撫司聽命。」金人聞轂叛，遣闍母國王將三千騎來討，轂帥兵迎拒之于營州。闍母以兵少，不交鋒而退，大書于門，有「今冬復來」之語。轂遂妄以大捷聞。宋廷建平州爲泰寧軍，拜轂節度使，以安弼、黨、鈞、敦固皆爲徽猷閣待制，宣撫司犒以銀絹數萬。詔命至，轂喜，遠出迎。金人諜知，舉兵來，轂不得返。同其弟挾所被詔勑奔燕。〔七〕母妻先寓營州，爲金人所得，弟聞之，亟往降。獻其詔勑。金人圍平州，轂之從弟及侄固守。金人以納叛責宋，且求餉糧。凡攻擊數月，州民數千潰圍走，莫肯降。金人既平二州，始向宋索轂。王安中諱之，索愈急，乃斬一人貌類者去。金人曰：「此非轂也，轂匿於王宣撫甲仗庫，若不與我，我自以兵取之。」安中不得已，引轂出，數其過，使行刑。轂罵宋人不容口。既死，函首送之。燕之降將及常勝軍皆泣下。郭藥師曰：「若來索藥師，當奈何？」自是解體。金人終用是爲南征口實云。

子僅言，金史有傳。

參宋史卷四七二張覺傳、金史卷一三三張覺傳、三朝北盟會編政宣上帙一七

〔一〕宋史、金史作覺。

〔二〕金史卷七五康公弼傳：「康公弼字伯迪，其先應州人。曾祖胤，遼保寧間以戰功授誓券，家于燕之宛平。公弼好學，年二十三中進士，除著作郎、武州軍事判官。辟樞府令史，求外補，出爲寧遠令。縣中隕霜殺禾稼，漕司督賦急，繫之獄。公弼上書朝廷，乃釋之，因免縣中租賦，縣人爲立生祠。監平州錢帛庫，調役糧于川州。大盜侯槩陷川州，使護送公弼出境。曰：『良吏也。』權乾州節度使。卒，謚忠肅。」

〔三〕金史卷七五左企弓傳：「左企弓，字君材。八世祖皓，後唐棣州刺史，以行軍司馬戍燕，遼取燕，使守薊，因家焉。企弓讀書，通左氏春秋。中進士，再遷來州觀察判官。蕭英弼（即耶律乙辛）賊昭懷太子，窮治黨與，多連引。企弓辨析其冤，免者甚衆。自御史知雜事，出爲中京副留守，按刑遼陽。有獄本輕而入之重者，已奏待報，企弓釋之以聞。累遷知三司使事。天慶末，拜廣陵軍節度使，同中書門下平章事，知樞密院事。金兵已拔上京，北樞密院恐忤旨，不以時奏。遼故事，軍政皆關決北樞密院，然後奏御。企弓以聞。遼主曰：『兵事無乃非卿職邪？』對曰：『國勢如此，豈敢循例爲自容計。』因陳守備之策。拜中書侍郎平章事，監修國史。時遼主聞金已克中京，將西幸以避之。企弓諫不聽。遼主自鴛鴦濼亡保陰山。秦晉國王耶律捏里（淳小字）自立于燕，廢遼主爲湘陰王，改元德興（應爲建福）。企弓守司徒，封燕國公。虞仲文參知政事，領西京留守、同中書門下平章事、内外諸軍都統。曹勇義中書侍郎平章事、樞密使、燕國公。康公弼參知政事、簽樞密院事，賜號忠烈翊聖功臣。德妃攝政，企弓加侍中。宋兵襲燕，奄至城中，已而敗走，或疑有内應者，欲根株之，企弓争之，乃止。太祖至居庸關，蕭妃自古北口遁去。都監高六等送款于太祖，太祖徑至城下。高六等開門待之。太祖入城受降，企弓等猶不知。太祖駐驆燕京城南，企弓等奉表降。遼致仕宰相張琳進上降表。太祖既定燕，從初約，以與宋人。企弓獻詩，畧曰：『君王莫聽捐燕議，一寸山河一寸金。』太祖不聽。是時，置樞密院于廣寧府。企弓等將赴廣寧，張覺在平州有異志，太祖欲以兵送之。企弓等辭兵曰：『如此，是促之亂也。』及過平州，舍于栗林下，張覺使人殺之。企弓年七十三，謚恭烈。」

〔四〕金史卷七八劉彦宗傳：「劉彦宗，字魯開，大興宛平人。遠祖怦，唐盧龍節度使（參本史卷八六劉景傳）。石晉以幽、薊入遼，劉氏六世仕遼，相繼爲宰相。父霄（咸雍十年狀元及第，見遺山集卷二九顯武將軍吴君阡表，又長編元祐元年〔大安二年〕十二月，遼國遣寧遠軍節度使耶律永昌，大中大夫、行中書舍人、充史館修撰劉霄〔長編誤作劉宥〕來賀興龍節。）至中京留守。彦宗擢進士乙科。天祚走天德。秦晉國王耶律揑里自立于燕，擢彦宗留守判官。蕭妃（即德妃）攝政，遷簽書樞密院事。太祖至居庸關，蕭妃自古北口遁去，都監（蕭）高六送款于太祖。太祖奄至，駐驆城南，彦宗與左企弓等奉表降。太祖一見，器遇之，俾復舊，遷左僕射，佩金牌。張覺爲南京留守，太祖聞覺有異志，使彦宗、斜鉢宣慰之。太祖至鴛鴦濼，不豫，還上京，留宗翰都統軍事，留彦宗佐之。及張覺敗奔于宋，衆推張敦固爲都統，殺使者，乘城拒守，攻之不肯下，彦宗同中書門下平章事，知樞密院事，加侍中，佐宗望軍。宗望奏，方圖攻取，凡州縣之事委彦宗裁決之。天會二年，大舉伐宋，彦宗畫十策，詔彦宗兼領漢軍都統。師還。宗望分將士屯安肅、雄、霸、廣信之境，留闍母、彦宗於燕京節制諸軍。明年，再伐宋，已圍汴京，彦宗謂宗翰、宗望曰：『蕭何入關，秋毫無犯，惟收圖籍。遼太宗入汴，載路（輅）車、法服、石經以歸，皆令則也。』二帥嘉納之。天會六年薨，年五十三。子萼、筈。」

〔五〕金史卷七五曹勇義傳：「曹勇義，廣寧人。第進士，除長春令。樞府辟令史。上書陳時政，累擢館閣，遷樞密副都承旨，權燕京三司使，加給事中，召爲樞密副使，加太子少保。與大公鼎、虞仲文、龔誼友善。與虞仲文同在樞密，羣小擠之。復出爲三司使，加宣政殿大學士。卒，謚文莊。」

〔六〕金史卷七五虞仲文傳：「虞仲文，字質夫，武州寧遠人也。七歲知作詩，十歲能屬文，日記千言，刻苦學問。第進士，累仕州縣，以廉能稱。舉賢良方正，對策優等。擢起居郎、史館修撰，三遷至太常少卿。宰相有左降，仲文獨出餞之。或指以爲黨，仲文乃求養親。久之，召復前職。宰相薦文行第一，權知制誥，除中書舍人。討平白霫，拜樞密直學士，權翰林學士，爲翰林侍講學士。年五十五，卒，謚文正。」中州集卷九虞令公仲文小傳：「仲文仕爲遼相。歸朝授樞密使、平章政事，封秦國公。四歲作詩，賦煎餅有『魚目蟬聲』之句，人以神童目之。」中州集卷九録其雪花詩一首，注云：「四歲作。」詩云：「瓊英與玉蘂，片片落前池。問著花來處，東君也不知。」全遼文卷一〇乾統十年撰甯鑑墓誌銘：「仲文始識君（甯鑑）於馬城，一見固已相奇，及同年登科，又俱官江北，定生死交。」墓誌撰者署銜「中大夫、太常少卿、前史館修撰」。光緒順天府志卷一七：「萬壽寺壇前遼碑二，又已泐遼碑一，起復知樞密院直學士虞仲文撰。景福（建福）元年立。今寺僧猶傳其（碑）文，而訛脱頗多。」

〔七〕三朝北盟會編政宣上帙一八：「瑴至燕山，郭藥師留之，易姓名曰趙秀才，匿常勝軍中。」

遼史補注卷一百三

列傳第三十三

文學上

蕭韓家奴　李澣　〔補〕劉續　〔補〕王正　〔補〕李仲宣

〔補〕宋璋　〔補〕楊丘文　〔補〕南抃

遼起松漠，太祖以兵經畧方内，禮文之事固所未遑。及太宗入汴，取晉圖書、禮器而北，然後制度漸以修舉。至景、聖間，則科目聿興，士有由下僚擢陞侍從，駸駸崇儒之美。但其風氣剛勁，三面鄰敵，歲時以蒐獮爲務，而典章文物視古猶闕。然二百年之業，非數君子爲之綜理，則後世惡所考述哉。作文學傳。

蕭韓家奴，字休堅，涅剌部人，中書令安摶之孫。少好學，弱冠入南山讀書，博覽經史，通遼、漢文字。統和十四年始仕。家有一牛，不任驅策，其奴得善價鬻之。韓家奴曰：「利己誤人，非吾所欲。」乃歸直取牛。二十八年，爲右通進，典南京栗園。重熙初，同知三司使事。四年，遷天成軍節度使，徙彰愍宮使。帝與語，才之，命爲詩友。嘗從容問曰：「卿居外有異聞乎？」韓家奴對曰：「臣惟知炒栗：小者熟，則大者必生；大者熟，則小者必焦。使大小均熟，始爲盡美。不知其他。」蓋嘗掌栗園，故託栗以諷諫。帝大笑。詔作四時逸樂賦，帝稱善。

時詔天下言治道之要，制問：「徭役不加于舊，征伐亦不常有，年穀既登，帑廩既實，而民重困，豈爲吏者慢、爲民者惰歟？今之徭役何者最重？何者尤苦？何所蠲省則爲便益？補役之法何可以復？盜賊之害何可以止？」韓家奴對曰：

臣伏見比年以來，高麗未賓，阻卜猶强，戰守之備，誠不容已。乃者，選富民防邊，自備糧糗。道路脩阻，動淹歲月；比至屯所，費已過半；雙牛單轂，鮮有還者。其無丁之家，倍直傭僦，人憚其勞，半途亡竄，故戍卒之食多不能給。求假于人，則十倍其息，至有鬻子割田，不能償者。或逋役不歸，在軍物故，則復補以少壯。其鴨淥江之東，戍役大率如此。況渤海、女直、高麗合從連衡，不時征討。富者從軍，貧者偵候。加之水旱，菽粟不登，民以日困。蓋勢使之然也。

方今最重之役，無過西戍。如無西戍，雖遇凶年，困弊不至於此。若能徙西戍稍近，則往來不勞，民無深患。議者謂徙之非便：一則損威名，二則召侵侮，三則棄耕牧之地。臣謂不然。阻卜諸部，自來有之。曩時北至臚朐河，南至邊境，人多散居，無所統壹，惟往來抄掠。及太祖西征，至於流沙，阻卜望風悉降，西域諸國皆願入貢。因遷種落，内置三部，以益吾國，不營城邑，不置戍兵，阻卜累世不敢爲寇。統和間，皇太妃出師西域，〔一〕拓土既遠，降附亦衆。自後一部或叛，鄰部討之，使同力相制，正得馭遠人之道。及城可敦，開境數千里，西北之民，徭役日增，生業日殫。警急既不能救，叛服亦復不恒。空有廣地之名，而無得地之實。若貪土不已，漸至虚耗，其患有不勝言者。況邊情不可深信，亦不可頓絶。得不爲益，捨不爲損。國家大敵，惟在南方。今雖連和，難保他日。若南方有變，屯戍遼邈，卒難赴援。我進則敵退，我還則敵來，不可不慮也。方今太平已久，正可恩結諸部，釋罪而歸地，内徙戍兵以增堡障，外明約束以正疆界。每部各置酋長，歲修職貢。叛則討之，服則撫之。諸部既安，必不生釁。如是，則臣雖不能保其久而無變，知其必不深入侵掠也。或云，棄地則損威。殊不知殫費竭財，以貪無用之地，使彼小部抗衡大國，萬一有敗，損威豈淺？或又云，沃壤不可遽棄。臣以爲土雖沃，民不能久居，一旦敵來，則不免内徙，豈可指爲吾土而惜之？

夫帑廩雖隨部而有，此特周急部民一偏之惠，不能均濟天下。如欲均濟天下，則當知民困之由，而窒其隙。節盤遊，簡驛傳，薄賦斂，戒奢侈。期以數年，則困者可蘇，貧者可富矣。蓋民者國之本，兵者國之衛。兵不調則曠軍役，調之則損國本。且諸部皆有補役之法。昔補役始行，居者、行者類皆富實，故累世從戍，易爲更代。近歲邊虞數起，民多匱乏，既不任役事，隨補隨缺。苟無上户，則中户當之。曠日彌年，其窮益甚，所以取代爲艱也。非惟補役如此，在邊戍兵亦然。譬如一抔之土，豈能填尋丈之壑！欲爲長久之便，莫若使遠戍疲兵還於故鄉，薄其徭役，使人人給足，則補役之道可以復故也。

臣又聞，自昔有國家者，不能無盜。比年以來，羣黎凋弊，利於剽竊，良民往往化爲凶暴。甚者殺人無忌，至有亡命山澤，基亂首禍。所謂民以困窮，皆爲盜賊者，誠如聖慮。今欲芟夷本根，願陛下輕徭省役，使民務農。衣食既足，安習教化，而重犯法，則民趨禮義，刑罰罕用矣。臣聞唐太宗問羣臣治盜之方，皆曰：「嚴刑峻法。」太宗笑曰：「寇盜所以滋者，由賦斂無度，民不聊生。今朕内省嗜慾，外罷游幸，使海内安静，則寇盜自止。」由此觀之，寇盜多寡，皆由衣食豐儉，徭役重輕耳。

今宜徙可敦城於近地，與西南副都部署烏古、敵烈、隗烏古等部聲援相接。罷黑嶺二軍，并開、保州，皆隸東京；益東北戍軍及南京總管兵。增修壁壘，候尉相望，繕完樓櫓，浚治城隍，以爲邊防。此方今之急務也，願陛下裁之。

擢翰林都林牙，兼修國史。仍詔諭之曰：「文章之職，國之光華，非才不用。以卿文學，爲時大儒，是用授卿以翰林之職。朕之起居，悉以實録。」自是日見親信，每入侍，賜坐。遇勝日，帝與飲酒賦詩，以相觴酢，君臣相得無比。韓家奴知無不言，雖諧謔不忘規諷。

十三年春，上疏曰：「臣聞先世遥輦可汗洼之後，國祚中絶；自夷離堇雅里立阻午，大位始定。然上世俗朴，未有尊稱。臣以爲三皇禮文未備，正與遥輦氏同。後世之君以禮樂治天下，而崇本追遠之義興焉。近者唐高祖創立先廟，尊四世爲帝。昔我太祖代遥輦即位，乃製文字，修禮法，建天皇帝名號，制宫室以示威服，興利除害，混一海内。厥後累聖相承，自夷離堇湖烈以下，〔二〕大號未加，天皇帝之考夷離堇的魯猶以名呼。臣以爲宜依唐典，追崇四祖爲皇帝，則陛下弘業有光，墜典復舉矣。」疏奏，帝納之，始行追册玄、德二祖之禮。〔三〕

韓家奴每見帝獵，未嘗不諫。會有司奏獵秋山，熊虎傷死數十人，韓家奴書于册。帝見，命去之。韓家奴既出，復書。他日，帝見之曰：「史筆當如是。」帝問韓家奴：「我國家創業以來，孰爲賢主？」韓家奴以穆宗對。帝怪之曰：「穆宗嗜酒，喜怒不常，視人猶草芥，卿何謂賢？」韓家奴對曰：「穆宗雖暴虐，省徭輕賦，人樂其生。終穆之世，無罪被戮，未有過今日秋山傷死者。臣故以穆宗爲賢。」帝默然。

詔與耶律庶成録遥輦可汗至重熙以來事迹，集爲二十卷，進之。十五年，復詔曰：「古之治天下者，明禮義，正法度。我朝之興，世有明德，雖中外嚮化，然禮書未作，無以示後世。卿可與庶成酌古準今，制爲禮典。事或有疑，與北、南院同議。」韓家奴既被詔，博考經籍，自天子達于庶人，情文制度可行於世，不繆于古者，譔成三卷，進之。又詔譯諸書，韓家奴欲帝知古今成敗，譯通曆、貞觀政要、五代史以進。〔四〕

時帝以其老，不任朝謁，拜歸德軍節度使。以善治聞。帝遣使問勞，韓家奴表謝。召修國史，卒，年七十二。有六義集十二卷行于世。

〔一〕皇太妃應作「王大妃」，參本書卷一三統和十二年注〔三〕。

〔二〕索隱卷八：「湖烈即太祖紀贊之頦領，地理志之勃突。」或疑爲本史卷二太祖紀贊中之毗牒。

〔三〕按本史卷二〇興宗紀追封玄、德二祖，均在重熙二十一年七月，下文十五年詔定禮制，按卷一九興宗紀重熙十二年五月，詔復定禮制。十五年無定禮制事。

〔四〕「以進」二字原缺。按文義增補。

李澣，字日新，京兆萬年人。〔一〕初仕晉，爲中書舍人。晉亡歸遼，〔二〕當太宗崩、世宗立，恟恟不定，澣與高勳等十餘人羈留南京。久之，從歸上京，授翰林學士。

穆宗即位，累遷工部侍郎。時澣兄濤在汴爲翰林學士，密遣人召澣。澣得書，託求醫南京，易服夜出，欲遁歸汴。至涿，爲徼巡者所得，送之南京，下吏。澣伺獄吏熟寢，以衣帶自經，不死，防之愈嚴。械赴上京，自投潢河中流，爲鐵索牽掣，又不死。及抵上京，帝欲殺之。時高勳已爲樞密使，救止之。屢言於上曰：「澣本非負恩，以母年八十，急於省覲致罪。且澣富於文學，方今少有倫比，若留掌詞命，可以增光國體。」帝怒稍解，仍令禁錮于奉國寺，凡六年，艱苦萬狀。〔三〕

會上欲建太宗功德碑，高勳奏曰：「非李澣無可秉筆者。」詔從之。文成以進，上悅，釋囚。尋加禮部尚書，宣政殿學士，卒。〔四〕

論曰：「統和、重熙之間，務修文治，而韓家奴對策，落落累數百言，概可施諸行事，亦遼之晁、賈哉。李澣雖以詞章見稱，而其進退不足論矣。

〔一〕以上八字原缺，據宋史二六二李濤傳及附弟澣傳補。濤傳云：「濤，唐敬宗子郇王瑋十世孫。祖鎮，臨濮令；父元，將作監。朱梁革命，元以宗室懼禍，挈濤避地湖南（後歸京師）。」通鑑：長興四年十一月，秦王從榮之亂，「河南巡官李澣、江文蔚等六人勒歸田里。澣，回之族曾孫也。」胡注：「李回，唐武宗朝爲宰相。」

宋史卷二六二本傳：「澣幼聰敏，慕王、楊、盧、駱爲文章。後唐長興初，吴越王錢鏐卒，詔兵部侍郎楊凝式撰神道碑，令澣代草，凡萬餘言，文彩遒麗，時輩稱之。秦王從榮召至幕中，從榮敗，勒歸田里。久之，起爲校書郎，集賢校理。晉天福中，拜右拾遺，俄召爲翰林學士。會廢學士院，出爲吏部員外郎，遷禮部郎中、知制誥。復置翰林，遷中書舍人，再爲學士」。

〔二〕宋史卷二六二本傳：「契丹入汴，澣與同職徐台符俱陷塞北，永康王兀欲襲位，置澣宣政殿學士」。

〔三〕按本史卷六穆宗紀應曆二年六月，「國舅政事令蕭眉古得、宣政殿學士李澣等謀南奔，事覺，詔暴其罪」。八月，「眉古得、婁國等伏誅，杖李澣而釋之」。

宋史卷二六二本傳：「述律立，以其妻族蕭海貞爲幽州節度使，海貞與澣相善，澣乘間諷海貞以南歸之計，海貞納之。周廣順二年（應曆二年），澣因定州孫方諫密表言契丹衰微之勢，周祖嘉焉，遣諜者田重霸賫詔諭撫，仍命澣通信。澣復表述契丹主幼弱多寵，好擊鞠，大臣離貳。若出師討伐，因與通好，乃其時也，請速行之。屬中原多事，不能用其言。澣在契丹嘗逃歸，爲其所獲，防禦彌謹。」

通鑑周廣順二年六月：「太子賓客李濤之弟澣，在契丹爲勤政殿學士，與幽州節度使蕭海真善。海真，契丹主兀欲之妻弟也。澣說海真內附，海貞欣然許之。澣因定州諜者田重霸齎絹表以聞，且與濤書，言：『契丹主童騃，專事宴遊，無遠志，非前人之比，朝廷若能用兵，必剋；不然，與和，必得。二者皆利於速，度其情勢，他日終不能力助河東者也。』」

〔四〕宋史卷二六二本傳：「契丹應曆十二年六月卒，時建隆三年也。濤收澣文章，編之爲丁年集。澣二子：承確，主客郎中；承續，職方郎中。」宋史卷二〇八藝文志：「李澣丁年集十卷。」通志李氏應曆小集十卷。應是同書異名。

五代史補卷三：「李澣有逸才，每作文，則筆不停輟，而性嗜酒。楊凝式嘗受詔撰錢鏐碑，自以作不逮澣，於是多市美酒，召澣飲，俟其酣，且使代筆，經宿而成，凡一萬五千字，莫不詞理典贍，凝式歎伏久之。少主之入蕃也，宰相馮道等至鎮州，戎主皆放還，澣時爲翰林院學士，北主以其才特留之，竟卒於蕃中。其後人有得其文集者，號曰丁年集，蓋取蘇武丁年奉使之意。」又卷五：「（李）濤爲人不拘禮法，弟澣娶禮部尚書竇寧固之女，年甲稍高，成婚之夕，竇氏出參，濤輒望塵下拜，澣驚曰：『大哥風狂耶，新婦參阿伯，豈有答禮儀？』濤應曰：『我不風，只將謂是親家母。』澣且慙且怒，既坐，竇氏復拜，濤又叉手當胸，作歇後語曰：『慙無竇建，繆作梁山，喏，喏，喏！』聞者莫不絶倒。」

陳繼儒古今詩話：「李澣登科，在和凝榜下，後同爲學士，會凝作相，澣爲承旨，適當批詔，次日於玉堂和相舊閣，悉取圖書器玩，留一詩於榻云：『座主登庸歸鳳閣，門生批詔立鼇頭。玉堂舊閣多珍玩，可作西齋潤筆不？』人皆笑其疏縱。」

〔補〕劉績，失里貫。統和十七年十月，以右常侍奉使如高麗，加册高麗王王誦尚書令。開泰元年，官吏部尚書。撰有管子補注二十四卷。

劉績補注爲後人注管子者所徵引，故今猶能見其概。其注文簡明扼要，對管子原書有詮釋闡疏之功。其中除申明原意者外，仍有補入新解及訂正誤字舛文者。爲研究管子時不可闕少之注釋也。

參百官志、高麗史卷三、東國通鑑、郭沫若管子窺管、舒焚關於遼人劉績的管子補注

〔補〕王正，官鹽鐵判官，朝議郎，行右補闕，賜緋魚袋。應曆十五年，撰重修雲居寺一千人邑會之碑。〔一〕其畧云：

「燕山之殊勝者，有若雲居寺。寺之東一里有高峯，峯之上千餘步有九室，室之内有經四百二十萬言。本自静琬高僧始厥謀，歷道暹迨智菀諸公成其事。佛宇經厨，僧坊鐘閣，材惟杞梓，砌則琳珉。古檜星羅，流水環遶。璇提相望，門闥洞開。風俗以四月八日，共慶佛生。凡水之濱，山之下，不遠百里，僅有萬家，預饋供糧，號爲義食。先是庚戌年，〔二〕寺主謙諷和尚爲門徒時，會僕自皇后臺操觚之暇，被褐來遊，論難數宵，以道相得。自兹以别，迨今十五年矣，復與和尚會於此寺。僕以職倅於瀛，掌記於武定，廉察於奉聖，陟在憲臺，遷在諫署，佐兹邦計有日矣！和尚則歷綱維典寺事。建庫堂一座，五間六架；建厨房一座，五間五架；建轉輪佛殿一座，五間六架；建暖廳一座，五間五架；又化助前燕主侍中蘭陵公建講堂一座，五間七架；又化助公主建碑樓一座，五間六架，并諸腰座；建飯廊二十三間四架；次又建東庫四間五架；次建梵網經廊房八間四架；次蓋後門屋四座。餘有捨短從長，加朱施粉，周而復始，不可殫論。乙丑歲，大順皇帝御宇之十五載，丞相秦王統燕之四年。〔三〕泰階平，格擇明，八風草偃，四海鏡清。和尚慶此得時，懇求作記。今之所紀，但以謙諷等同德經營，協力唱和，結一千人之社，合一千人之心，春不妨耕，秋不廢穫，立其信，導其教，無貧富後先，無貴賤老少，施有定例，納有常期，貯於庫司，補茲寺缺。故寺不壞於平地，經不墜於東峯。」

正與謙諷論道，爲撰結邑建寺碑記，後因兵火，致寺傷缺。正子教，官諸行宮都部署判官、都官員外郎、賜紫金魚袋，念先人遺跡，出俸錢再修，又請正之執友釋智光撰重修雲居寺碑記。〔四〕當是時也，寺院結成邑社，施有定例，納有常期，儒釋友善相交，正則交遊釋徒之儒者。

參全遼文卷四、卷五

〔一〕此碑名爲碑額篆書，碑文見全遼文卷四，題名爲重修范陽白帶山雲居寺碑。

〔二〕庚戌爲天祿四年。

〔三〕天順皇帝即穆宗，丞相秦王爲燕京留守高勳。

〔四〕參見全遼文卷五。

〔補〕李仲宣，不知其家世里貫。統和五年知薊州軍事判官、文林郎、試祕書校書郎，撰有祐唐寺剏建講堂碑，其文云：

「夫幽、燕之分，列郡有四，薊門爲上。地方千里，籍冠百城。紅稻青秔，實魚鹽之沃壤；襟河控嶽，當旗戟之奧區。於古堞之外，西北一舍有盤山者，乃箕尾之巨鎮也。深維地軸，高闢天門；煖碧凝霄，寒青壓海。珠樓璇室，仰窅窱於崑邱；寶洞瓊臺，耀磅礴於恒嶽。崆峒左倚，太行右連。懷珠之水派其陽，削玉之峯峭其後。嶺上時興於瑞霧，谷中虛老於喬松。奇樹珍禽，異花靈草。絕頂有龍池焉，向旱歲而能興雷雨；巖下有潮井焉，依旦暮而不虧盈縮。於名山之內，最處其佳。此境舊有五寺，祐唐者乃備其一。自昔相傳，有尊者挈杖遠至，求植足之所，僧室東北隅巖下有澄泉，恍惚之間，見千僧洗鉢，瞬息而泯，因茲搆精舍晏坐矣。厥後於谿谷澗石之面，刻千佛之像，而以顯其殊勝也。雖雨漬苔斑，睠儀相而猶在；陽舒陰慘，流善譽而不隳。向此藍垣之北，長松之下，有大石焉，重萬餘鈞。或遇敬信者，微觸而動。迄今遊閱之士，冠蓋相望，四序不絕於阡陌也。當昔全盛之時，砌疊龍蟠，簷排鳳翅。晨鐘暮磬，上聞兜率；禪宗律學，宛是祇園。駢闐可類於清涼，赫奕遥同於白馬，乃法侶輻輳之鄉也。爰自大兵之後，並已燼滅，由謂物不可以久廢，故享利於德人。德人者，即寺主大德，乃當寺之景派也。厥本惟裔，其神不測，苦隨念盡，樂與人同，化六趣之茫然，歸十方之安隱。年臘未晚，行業彌高，既多有續之聞，宜示無窮之績。寺主大德，俗姓琅邪氏，釋諱希悟，鎮陽夏博人也。爰自聚沙之歲，禮當寺寺主在楚禪師授法焉。剃除五蓋，慕別四生，舍慾棹而誓汎慈舟，棄毒藥而願食甘果。年二十，詣長興寺，具尸羅由啓宏願延僧一十萬，次第竟矣。於是謂其友曰：『聞二儀舒慘，四序推遷，人生幾何，歲不我與，覽斯基址，孰忍淒涼？野鹿羣麇，晝夜而草眠香徑；壞碑毁塔，高低而蔓掛藤蘿。玉毫消盡於華鬘，金磬罷聞於齋懺。上漏下溼，日就月將，徐興同造之心，爰起從新之務。』於是手披榛棘，力用經營，移怪石而截斷雲根，伐灌木而摧折煙色。應曆十二年，化求財賫，蓋佛殿一座。欒（盤山志作櫟）櫨娟妙，丹雘鮮新（鮮新，盤山志作新鮮），塑佛中央，圖像四壁。保甯四年，又建厨庫僧堂二座，俾爨饎之有所作也，賓旅之有所歸也。乾亨二年，加授紫衣載議。門迎廣陌，地處幽涼，虞生肇之徒見臨，顧講讚之所交闕。乃於僧室之陰，疊磷磷之石，淪瑟瑟之泉。高廣數尋，駢羅萬樹，薙除沙礫，俯就基坰。而又請邑人醵緡聚賂，四遠之樂施者，如鱗（盤山志作甲）介之歸鉅海也。既乃市木雲嶠（雲嶠，盤山志作靈嶠），采石煙巖，窮斤斧之功，極磨礱之妙。初心才啟，大厦攸成，式導昏衢，彌光世德。其堂也，保甯十年剏建，帶雲川之渺渺，總遠岫之峨峨，東觀種玉之田，西揆築金之闕。蘭楹鏤彩，桂柱凝丹；月入秋窗，風含夏户。檐外之杉松郁鬱，檻前之煙水潺湲。所貴安苾芻僧，置狻猊座。高談玉偈，然慧炬而絕煩惱薪；妙演金文，揮智刃而剖無明㲉。長依佛座，永壓山門。對延靈岫（盤山志作鷲）之峯，闡説瑜珈之旨。此皆邑人等心猶慕善，志乃忘筌。知浮生石火以難停，覺幻質風煙而易滅。各抽净施，共構良因。即寺主希悟大德激勸之所致也，緣惠之所被也。厥外井有甘泉，地多腴壤；間栽珍果，棋布蔬畦。清風起兮緑幹香，細雨霽兮紅葵茂。載諒鴻基必葺，白足咸來。其供給之費，恒不闕於祇贍者，大德寺主力辦也。蓋惟寺主大德，道洽空有，識洞幽冥，全資化導於多方，以至圓成於能事。所冀皇朝永安神業矣，相國長調鼎鼐矣，京尹之仁無秕稗矣，郡牧之信及竹童矣。一切含靈，同霑利樂；一切惑溺，並向真如。爰述懿徽，俾雕翠琰。其邑人姓氏（盤山志作號），具列碑陰。仲宣靡職之歲，華構方成，命修辭以序之。序之伊何，即爲銘而記之。銘曰：『峭壯靈峯，𢼸興華宇，式開講肆，用陳法侶。物置人多，利圓三寶。庶幾乎作善之祥，傳名曠古。』

參全遼文卷五

〔補〕宋璋，太平五年爲新倉廣濟寺撰佛殿記，署「前銀青崇禄大夫、檢校司徒、使持節儒州諸軍事、儒州刺史兼御史大夫、上柱國、廣平縣開國男、食邑三百户」。記文云：

「夫聞弘高威德，運大神通。金剛座中，果結菩提之樹；靈鷲山上，經宣菡萏之花。顯中印以爲師，應東方之現相者，我世尊之啓洪聖也。是以明帝夢從於漢室，佛寶初光；奘公取至於唐時，法輪漸轉。故自三千界神化之後，五百年象教已來。通覺路於羣方，闢空門於歷代。引寬定水，舒廣慈雲。粤有僧弘演，武清井邑生身，發蒙通遠；文殊閣院落髮，離俗歸真。幼尚忍草流芳，長惟戒珠護浄。竭揔持之力，振拔沈淪；弘方便之機，贊裨調御。屬以新倉重鎮，舊邑多人，悉謂響風，咸云渴德。載勤三請，深契四弘。此則振錫爰來，寧辭越里；彼則布金有待，永奉開基。因適願以經營，遂立誠而興建。矧於此也，南拂鏡水，祕寶瑩珠；北負畫屏山，潛珉輝玉。鳳城西控，日迎碣館之賓；鼇海東鄰，時輯靈槎之客。而復枕榷酤之劇務，面交易之通衢。雲屯四境之行商，霧集百城之常貨。嗷嗷冒雨，擾擾蒙塵。是宜近彼人稠，增完永固；所貴多依佛住，弘濟無疆。然得富庶傾心，溢袖盈襟，奉財施之如林；賓寮率已，連鑣繼軌，賫俸給之若市。得非不畏人畏，念兹在兹。材呈而風舉雲摇，匠斲而雷奔電擊。乃以鑿甘井、樹華亭、濟往來之疲羸也；建法堂、延講座、度遠近之苦惱也。或飾鑄容圖像，恭敬者利益而不窮也；或開精舍香厨，依止者擔荷而無闕也。至於有一日必葺，無四體不勤。以勵乃至精，堅乎密行，而隆其業者也。噫！累功歲久，報力時虧。念光陰之不停，嗟羸老之將至。宜退知爲之事，好修課誦之因。乃謂門人道廣曰：『吾以撥土匡持，踏荒成辦。然稍增於締搆，奈罔備於規模。營西位之浴堂，已憑他化；翊中央之祕殿，未遇當仁。今汝空祠衆中，玄識高上。雖勤修慧炬，諒堪稱舉；而播植福田，得未周圓。度人宜體於三輪，證果俾昇於二梵。詎勞謙於後進，當善繼於前修。』廣法師諦聽斯言，恭承彼事。應當根之善，立匪石之心。行不逸遊，舉步而惟思師訓；談無戲論，出言而即報佛恩。曾啓處以何安，念克終而無怠；復慮防於傳法，議須假於兼人。幸會頭陁僧義弘，雅好遊方，巡禮將周於四國；洞諳化道，致齋頻會於萬僧。見善則遷，與物無競。因率維那琅琊王文襲等數十人，異口同音而請，信心不逆而來。共結良緣，將崇勝概。繇是勞筋苦節，有廣上人之率羣材；貫骨穿肌，有弘長老之集多衆。疊水浮陸行之跡，專家至户到之心。或採異於曹吴，或訪奇於般爾。度功量費，價何啻於萬緡；糾邑隨緣，數須滿於千室。鄉曲斯聽，人誰不從。獨有檀那，潛征翠琰。所欲令聞不朽，咸可紀於石銘；惟希净辦既堅，共勿輕於金諾。此所謂千人之邑耶！悉願時資潤屋，日廣精藍；愈固虔誠，即趨良會。故始歲則可以霜揮斤斧，煙迸鉤繩。欒栱疊施，棼橑複結。能推剞劂，五間之藻棟虹梁；巧極雕鎪，八架之文楹繡桷。巍巍乎！非衆心迴向，孰規輪奐之有如此者。及再期，則可以鱗比鴛瓦，雲矗花磚；粉布圬墁，霞舒丹雘。奇摽造立，三門之滿月睟容；妙盡鋪題，四壁之芳蓮瑞相。郁郁乎！非衆心合應，孰奉莊嚴之有如此者。次於南，則殊興峻宇，正闢通門。度高低掩映之差，示出入誠嚴之限。屹然左右，對護法之金神；肅爾縱橫，扃安禪之寶地。然謂瞻思罕狀，報應難名。蓋非一行所致，是期三年有成。窗軒疏不夜之明，周阿流耀；壇座簇長春之色，内奥含英。至哉！其基構備也既如彼，其功德圓也又若此。爰處一方乾位，以爲千古日宫。不惟資閭里之安康，抑亦占郊畿之宏壯。確乎不拔，上侔化出於摩尼；粲然可觀，下擬葺成於那爛。能事云畢，素願酬終。可以開示衆迷，可以滅除多罪。莫不惟道是仗，求福不回，有奉香花，有賫繒蓋。具八關而敬禮，漸悟超凡；崇六事以恭參，潛期入聖。或農商侶至，覩之者生善而歸；或漁獵人來，瞻之者斷惡而去。既而香刹初就，道場永開。律儀修而白玉無瑕，戒行止而青松有操。閻浮業廣，咸歸精進之門；兜率觀成，悉有開生之路。適謀論撰，可叙因緣。庶記録以具存，用刊修而克永。捧柔翰而爰狀其事，趨漱居而屢託其詞。然璋罷典泥書，早疏硯席；連鍾風樹，久不文言。念於監督之間，最是歸依之所。既難推讓，惟謝精研。但資立意爲宗，聊以直書其事。而銘曰：

『佛興中印，教遂東流。空門開奥，慧炬燭幽。粤有真性，夙著徽猷。布金因請，振錫爰投。慈悲恤苦，化度思柔。招提獨力，基搆數秋。羸老將至，勝槩難周。門徒下命，軌躅前修。兼人幸會，合志勤求。千室爲邑，〔一〕百種何憂。精藍同奉，潤屋咸抽。瓌材呈巧，寶殿延休。閻浮利濟，覩可優遊。此有歸仗，餘無比儔。』」

〔一〕即指千人邑言。

臨潢。〔補〕楊丘文，臨潢人。七世祖彦稠，後唐清泰中，爲定州兵馬使，後隨石晉北遷，遂居臨潢。〔一〕丘文官至中書舍人，乾統三年撰柳谿玄心寺洙公壁記，〔二〕文曰：

「夫善治性者，必求其所以養之也。養之之道無佗焉，一諸仁智而已矣。仁，性之固也。智，性之適也。固之不已則闕，闕之甚，則猝慮溢之亡禦也；適之不已則肆，肆則擾，擾則憚之，惴惴乎惟其有所爲也。溢之亡禦則禮之畔，畔之亡信也；惴惴慮惟其有所爲，則義之衄，衄之亡勇也。是二者，皆蔽之一而病之衆也。故知道者以智養之仁，以仁養之智。仁焉以智之養則安，智焉以仁之養則給。仁之安，則恬慮其内而不流；智之給，則應答慮萬變而弗殆。故畜諸己之謂德，履而行之之謂行，擴之錯諸物之謂業，賁斯三者之謂文。德以實之，行以厲之，業以成之，文以明之，斯治性之道得矣。

佛之徒曰洙公者，吾友人〔三〕也。字涣之，姓高氏。世籍燕爲名家。生而被詩書禮樂之教，固充飫耳目矣。然性介絜，自丱倜然有絶俗高蹈之志。一日，嗜浮圖所謂禪者之説，迺屬其徒，遯林谷以爲缾盂之遊。日灼月漬，不數歲，盡得其術，乃卜居豐陽玄心寺，研探六藝子史之學，掇其微眇，隨所意得，作爲文辭而綴輯之。〔四〕積十數歲，不舍鉛素，寖然聲聞，流於京師。其黨聞之，忿其委彼而適我。繩繩而來扣諸門而詰之曰：『子其服吾徒之佛，隸吾徒之業有日矣，然不能專氣徹慮，泰然泊虖玄妙之閫，而反憤悱篤思虖儒學，一何累哉？矧吾之爲道，其視天地萬物蔑如也，又奚以其文爲？』公妥然不顧，第以鑽仰而爲事也。〔五〕

今年春，僕以乘傳，距鄰宋回走易水，枉道下柳谿，即公候起居。既見，握手道舊，出新文若干以示僕，僕固駭其鍛揉之鋭。未已，又語僕以其黨詰之之狀。僕應之曰：『夫道之在心，不言則不諭，故形之言而後達之也。言不及遠，而又不能人人乎教之，故載之文而遍天下，歷後世而無不至也。然文之於道，爲力莫甚焉，固可得而聞焉。昔吾先師孔子，知道之極，迺著之易，以神其天地之藴、萬物之變也。傳之其孫曰子思，子思爲之作中庸，以明誠性之德，不慮而會，不營而功也。子思傳之孟子，孟子得之，曰：『吾善養我浩然之氣。』以配之道義，不爲萬物之所梏也。列之編籍，以傳之徒。是後千有餘年，諸子훵

湧，而有捭闔之辯，刑名之説，紛綸虖其間，故是道寂無傳焉。至漢有楊子雲，〔六〕奮然特起，發孔孟之奥，草之太玄。以天下之所無，待天下之所有。乘其數，演其德，以覺後世之戀戀也。然則文果累諸道乎，抑聞彼之所謂佛者，迺爾黨之所師也。倡之五教〔七〕之説，以溢編軸，而後其徒若燦肇、融覺、觀密之輩，比比而作，皆爾黨之秀傑者也。率有辯論篇藻，以翼其術而㢘之世也，不亦謂之文乎，是皆得吾仁智相養之道也。噫，顓顓虖一介之謂猥，旁魄四達之謂聖，繇猥僻之軌而欲之聖人之域，則是猶北走而求越，不其邈哉！故爲吾子辯之，以質其來者之譊譊也。』」

丘文子伯淵，〔八〕金天會十四年進士。

參金史卷一〇五楊伯雄傳又伯淵傳、全遼文卷一〇

〔一〕參金史卷一〇五楊伯雄傳。又傳云：「父丘行，太子左衛率府率。伯雄登皇統二年進士，（官至）定武軍節度使。弟伯傑、伯仁，族兄伯淵。」

金史卷一二五鄭子聃傳：「鄭子聃，字景純，大定府人。父宏，遼金源令，二子子京、子聃。楊丘行嘗謂人曰：『金源二子，鳳毛也。小者尤特達，後必名世。』子聃及冠有能賦聲。天德三年，丘行爲太子左衛率府率，廷試明日，海陵以子聃程文示丘行，對曰：『可入甲乙。』及拆卷，果中第

一甲第三人。」

〔二〕參見全遼文卷一〇。

〔三〕按儒者結交釋徒，爲當時風氣，參見本卷王正補傳。

〔四〕了洙所撰六藝子史之文久佚。今存者有悟空大德髪塔銘、范陽豐山章慶禪院實録、白繼琳幢記、六聘上方逐月朔望常供記等，並見全遼文卷一〇。

〔五〕按當時釋徒多有讀儒書者，沙門志才撰永樂村感應舍利石塔記（參見全遼文卷一一）略曰：「噫！唐吏部韓愈，不信釋老，常請毀除，表論佛骨，怒言曰穢，指東漢已還，君王由信佛而壽促，彼韓公五十七而薨，豈是信於佛乎？且韓公唯宗乎儒邪？鄙釋之盛邪？用心之僻邪？昧佛之説邪？余不之知也。孔子答商太宰嚭曰：『西方有聖者焉，不治而亂，不言而自信，不化而自行，蕩蕩乎人無能名焉。』韓公豈不見斯言乎？後代儒士，聞韓公之言，不達韓公之意，其間亦有訾謗者，類乎鸚鵡習乎人言也。余雖爲釋子，三教存心，凡行其道，必須融會。」又沙門覺苑撰大日經義釋演密抄，曾廣征儒書以證釋典，據不完全統計，已舉書名並引據内容者，有論語及孔注、尚書及正義、毛詩詩序、左傳及杜注、禮記、釋名、後漢書、唐録、吴地記、淮南子、吕氏春秋等，其稱引内容未舉書名者尚未計。當時釋徒參取儒説，正如宋、明儒生以佛説詮解儒典。北宋僧徒亦有研習儒書之風，如智圓稱僧徒曰「中庸子」，所撰孤山閒居篇闡説中庸之義。故儒釋兩家實相互影響。

金代出現幾支新道教，多融儒、佛旨義於其說教中。元初，耶律楚材撰西游録，指斥長春真人西遊記，以釋家駁道家，但爲争取羣衆，仍不能不以「三聖人」爲言。新中國成立以前，河北、東北村鎮間，偶有三教堂者，供三聖人像以祈福，或有所源。

〔六〕楊子雲，楊亦作揚，即揚雄。

〔七〕華嚴五教章卷上：五教指小乘教、大乘始教（如般若經等）、大乘終教、頓教（維摩經等）、圓教（華嚴經等）。並見華嚴經探玄記卷一。

〔八〕金史卷一〇五楊伯雄傳附族兄伯淵傳：「伯淵字宗之。父丘文，遼中書舍人。伯淵早孤。」

〔補〕南抃，薊州漁陽人，〔一〕乾統七年官少府少監知秘書少監，撰作上方感化寺碑，〔二〕文曰：

「噫，西聖人教既一唱而東也，應而和者，其徒半天下。是以城聞邑聚，塔廟日興。後數百年，競相高以奢麗，有大苾芻衆樂諸阿蘭若，巖居野處，如鷲峯鹿苑者，比比而是。方之城邑，則又過焉。漁陽古郡之西北，叢岫迤邐。其勢雄氣秀曰田盤山，岡巒倚疊，富有名寺，而感化者，舊號元宫。物無常名，事窮則變。會幽州主帥清河張公奏請之，故因以是額易其前號。獨亢爽清勝，確乎不移。既肘腋乎絶巘，又襟袖於列刹。故自往昔，目爲上方。非諸信舍財而附益，高流擇地以來集，則何以增崇垂遠，至於是哉。魏太和十九年，無終縣民田氏玆焉營辦。唐太和、咸通間，道宗、常實二大師，前季後昆，繼踵而至，故碑遺像，文迹具存。爾後人多住持，處亦成就。布金之地，廣在山麓。法堂佛宇敞乎下，禪龕經龕出乎上。松杉雲際，高低相望。居然緇屬殆至三百。自師資傳衣而後，無城郭乞食之勞。以其剏始以來，占籍斯廣。野有良田百餘頃，園有甘栗萬餘株。清泉茂林，半在疆域。斯爲計久之業，又當形勝之境，宜乎與法常住，如山不騫。是使居之則安，不爲爭者所奪。奈何大康初，鄰者侵競，割據巖壑，鬪諍堅固，適在此時，徒積訟源，久不能決。先於薊之屬縣三河北鄉，自乾亨前有莊一所，闢土三十頃，間藝麥千畝，皆原隰沃壤，可謂上腴。營佃距今，即有年祺，利資日用，衆實賴之。大安中，燕地遣括天荒使者馳至，按視厥土。以豪民所首，謂執契不明，遂圍以官封，曠爲牧地，吞我林麓既如彼，廢我田壤又若此。使庖舍缺新蒸之供，齋堂乏餅餌之給，可嘆香火而至於是。寺僧法雲暨法道次言及衆曰：『先世有所遺籍，吾儕不能嗣守，亦空門之不肖者也。安忍坐受其弊，拱默而已。』相與詣闕陳訴，歷官辨論，一旦得直其誣，兩者復爲所有。尋奉上命，就委長吏，辨封立表，取舊爲定。自是樵爨耕穫之利，隨用而足。以小大協力，始終一心，而令釋氏家肥，不減疇昔。赫矣能事，於前有光。雖汶陽歸已侵之疆，興平還既奪之地，不是過也。乾統六年冬，老比丘崇簡與前薊州管内都綱提點寺事沙門士賢元悟、上座僧士侃、都知僧圓凈等以始末紀石爲請，會余有故不果，頃又走書來速文。勤至再三，豈可無述。夫藏用於形迹者，莫妙於理智。顯用於事爲者，莫大乎勢力。佛之道，理與智也。宏之在人，勢與力也。若兹寺者，像設攸在，法相所寄。智與形會，理隨事集。向内不資徒侶之力，外不託王臣之勢，則有所廢矣，孰能興之？今豪奪者止，誣取者與。使禪枝律裔，保有其業，良以此也。後之補處是者，其念之乎！」

同年又撰普濟寺嚴慧大德塔記銘，署「朝請大夫、少府少監知秘書少監、上騎都尉、汝南縣開國子、食邑五百户、賜紫金魚袋」。天慶四年，撰王師儒墓誌銘，署「朝議大夫、守少府少監前知秘書少監、上騎都尉、賜紫金魚袋」。

參盤山志、全遼文卷一〇

〔一〕盤山志稱：「南抃，冀州人。」感化寺碑末稱「漁陽南抃撰」，按本史卷四〇地理志四漁陽縣屬薊州，據改。又繆荃孫遼文存誤作「沙門南抃」，王、羅沿誤。

〔二〕本文及下述兩文均見全遼文卷一〇。

遼史補注卷一百四

列傳第三十四

文學下

王鼎　耶律昭　劉輝　耶律孟簡　耶律谷欲　〔補〕行均

〔補〕希麟　〔補〕思孝　〔補〕法悟　〔補〕道殿　〔補〕非濁

〔補〕覺苑　〔補〕了洙　〔補〕詮明　〔補〕德雲　〔補〕鮮演

王鼎，字虛中，涿州人。幼好學，居太寧山〔一〕數年，博通經史。時馬唐俊〔二〕有文名燕、薊間，適上巳，與同志祓褉水濱，酌酒賦詩。鼎偶造席，唐俊見鼎樸野，置下坐。欲以詩困之，先出所作索賦，鼎援筆立成。唐俊驚其敏妙，因與定交。清寧五年，擢進士第。〔三〕調易州觀察判官，改淶水縣令，〔四〕累遷翰林學士。當代典章多出其手。上書言治道十事，帝以鼎達政體，事多咨訪。鼎正直不阿，人有過，必面詆之。

壽隆初，陞觀書殿學士。〔五〕一日宴主第，醉與客忤，怨上不知己，坐是下吏。狀聞，上大怒，杖黥奪官，流鎮州。居數歲，有赦，鼎獨不免。會守臣召鼎爲賀表，因以詩貽使者，有「誰知天雨露，獨不到孤寒」之句。上聞而憐之，即召還，復其職。乾統六年卒。〔六〕

鼎宰縣時，憩于庭，俄有暴風舉卧榻空中。鼎無懼色，但覺枕榻俱高，乃曰：「吾中朝端士，邪無干正，可徐置之。」須臾，榻復故處，風遂止。

〔一〕按即今房山縣西北八十里之大安山。本史卷四〇地理志四亦作大安山。

〔二〕文昌雜録卷四：「元豐三年（大康六年），高麗國王王徽以疾表乞太醫，朝廷遣閤門通事舍人王舜封押至彼國，舜封上言：『十二月一日徽生辰，北遼遣起居郎知制誥馬堯俊充使，留仙賓館，堯俊獻徽詩曰：「始從鉤裂海中天，世世英雄禀自然，掌上寶符鈐造化，胸中神劍畫山川。太宗莫取龍州道，煬帝難乘鴨緑船。真是金輪長理國，豈論八萬四千年。」徽以錦紬八百匹爲謝云。』」按唐俊即堯俊，金人避「堯」字改唐俊。高麗史卷九作馬高俊。唐俊官至彰國軍節度使。太宗子欽，仕宋，至拱衛大夫棣州刺史，忠州團練使。特贈唐俊右武大夫貴州團練使。見建炎以來繫年要録卷四四，卷八九。

〔三〕按本史卷二一道宗紀清寧五年放進士梁援等百一十五人。卷二一道宗紀清寧八年六月，放進士王鼎等九十三人。王鼎虛中爲五年梁援榜進士，八年則爲另一狀元王鼎，同時同姓名。考出土石刻，大安五年三月，固安縣固城村謝家莊石橋記（見全遼文卷八）題：「翰林學士中散大夫，行中書舍人，充史館修撰，上騎都尉，太原縣開國侯，食邑一千户，食實封一百户，賜紫金魚袋王鼎撰。」又同年同月六聘山天開寺懺悔上人墳塔記（見全遼文卷八）題：「朝議大夫，乾文閣直學士知制誥，賜紫金魚袋王虛中撰。」七年法均大師遺行碑銘（見全遼文卷八）題：「朝議大夫，乾文閣直學士知制誥，充史館修撰騎都尉，太原縣開國子，食邑五百户，賜紫金魚袋王鼎撰並書。」是石橋記撰者於大安五年爲中散大夫，上騎都尉，開國侯，食邑一千户。而王鼎虛中在大安五年至七年，爲朝議大夫，騎都尉，開國子，食邑五百户，可見是兩人同姓名。王鼎虛中爲清寧五年進士，撰石橋記之王鼎爲清寧八年狀元，兩人均能文，同充史館修撰。焚椒録爲王鼎虛中撰，可於傳文見之。

焚椒録序云：「鼎於咸、大之際，方侍禁近，會有懿德皇后之變，一時南北面官，悉以異説赴權，互爲證足。遂使懿德蒙被淫醜，不可湔浣。嗟嗟！大墨蔽天，白日不照，其能户説以相白乎？鼎婦乳媪之女蒙哥，爲耶律乙辛寵婢，知其姦構最詳，而蕭司徒復爲鼎道其始末，更有加於媪者，因相與執手歎其冤誣，至爲涕淫淫下也。觀變以來，忽復數載，頃以待罪可敦城，去鄉數千里，視日如歲，觸景興懷。舊感來集，乃直書其事，用竢後之良史。若夫大海翻波，變爲險陸，則有司徒公之實録在。大安五年春三月，前觀書殿學士臣王鼎謹序。」

焚椒録見本書卷七一宣懿皇后傳注〔三〕。

自唐貞元、元和以來，因古文運動而有古文小説，如元稹鶯鶯傳，陳鴻長恨歌傳，其特徵在具備衆體。雲麓漫鈔卷八云：「幽怪録、傳奇等，文備衆體，可以見史才、詩筆、議論。」遼承唐風，焚椒録即寫實小説，故目録家以之入傳記類。全録叙事周密，描繪細膩，包括詩、歌、表論等各體成篇文字。

高麗史卷一〇宣宗九年（遼大安八年）九月，「遼遣王鼎來賀生辰」。又卷九六崔思諏傳：「崔思諏，宣宗朝，拜殿中少監、知尚書户部事，出爲西京副留守。駕幸西京時，遼使王鼎來，思諏爲館伴。聞鼎每夜獨坐爲文，以計取其書，奏之，乃諫疏也。其疏極言遼太平日久，不修武備。又言大宋伐西夏事」。大安八年奉使高麗者應是狀元王鼎。

日下舊聞考卷一〇五馬鞍山戒壇寺明王殿殿門右有石幢二，左幢題云：「受戒弟子范陽王鼎撰文，太康元年，歲在乙卯建。」此則另是一王鼎，即本傳所叙之王鼎。

〔四〕淶水，原誤「漆水」。按地理志無漆水，淶水屬易州，據改。

〔五〕按焚椒録序大安五年已稱「前觀書殿學士臣王鼎」。

陳崇砥固安縣志卷二「慧峯寺（在）林城村五十里，契丹大安七年，學士王鼎有塔記」。畿輔通志卷一四〇金石畧三並同。

畿輔通志卷一四〇金石畧三又曰：「遼自太宗大同元年改契丹國號曰大遼，聖宗即位復稱大契丹，道宗咸雍年復稱大遼。此碑立於大安七年，在咸雍以後，猶稱曰契丹，疑史有誤。然考之北魏刻石其所記國號大魏、大代並稱，蓋當時雖已詔復故稱，並無嚴苛之令，故民間任意爲之，猶可見風氣之樸厚也。」

〔六〕卒字，依道光殿本據大典補。

耶律昭，字述寧，博學，善屬文。統和中，坐兄國留事，流西北部。會蕭撻凜爲西北路招討使，愛之，奏免其役，禮致門下。欲召用，以疾辭。〔一〕撻凜問曰：「今軍旅甫罷，三邊宴然，惟阻卜伺隙而動。討之，則路遠難至；縱之，則邊民被掠；增戍兵，則餽餉不給；欲苟一時之安，不能終保無變。計將安出？」昭以書答曰：

竊聞治得其要，則讎敵爲一家；失其術，則部曲爲行路。夫西北諸部，每當農時，一夫爲偵候，一夫治公田，二夫給糺官之役，大率四丁無一室處。芻牧之事，仰給妻孥。一遭寇掠，貧窮立至。春夏賑恤，吏多雜以糠粃，重以掊克，不過數月，又復告困。且畜牧者，富國之本。有司防其隱沒，聚之一所，不得各就水草便地。兼以逋亡戍卒，隨時補調，不習風土，故日瘠月損，馴至耗竭。

爲今之計，莫若振窮薄賦，給以牛種，使遂耕穫。置游兵以防盜掠，頒俘獲以助伏臘，散畜牧以就便地。期以數年，富强可望。然後練簡精兵，以備行伍，何守之不固，何動〔二〕而不克哉？然必去其難制者，則餘種自畏。若捨大而謀小，避强而攻弱，非徒虛費財力，亦不足以威服其心。此二者，利害之機，不可不察。

昭聞古之名將，安邊立功，在德不在衆。故謝玄以八千破苻堅百萬，休哥以五隊敗曹彬十萬。良由恩結士心，得其死力也。閤下膺非常之遇，專方面之寄，宜遠師古人，以就勳業。上觀乾象，下盡人謀。察地形之險易，料敵勢之虛實。慮無遺策，利施後世矣。

撻凜然之。

開泰中，獵于拔里堵山，爲羯羊所觸，卒。

〔一〕續通鑑至道二年七月考異：「遼史耶律昭傳云：欲召用，以疾辭。蕭達蘭（撻凜）傳（有）林牙耶律昭。蓋雖辭達蘭（撻凜）之召，後仍起用而爲文學侍從官也。」

〔二〕馮校：「動當作攻。」

劉輝，好學善屬文，疏簡有遠畧。大康五年，第進士。大安末，爲太子洗馬，上書言：「西邊諸番爲患，士卒遠戍，中國〔一〕之民疲于飛輓，非長久之策。爲今之務，莫若城于鹽濼，實以漢户，使耕田聚糧，以爲西北之費。」言雖不行，識者韙之。

壽隆二年，復上書曰：「宋歐陽脩編五代史，附我朝於四夷，妄加貶訾。且宋人賴我朝寬大，許通和好，得盡兄弟之禮。今反令臣下妄意作史，恬不經意。臣請以趙氏初起事蹟，詳附國史。」〔二〕上嘉其言，遷禮部郎中。

詔以賢良對策，輝言多中時病。擢史館修撰，卒。

〔一〕此中國指遼。

〔二〕本史卷六穆宗紀：「應曆十年正月，周殿前都點檢趙匡胤廢周自立，建國號宋。」卷八景宗紀：「保寧八年十一月，宋主匡胤殂，其弟炅自立，遣使來告。」均實録舊文。

耶律孟簡，字復易，于越屋質之五世孫。父劉家奴，官至節度使。

孟簡性穎悟。六歲，父晨出獵，俾賦曉天星月詩，孟簡應聲而成，父大奇之。既長，善屬文。大康初，樞密使耶律乙辛以姦險竊柄，出爲中京留守，孟簡與耶律庶箴表賀。未幾，乙辛復舊職，銜之，謫巡磁窯關。〔一〕時雖以讒見逐，不形辭色。遇林泉勝地，終日忘歸。明年，流保州。及聞皇太子被害，不勝哀痛，以詩傷之，作放懷詩二十首。自序云：「禽獸有哀樂之聲，螻蟻有動静之形。在物猶然，況於人乎？然賢達哀樂，不在窮通、禍福之間。易曰：『樂天知命，故不憂。』是以顔淵簞瓢自得，此知命而樂者也。予雖流放，以道自安，又何疑耶？」

大康中，始得歸鄉里。詣闕上表曰：「本朝之興，幾二百年，宜有國史以垂後世。」乃編耶律曷魯、屋質、休哥三人行事以進。上命置局編修。孟簡謂餘官曰：「史筆天下之大信，一言當否，百世從之。苟無明識，好惡徇情，則禍不測。故左氏、司馬遷、班固、范曄俱罹殃禍，可不慎歟！」

乾統中，遷六院部太保。處事不拘文法，時多笑其迂。孟簡聞之曰：「上古之時，無簿書法令，而天下治。蓋簿書法令，適足以滋姦倖，非聖人致治之本。」改高州觀察使，修學校，招生徒。遷昭德軍節度使。以中京饑，詔與學士劉嗣昌減價糶粟。事未畢，卒。

〔一〕索隱卷八：「按即今山西渾源縣南十七里磁窰口關。」

耶律谷欲，字休堅，六院部人。父阿古只，官至節度使。谷欲冲淡有禮法，工文章。統和中，爲本部太保。開泰中，稍遷塌母城節度使。鞫霸州疑獄，稱旨，授啓聖軍節度使。太平中，復爲本部太保。謝病歸，俄擢南院大王。歎風俗日頽，請老，不許。

興宗命爲詩友，數問治要，多所匡建。奉詔與林牙耶律庶成、蕭韓家奴編遼國上世事跡及諸帝實録，未成而卒，〔二〕年九十。

〔二〕按本史卷一九興宗紀重熙十三年六月，「詔前南院大王耶律谷欲、翰林都林牙耶律庶成等編集國朝上世以來事蹟」。卷八九耶律庶成傳：「偕林牙蕭韓家奴等撰實録及禮書。」卷一〇三蕭韓家奴傳：「詔與耶律庶成録遥輦可汗至重熙以來事迹，集爲二十卷，進之。」

論曰：孔子言：「誦詩三百，授之以政，不達。雖多，亦奚以爲？」王鼎忠直達政，劉輝侍青宫，建言國計，昭陳邊防利害，皆洞達閫敏。孟簡疾乙辛姦邪，黜而不怨。孰謂文學之士，無益於治哉。

〔補〕釋行均，字廣濟，俗姓于氏，派演青、齊，雲遊燕、晉。善音韻、字書，集當時使用文字爲切韻訓詁，凡五年，成書四卷。〔一〕依四聲爲次，平聲九十七部，上聲六十部，去聲二十六部，入聲五十九部，始金終不，以雜部殿焉。每部又以四聲次之，具辯宫商，細分喉齒，計二萬六千四百三十三字，注一十六萬三千一百七十七字，并注總有一十八萬九千六百一十字。無勞避席，坐奉師資，開卷立祛疑滯。矧以新音，偏於龍龕，猶手持於鸞鏡，形容斯鑒，妍醜是分，故目之曰龍龕手鑑。〔二〕又撰五音圖式附於後，庶力省功倍，垂益後學。宋沈括夢溪筆談記行均書入宋，蒲傳正帥浙西，取以鏤版。觀其字音韻次序，皆有理法。〔三〕南宋李燾作説文五音韻譜，實用其例而小變之。每字之下，必詳列正俗今古及或作諸體。則又行均因唐顔元孫干禄字書而小變之者也。所録字於説文、玉篇之外，多所搜輯，每引佛經中諸字以補六書所未備，不專以釋典爲主。〔四〕清錢大昕以傳統之見非之，謂曰：「六書之學，莫善於説文，始一終亥之部，自字林、玉篇以至類篇莫之改也。」行均「以意分部」，其中「文攴不分，曰臼莫辨」。「滴音商而又音都歷反，則混商于商」。「㝵、歪、甭、孬，本里俗之妄談；嬲、忥、㞢、卡，悉魚豕之訛字。而皆繁徵博引，汙我簡編，指事形聲之法，掃地盡矣。」〔五〕行均破除成規舊律，别出新裁，自立體系，廣收當時俗字簡體，如纙作⿱众木，合音字如甭，固字書之革新，亦當時使用文字之登録也。卷首有統和十五年燕僧智光序，其畧云：

「夫聲明著論，迺印度之宏綱；觀跡成書，實支那之令躅。印度則始標天語，厥號梵文。載彼貫線之花，綴以多羅之葉。開之以字緣字界，分之以男聲女聲。支那則創自軒轅，制於沮誦。代結繩於既往，成進牘以相沿。辯之以會意象形，審之以指事轉注。洎乎史籀變古文爲大篆，程邈變小篆爲隸書。蔡邕刊定於石經，束皙網羅於竹簡。九流競騖，若百谷之朝宗；七畧遐分，比衆星之拱極。尋源討本，備載於埤蒼、廣蒼；叶律諧鍾，咸究於韻英、韻譜。專門則字統、説文，開牖則方言、國語，字學於是乎昭矣。矧復釋氏之教，演於印度，譯布支那。轉梵從唐，雖匪差於性相；披教悟理，而必正於名言。名言不正，則性相之義差。性相之義差，則修斷之路阻矣。故祇園高士，探學海洪源，準的先儒，導引後進；揮以寶燭，啓以隨函。郭迻但顯於人名，香嚴惟標於寺號。流傳歲久，鈔寫時訛。寡聞則莫曉是非，博古則徒懷惋歎。不逢敏達，孰爲編修。」〔六〕繼叙行均書内容、體例及受命撰序。龍龕手鑑四卷，今存。

智光字法炬。燕京憫忠寺沙門，又撰重修雲居寺碑記，記寺主謙諷與右補闕王正相交論道，並稱正子諸行宮都部署教以智光爲其父執友，故請敘其事。〔七〕儒釋相交，一時蔚成風氣。

參龍龕手鑑、夢溪筆談卷一五、潛研堂文集卷二七、四庫全書總目提要卷四一

〔一〕瞿鏞鐵琴銅劍樓書目卷七：「龍龕手鑑四卷，宋刊本。蓋即讀書敏求記所謂契丹鏤版者也。然考夢溪筆談、郡齋讀書志，並稱『龍龕手鏡』，以『鏡』爲『鑑』，當是宋人翻刻避嫌諱而改。錢氏所見既作『鑑』字，此本亦然，安得復爲遼刻耶？智光原序稱四卷，而文獻通考引讀書志則作三卷，衢州本同，今以此書核之，乃知晁氏之非誤，蓋書中本以四聲分四卷，各載部目於卷前，而版心則以去、入兩卷統書龍三，實無龍四，殆以去聲僅九葉，不成卷，故合之，所以又有三卷之稱也。」

日本訪書志卷四：「龍龕手鑑八卷。朝鮮古刻本。按智光原序稱四卷，此分爲八卷，蓋緣書中每部多有『今增』字樣，則非行均原書也。今行世此書有二通，一爲張丹鳴刊本，一爲李調元函海刊本，此本雖有後人羼入之字，而其下必題以『今增』，與原書不混。」

〔二〕黄丕烈百宋一廛賦注：「龍龕手鑑四卷。相傳此書遼刻，元名手鏡，宋刻改爲鑑，今驗此標題，是宋而非遼矣。敏求記所載，與此正同，乃遵王仍以契丹鏤版説之，豈因首列統和十五年智光字法炬序，遂以爲據耶？序云：猶手持於鸞鏡，鏡字但缺一筆而不改，則又何也。」注中遵王爲錢曾之字，曾撰讀書敏求記。

〔三〕參夢溪筆談卷一五。

〔四〕南宋李燾以下九十字並見四庫全書總目提要卷四一。

〔五〕清錢大昕以下參見潛研堂文集卷二七。

〔六〕以上見全遼文卷五智光龍龕手鑑序。

〔七〕見全遼文卷五智光重修雲居寺碑記。

〔補〕希麟，氏族不詳，駐燕京崇仁寺。嫺於音韻字學，嘗繼唐沙門慧琳一切經音義撰續一切經音義。〔一〕其序云：

「蓋聞殘純樸而薄道德，仁義漸開；廢結繩而定著龜，文字乃作。仰觀玄象，俯視成形。蒼頡始制於古文，史籀纂成乎大篆。相沿歷世，更變隨時，篆與古文，用之小異。逮周禮保氏掌國子學，以道教之六書。謂像形、指事、會意、形聲、轉注、假借，六者造字之本。雖蟲篆變體，古今異文，離此六書，竝爲謬惑。春秋之末，保氏教廢。秦并海内，丞相李斯，考較籀文，别爲小篆。吏趨省易，變體稍訛，程邈改之，謂之隸本。漢興書學，楊雄作訓纂八十九章，班固加十三章，羣書用字畧備。後漢許慎集古文籀篆諸家之學，出目録五百四十篇，就隸爲訓注，作説文解字。時蔡伯喈亦以滅學之後，請刊定五經，備體刻石，立於太學之門，謂之石經。仍有吕忱作字林五篇，以補許、蔡之漏畧。洎有立説文、石經、字林之學。至大曆中，命孝廉生顔傳經、國子司業張參等刊定五經文字正體，復有字統、字鏡、陸氏釋文、張戩考聲、韻譜、韻英、韻集、韻畧。述作既衆，增損互存。竝乃傍通三史，證據九經。若斯文而有旨，諸本作言，恐音書誤乎。即彼義以無差。音義之興，其來有自。況乎釋尊之教也，四含妙典，談有相於權門；八部真宗，顯無爲於實際。真俗雙舉，唐、梵兩該。藉以聲名句文爲能詮，表以菩提涅槃爲所證。演從印度，譯布支那。前後翻傳，古今鈔寫。論梵聲則有一文兩用，誤上去於十二音中。數字同歸疑體，業向向恐可作於乎。八轉聲。内考畫點，乃衹如棪以冉掞舒贍亂於手木，帳知亮悵丑仗雜於心巾，彽都奚伲直尼著彳著人，祼古玩裸胡瓦從衣從示。謟吐刀諂丑冉不分，舀以小臽音陷，壯側亮牡莫后罔辨，牛語求爿疾良，少斫昧於戍哉，無點虧於寫富。如斯之類，謬誤實繁。若不討詳，漸乖大義。故唐初有沙門玄應者，獨運先覺，天縱生知，明唐、梵異言，識古今奇字。首興厥志，切務披詳。始於古華嚴經，終於順正理論，撰成經音義二十五卷。次有沙門慧苑，撰新華嚴音義二卷。復有沙門雲公，撰涅槃音義二卷。復有大慈恩寺基法師，撰法華音訓一卷。或即未周三藏，或即偏局一經。尋檢闕如，編録不次。至唐建中末，有沙門慧琳，内精密教，入於總持之門；外究墨流，研乎文字之粹。印度聲明之妙，支那音韻之玄，既餅受於先師，亦泉瀉於後學。棲心二十載，披讀一切經，撰成音義，總一百卷，依開元釋教録，始從大般若，終於護命法。所音衆經論及拾遺律傳等，從大乘理趣六波羅密多經，盡讀開元釋教録。總二百六十六卷二十五帙，前音未載，今續者是也。伏以鈔主無礙大師，天生睿智，神授英聰；總講羣經，偏糅章鈔。傳燈在念，利物爲心，見音義以未全，慮檢文而有闕。因貽華翰，見命菲才；遣對曦光，輒揚螢燭。然或有解字廣畧，釋義淺深，唐梵對飜，古今同異。雖依憑據，更俟來英，冀再披詳，庶無惑爾。」

參全遼文卷六

〔一〕此書刊入續大藏經。

〔補〕思孝，俗姓郎，名思孝，法名即以俗名稱。〔一〕少年讀書應試成進士，更歷郡縣。一日厭棄塵俗，祝髮披緇。已而行業超絶，名動天下。重熙時，尊崇佛教，自興宗以下，親王貴主皆師事之。嘗賜號曰崇禄大夫守司空輔國大師。〔二〕凡上章表，名而不臣。興宗朝政之暇，常與師對榻。以師不肯作詩，曾以詩挑之曰：「爲避綺吟不肯吟，既吟何必昧真心？吾師如此過形外，弟子争能識淺深？」思孝依韻和詩二首：「爲愧荒疏不敢吟，不吟恐忤帝王心，本吟出世不吟意，以此來批見過深。」「天子天才已善吟，哪堪二相更同心，直饒萬國猶難敵，一智寧當三智深？」二相，謂參知政事杜防，侍中劉六符也。時六符與防有隙，詩中言二相同心，殆微寓諷意焉。後竟出六符爲長寧軍節度。又以天安節，因題松鶴圖進獻云：「千載鶴棲萬歲松，霜翎一點碧枝中。四時有變此無變，願與吾皇聖壽同。」嘗集其居覺華島海雲寺時所撰之文爲海山文集。雖厭棄俗塵，仍熱情頌主。晉釋者道安有言：「不得國主，則佛法不立。」可見宗教未嘗脱離政治也。

思孝自重熙十七年離去海島，住持縉雲山。興宗特遣閤門張世英齎御書並賜香與麻絲等物。書云：「冬寒，司空大師法候安樂。比及來冬，差人請去，幸望不賜違阻。」末云：「方屬祁寒，順時善加保攝。」金王寂曰：「詳其始終問訊，禮如平交，非當時道行有大過人者，安能使時君推慕如此，然亦千載一遇，豈偶然哉。」〔三〕

所撰有關大華嚴經者：玄談鈔逐難科一卷，修慈分疏二卷，畧鈔一卷，科一卷。關於大涅槃經、法華經、般若理趣分經、大寶積經、觀無量壽經、報恩奉盆經、八大菩薩曼陁羅經、以及十誦律等，均有撰作。〔四〕

參遼東行部志

〔一〕撰作均署名思孝。

〔二〕房山石經勿字號大藏教諸菩薩名號集序，署：「覺花島海雲寺崇禄大夫、守司空、輔國大師、賜紫沙門思孝奉詔撰。」

〔三〕參見遼東行部志。

〔四〕參見本書卷六二補藝文志。

〔補〕釋法悟者，未詳所出氏族。道宗時，主持中京報恩寺，頗躭釋典，雅契性宗，嘗謂釋摩訶衍者，包舉一乘，總括百部，安得宗師繼爲義疏，以恢闡正教，深化羣生。道宗因法悟偶談要妙，即命其闡明其隱義。法悟於是殫思積慮，十旬成書五卷，上呈道宗，果見褒稱，乃賜名曰贊玄疏。其暢達宏旨，足該全經。卷中叙道宗每餘庶政，止味玄風，備究羣經，尤精此論。且言疊承中詔，侍講内庭。當時寵眷，可想見矣！道宗並命太保燕國公耶律孝傑〔一〕爲之叙，謂詔從模鏤，言使傳通。蓋當時已有印本，今其書仍流行云。〔二〕

參喻謙輯新續高僧傳卷三，全遼文卷八、卷九

〔一〕即張孝傑，本史卷一一〇有傳。

〔二〕按法悟所撰釋摩訶衍論贊玄疏五卷，近日本刊入續藏。題中京報恩傳教寺崇禄大夫、守司空、詮圓通法大師、賜紫臣沙門法悟奉敕撰。

〔補〕道𣪍字法幢，俗姓杜氏，雲中人也。性英悟聰辯，幼年禮名師，十五歷學肆。習儒釋典籍，參禪訪道，博達多聞。利名不染，愛惡非交。既而厭處都城，肆志巖壑。積累載之勤悴，窮大藏之淵源。以謂所閲大小之教，不出顯密兩途，皆證聖要津，入真妙道。覽其文體，則異猶盤盂，自列於方圓；歸乎正理，則同若器室，咸資於無有。而學者妄生異議，昧此通方，因是錯綜靈編，纂成顯密圓通成佛心要集一卷，並供佛利生儀。蓋顯教密

宗，該性含相。顯之義，派分五教，總名素怛覽；密之部，囊括三藏，獨號陀羅尼。習顯教者，且以空有禪律而自違，不盡究竟之圓理；學密部者，但以壇印字聲而爲法，未知秘奥之神宗。遂使顯教、密教，矛盾而相攻；性宗、相宗，鑿柄而難入。互相非議，各執一端。道殿之作，遂熔彼此爲一爐。理盡萬途，會四教總歸於圓宗，收五密咸入於獨部。旨義淵弘，行文流暢。使披覽者，所求皆遂，滯塞得通。殆匯顯密而一之者也。其書今存大藏經，卷首有宣政殿學士、金紫榮禄大夫、行給事中、知武定軍節度使、上護軍、潁川郡開國公、食邑三千户、同修國史陳覺所撰序，稱道殿曰「顯密圓通法師」。並云：「曾因暇日，得造吾師，每親揮麈之談，頗廣窺斑之見。」書末有弟子釋性嘉後序一篇，性嘉亦博學能文。

參全遼文卷八、卷九

〔補〕非濁，字貞照，俗姓張氏，其先范陽人。禮守太師兼侍中圓融國師爲師。曾因脚疾遯匿盤山，敷課於白繖蓋，尋克痊。重熙八年冬，奉詔赴闕，興宗賜以紫衣。十八年，敕授上京管内都僧録，秩滿授燕京管内左街僧録。興宗薨，驛徵赴闕，道宗以非濁受眷先朝，乃恩加崇禄大夫、檢校太保。次年，加檢校太傅、太尉。非濁搜訪闕章，聿修睿典，撰往生集二十卷〔一〕進呈。道宗嘉贊久之，親爲帙引，尋命龕次入藏。非濁又撰三寶感應要畧録，自序云：「蓋三寶感應要畧録者，靈像感應以爲佛寶，尊經感應以爲法寶，菩薩感應以爲僧寶。良是濁世末代目足，斷惡修善規模也。夫信爲道源功德之聚，行爲要録解脱之基。道達三千，勸勵後信；教被百億，開示像跡。今畧表其肝要，粗叙奇瑞。此緣若墮，將來無據。簡以三聚，分爲三卷，令其易見矣。」〔二〕

清寧六年春，道宗幸燕，回次花林，〔三〕非濁坐於殿，面受燕京管内懺悔主菩薩戒師。七年二月，設壇于本寺，懺受之徒甚衆。九年四月，示疾，告終于竹林寺，五月，移窆于昌平縣。司空豳國公爲之建立寺塔並營經幢。

參全遼文卷八非濁禪師實行幢記

〔一〕往生集由高麗傳至日本，對日本平安朝晚期及鎌倉幕府時代之文學、佛教界影響甚大。

〔二〕見全遼文卷七三寶感應要畧録序。

〔三〕花林，本史卷四〇地理志四作華林，在南京道順州。

〔補〕覺苑，未詳所出氏族。學贍羣經，業專密部；詔開講會，名動京師。曾集科文五卷，通行於世。又奉道宗之命，及應副留守衛尉卿隴西牛鉉、守司空悟玄、通圓大師弼公及僧首紫褐師德等百餘人共同致書之請，於談演之暇，乘精運思，撰成神變加持經義釋演密鈔十卷，詔赴坐冬行在，面呈道宗，敕令雕印，並諭趙孝嚴撰引文，引文題「朝議大夫、行起居郎、充乾文閣待制、史館修撰、騎都尉、賜紫金魚袋臣趙孝嚴奉敕撰」。引文云：「大哉如來之教也，有顯有密。所謂顯密，五性三乘是也；所謂密者，總持秘藏是也。若夫圓修萬行，具證十身。頓了一法界心，直超三無數劫。此乃神變加持之力，不可思議也。故毗盧遮那佛，親爲口說；金剛秘密主，次傳心印。玄之又玄，秘之甚秘。粵從唐代，有三藏善無畏者，自中天來，持以梵本，與禪師一行受詔同譯。其理甚深，尚難趣入。乃謂無畏，再爲敷說。一行遂增潤其文，號曰義釋。斯則啓明門之關鍵也。暨我大遼國有三藏摩尼者，從西竺至，躬慕聖化，志弘呪典。然廣傳授，未遑論撰，歷歲既久，逮今方興。」覺苑自序亦云：「大毗盧遮那成佛神變加持經，其大矣哉！斯經迺總持之潤府，法界之靈宮。金剛手方可探其賾，蓮華眼始能窺其奧。頓超位地，譬之以神通；速離纏痾，喻之以呪術。加以入金剛界，啓菩薩心；陞金剛座，紹菩提種。護摩設祭，大自在事火異其宗；澆頂施儀，色究竟受職方其躅。不入曼陀羅，不依阿闍梨，則不得入其手。自無畏三藏翻譯之後，禪師一行義釋以還，緜歷歲時，聲光淪墜。非遘昌期，孰能極此？」覺苑際此時會，撰集詮解，所撰神變加持經義釋演密經，今存大藏經。卷首自序署「燕京圓福寺崇禄大夫、檢校太保、行崇禄卿、總秘大師賜紫沙門覺苑〔一〕撰」。卷一云：「洎我興宗御宇，志弘藏教。覺苑持承綸旨，忝預教場，因採羣詮，訪獲斯本。今上繼統，清寧五年，敕鏤版流行。」覺苑歷興、道兩朝，校勘藏經，闡釋義理，固一時之佼佼者也。參全遼文卷九

〔一〕金石萃編卷一五三咸雍四年三月清水院藏經記末結銜：「燕京右街檢校太保大卿沙門覺苑。」

〔補〕了洙字涣之，俗姓高氏，世籍燕爲名家。生而被詩書禮樂之教，薰淘習染，已近天成。然性介絜，自丱齡，倜然有絶俗高蹈之志。一日，嗜浮圖所謂禪者之説，迺屬其徒遯林谷以爲瓶盂之遊。日灼月漬，不數歲，盡得其術。乃卜居豐陽玄心寺，研探六藝子史之學，掇其微眇，隨所意得，作爲文辭而綴輯之。積十餘歲，不舍鉛素，寖然聲聞，流於京

師。嘗與臨潢儒者楊丘文友善，甚相契投。佛徒聞之，忿其委彼而適此，輒來扣其門而詰之曰：「子既服吾徒之佛，隸吾徒之業，而反憤悱篤思虖儒學，一何累哉！矧吾道之視天地萬物蔑如也，又奚以其文爲？」洙妥然不顧，第以鑽仰而爲事也。

了洙文詞通暢，今存遺作五篇，記叙有條理，俱清順可讀。

參全遼文卷一〇柳谿玄心寺洙公壁記及了洙遺文

〔補〕詮明，避景宗諱改詮曉，姓氏鄉里不詳。義學名僧，住持燕京憫忠寺弘法，總講羣經，偏糅章鈔，尤長唯識論。聖宗賜號無礙大師。〔一〕

謙諷重修雲居寺，希麟撰續一切經音義，詮明均有倡導推進之功。嘗奉詔再定經録，因世所謂六祖壇經、寶林傳等皆焚燬，謙諷除其僞妄，製訂條例，撰成續開元釋教録三卷，〔二〕對佛學多所貢獻。撰有法華經玄贊會古通今新抄十卷，科四卷、大科一卷、成唯識論詳鏡幽微十七卷、成唯識論應新抄科文四卷、大科一卷、百法論金臺義府十五卷、科一卷、大科一卷、金剛般若經宣演科二卷、宣演會古通今鈔六卷等。其爲釋家倡導風氣，尤足稱焉。

參全遼文卷六希麟續一切經音義序、輯本元一統志、義天録等

〔一〕輯本元一統志卷一統和八年，於憫忠寺創建釋迦太子之殿，係詮明倡導。

〔二〕宋沙門宗鑑釋門正統卷八引義天跋飛山别傳議謂：「世所謂六祖壇經、寶林傳等皆焚，除其僞妄，條例則重修開元續録三卷中載之矣。」

〔補〕德雲，建州人，俗姓張氏。家世業儒，習讀詩書，工翰墨。但性厭塵俗，始於析津府崇仁寺出家，奉求寂戒，終于永昌軍太子寺。〔一〕斂心屏跡轉大藏經。十載中酷探至趣，正存性相。以佛教中持咒誦名之需，披尋經、律、論三藏教文，採摭已當今三世名號。披尋之際，凡遇一如來及遇一菩薩名號，並採摘記録，或有名同體異，亦並書之，集成一部，分爲兩門：初門標怛他蘖多，俾先忻于果實；後門列冒地薩陲，令續發于因葩。計數盈萬以踰三，勒成二十卷。初擬營塔珍藏，後因感夢而擬刊布。但未及彫印，德雲即謝世。後遇海山純慧大師自海島至，本州僧政沙門法常、當寺僧首沙門義鑑，虔守遺編，即以授之。非濁禪師喜强緣得遇，以宋僧新譯及遼國創添經數頗多，因並補入，續增二卷，共得二十二卷，上呈興宗，頒詔刻印，旋即入藏，是德雲固當時勤于撰集之學僧也。

參房山石經勿字號諸佛菩薩名號集序〔二〕

〔一〕永昌軍按本史卷三七地理志一爲永州軍號，太子寺在利州，無軍額。

〔二〕序文原署「覺花島海雲寺崇祿大夫、守司空、輔國大師賜紫沙門思孝奉詔撰」。

〔補〕鮮演，懷州人，俗姓李。先世原籍幽、薊。父從道，性聰善慮，辭辨能書，隱而不仕。母楊氏。鮮演幼讀儒書，嗣習釋典，頗能領悟。同鄉太師大師聞之，稱獎嘉嘆，遂收爲徒。隨詣上都，出家住大開龍寺，凡所見聞，皆長於衆。清寧五年，未及弱齡，試經具戒，擢爲第一。不日間，辭衆遊方，尋師就學。始于中京，次于幽、燕。凡踐論場，聲名日益。秦楚國大長公主謂師曰：「願爲善友，請入竹林寺，永爲講主。」周載之餘，聲聞于上。特賜「紫衣慈惠」德號，自爾名馳獨步，振于京師。咸雍二年，道宗幸燕，燕京永泰寺沙門通贊疏主守臻特薦於上，改充大開龍寺暨黄龍府講主。敷究之暇，撰仁王護國經融通疏、菩薩戒纂要疏、唯識論掇奇提異鈔、花嚴經玄談抉擇記、摩訶衍論顯正疏、菩提心戒暨諸經戒本，卷帙頗多，惟三寶六師外護文一十五卷，可謂筌蹄乎萬行之深，筆削乎千經之奥。通因明大義，刊楞嚴鈔文。由是高麗及遼國之僧衆，皆傾心受教。道宗常以冬夏召赴庭闕，垂詢玄妙，謀議便宜。鮮演善于敷揚，協于聽覽。大安五年，特授「圓通悟理」四字師號。十年冬，奏係興中府興中縣。壽昌二年，遷崇禄大夫、檢校太保，奉旨開壇七十二，度衆無數。天祚繼位，亦加眷顧。乾統元年，加特進階，守太保。六年，遷特進、守太傅。首蔭門人親弟興操紫衣二字師號，興義，紫衣崇禄大夫、鴻臚卿，興密、興智、興祚紫衣德號，其餘承應者罔算也。次蔭俗弟日亨，左承制兼監察御史，俗侄永晟，禮賓副使兼殿中侍。次俗侄永安、永寧並在班祇候。乾統四年，追封其父左翊衛校尉，母追封弘農縣太君。一時緇徒爵號，慶萃一門；俗眷身名，光生九族。天慶二年，鮮演固辭帝闕，潛養天年。六十以後，示相託疾，年過七十，示寂。依禮送終。〔一〕

參上京開龍寺鮮演墓碑

〔一〕墓碑係由析津人□奎所撰，一九八六年六月於内蒙古巴林左旗林東鎮磚廠出土。參見遼海文物學刊一九八七年第一期。

遼史補注卷一百五

列傳第三十五

能吏

大公鼎　蕭文　馬人望　耶律鐸魯斡　楊遵勗

〔補〕張績　〔補〕劉瑶　王棠

漢以璽書賜二千石，唐疏刺史、縣令于屏，以示奬率，故二史有循吏、良吏之傳。遼自太祖創業，太宗撫有燕、薊，任賢使能之道亦畧備矣。然惟朝廷參置國官，吏州縣者多遵唐制。歷世既久，選舉益嚴。時又分遣重臣巡行境内，察賢否而進退之。是以治民、理財、決獄、弭盗，各有其人。考其德政，雖未足以與諸循、良之列，抑亦可謂能吏矣。作能吏傳。

大公鼎，渤海人，先世籍遼陽率賓縣。統和間，徙遼東豪右以實中京，因家于大定。曾祖忠，禮賓使。父信，興中主簿。

公鼎幼莊愿，長而好學。咸雍十年，登進士第，調瀋州觀察判官。時遼東雨水傷稼，北樞密院大發瀕河丁壯以完隄防。有司承令峻急，公鼎獨曰：「邊障甫寧，大興役事，非利國便農之道。」乃疏奏其事。朝廷從之，罷役，水亦不爲災。瀕河千里，人莫不悦。改良鄉令，省徭役，務農桑，建孔子廟學，部民服化。累遷興國軍節度副使。

時有隸鷹坊者，以羅畢爲名，擾害田里。歲久，民不堪。公鼎言于上，即命禁戢。會公鼎造朝，大臣諭上嘉納之意，公鼎曰：「一郡獲安，誠爲大幸；他郡如此者衆，願均其賜于天下。」從之。徙長春州錢帛都提點。車駕如春水，貴主〔一〕例爲假貸，公鼎曰：「豈可輟官用，徇人情？」拒之。頗聞怨詈語，曰：「此吾職，不敢廢也。」俄拜大理卿，多所平反。

天祚即位，歷長寧軍節度使、南京副留守，改東京户部使。時盜殺留守蕭保先，始利其財，因而倡亂。民亦互生猜忌，家自爲鬭。公鼎單騎行郡，陳以禍福，衆皆投兵而拜曰：「是不欺我，敢弗聽命。」安輯如故。拜中京留守，賜貞亮功臣，乘傳赴官。時盜賊充斥，有遇公鼎于路者，即叩馬乞自新。公鼎給以符約，俾還業，聞者接踵而至。不旬日，境内清肅。天祚聞之，加賜保節功臣。時人心反側，公鼎慮生變，請布恩惠以安之，爲之肆赦。

公鼎累表乞歸，不許。會奴賊張撒八〔二〕率無賴嘯聚，公鼎欲擊而勢有不能。嘆曰：「吾欲謝事久矣。爲世故所牽，不幸至此，豈命也夫！」因憂憤成疾。保大元年卒，年七十九。

子昌齡，左承制；昌嗣，洺州刺史；昌朝，鎮寧軍節度。

〔一〕傳論作公主。

〔二〕撒八似屬奴籍。

蕭文，字國華，外戚之賢者也。父直善，安州防禦使。文篤志力學，喜愠不形。大康初，掌秦越國王中丞司事，〔一〕以才幹稱。尋知北面貼黄。王邦彦子爭廕，數歲不能定，有司以聞。上命文詰之，立決。車駕將還宮，承詔閱習儀衛，雖執事林林，指顧如一。遷同知奉國軍節度使，歷國舅都監。壽隆末，知易州，兼西南面安撫使。〔二〕高陽土沃民富，吏其邑者，每黷于貨，民甚苦之。文始至，悉去舊弊，務農桑，崇禮教，民皆化之。時大旱，百姓憂甚，文禱之輒雨。屬縣又蝗，議捕除之，文曰：「蝗，天災，捕之何益！」但反躬自責，蝗盡飛去；遺者亦不食苗，散在草莽，爲烏鵲所食。會霪雨不止，文復隨禱而霽。是歲，大熟。朝廷以文可大用，遷唐古部節度使，高陽〔三〕勒石頌之。後不知所終。

〔一〕按中丞司非王府官。本史卷二五道宗紀大安三年七月，「秦越國王阿璉薨」。阿璉曾於清寧二年十二月知中丞司事。此掌秦越國王中丞司者，殆於阿璉位下處理具體工作。

〔二〕壽昌四年七月沙門方偁撰興國寺太子誕聖邑碑（參見全遼文卷九），碑末列銜「都維那右監門衛大將軍、知易州軍州事兼沿邊巡檢安撫屯田勸農等使耶律遷；朝散大夫、尚書左司郎中、通判州軍事、賜紫金魚袋、武騎尉楊舉直；朝散大夫、尚書比部郎中、知易縣事、飛騎尉、借紫劉琚」等。耶律遷似是蕭文前任。

〔三〕本史卷四〇地理志：「易州高陽軍。」此高陽即謂易州。

馬人望，字儼叔，高祖胤卿，爲石晉青州刺史，太宗兵至，堅守不降。城破被執，太宗義而釋之，〔一〕徙其族于醫巫閭山，因家焉。曾祖廷煦，南京留守。祖淵，中京副留守。父詮，〔二〕中京文思使。

人望穎悟。幼孤，長以才學稱。咸雍中，第進士，爲松山縣令。歲運澤州官炭，獨役松山，人望請于中京留守蕭吐渾均役他邑。吐渾怒，下吏，繫幾百日；復引詰之，人望不屈。蕭喜曰：「君爲民如此，後必大用。」以事聞于朝，悉從所請。

徙知涿州新城縣。〔三〕縣與宋接境，驛道所從出。人望治不擾，吏民畏愛。近臣有聘宋還者，帝問以外事，多薦之，擢中京度支司鹽鐵判官。轉南京三司度支判官，公私兼裕。遷警巡使。京城獄訟填委，人望處決，無一冤者。會檢括户口，未兩旬而畢。同知留守蕭保先怪而問之，人望曰：「民産若括之無遺，他日必長厚斂之弊，大率十得六七足矣。」保先謝曰：「公慮遠，吾不及也。」

先是，樞密使乙辛竊弄威柄，卒害太子。及天祚嗣位，將報父仇，選人望與蕭報恩究其事。人望平心以處，所活甚衆。改上京副留守。會劇賊趙鐘哥犯闕，劫宮女、御物，人望率衆捕之。右臂中矢，炷以艾，力疾馳逐，賊棄所掠而遁。人望令關津譏察行旅，悉獲其盜。尋擢樞密都承旨。

宰相耶律儼惡人望與己異，遷南京諸宮提轄制置。歲中，爲保靜軍節度使。有二吏凶暴，民畏如虎。人望假以辭色，陰令發其事，黥配之。是歲諸處飢乏，惟人望所治粒食不闕，路不鳴桴。遥授彰義軍節度使。遷中京度支使，始至，府廩皆空；視事半歲，積粟十五萬斛，錢二十萬繦。徙左散騎常侍，累遷樞密直學士。

未幾，拜參知政事，判南京三司使事。時錢粟出納之弊，惟燕爲甚。人望以縑帛爲通曆，凡庫物出入，皆使别籍，名曰「臨庫」。姦人黠吏莫得軒輊，乃以年老揚言道路。朝論不察，改南院宣徽使，以示優老。踰年，天祚手書「宣馬宣徽」四字詔之。既至，諭曰：「以卿爲老，誤聽也。」遂拜南院樞密使。人不敢干以私，用人必公議所當與者。如曹勇義、虞仲文〔四〕嘗爲姦人所擠，人望推薦，皆爲名臣。當時民所甚患者，驛遞、馬牛、旗鼓、鄉正、廳隸、倉司之役，至破産不能給。人望使民出錢，官自募役，時以爲便。久之請老，以守司徒、兼侍中致仕。卒，謚曰文獻。

人望有操守，喜怒不形，未嘗附麗求進。初除執政，家人賀之。人望愀然曰：「得勿喜，失勿憂。抗之甚高，擠之必酷。」其畏慎如此。

〔一〕宗，原誤「祖」。按用兵石晉爲太宗時事，據改。

〔二〕詮，本史卷四八百官志四作佺。

〔三〕光緒畿輔通志卷一一四學校一：「新城縣學在縣治西北，遼縣令馬人望重建。」

〔四〕索隱卷八：「曹義勇、虞仲文皆降金。金謚以文莊、文正，何足爲名臣。金史傳贊曰：『委質二君，隕身逆黨。』名臣顧如是乎？」

耶律鐸魯斡，〔一〕字乙辛隱，季父房之後。廉約重義。重熙末，給事誥院。咸雍中，累遷同知南京留守事。被召，以部民懇留，乃賜詔褒獎。大康初，改西南面招討使，爲北面林牙，遷左夷離畢。大安五年，拜南府宰相。壽隆初，致仕，〔二〕卒。

鐸魯斡所至有聲，吏民畏愛。及退居鄉里，子普古爲烏古部節度使，遣人來迎。既至，見積委甚富。謂普古曰：「辭親入仕，當以裕國安民爲事。枉道欺君，以苟貨利，非吾志也。」命駕而歸。普古後爲盜所殺。

〔一〕本史卷四七百官志三作耶律鐸斡。

〔二〕本史卷二六道宗紀：「壽隆二年十二月，南府宰相耶律鐸魯斡致仕。」

楊遵勗，字益誠，〔一〕涿州范陽人。重熙十九年登進士第，調儒州軍事判官，累遷樞密院副承旨。

咸雍三年，爲宋國賀正使；還，遷都承旨。〔二〕天下之事，叢于樞府，簿書填委。遵勗一目五行俱下，剖決如流，敷奏詳敏。上嘉之。〔三〕奉詔徵户部逋錢，得四十餘萬繦，拜樞密直學士，改樞密副使。大康初，參知政事，徙知樞密院事，〔四〕兼門下侍郎、平章事，拜南府宰相。〔五〕耶律乙辛誣皇太子，詔遵勗與燕哥按其事，遵勗不敢正言，時議短之。尋拜北府宰相。

大安中暴卒，年五十六。贈守司空，謚康懿。子晦，終昭文館直學士。

〔一〕遵勗，又名興公、興工。字益誠，又作益戒。參以下各條注文。

〔二〕咸雍三年六月，宋陳襄、孫坦使遼，報神宗即位。遵勗以太常少卿任館伴。陳襄使遼語録作太常少卿楊益戒。宋史卷一四神宗紀：「治平四年十二月己巳，遼遣蕭傑等來賀正旦。」蘇軾東坡後集卷一八故龍圖閣學士滕公（元發）墓誌銘：「是歲，契丹遣蕭林牙、楊興公來聘。」蕭林牙即指林牙蕭傑。使還，遵勗遷都承旨。

宋史卷三三二滕元發傳：「館伴契丹使楊興公，開懷與之語，興公感動。將去，泣之而別。」

〔三〕本史卷二二道宗紀咸雍七年十二月，「都承旨楊興工（工，依百衲本。南監以下各本均作功。）賜國姓」。咸雍八年撰創建靜安寺碑銘（見全遼文卷八）題：「前朝請大夫、守太常少卿，充昭文館直學士，充史館修撰□奉閣……開國子食邑五百户……耶律興公。」

〔四〕沈括乙卯（大康元年）入國別録：「（五月）二十九日，就館賜宴，差樞密副使楊益戒押宴。六月一日，押宴耶律暈令高思裕傳語云：皇帝差楊副樞傳宣。」副樞謂樞密副使，即楊遵勗。宋史卷三三一沈括傳：熙寧八年（大康元年）奉使契丹，「契丹相楊益戒來就議，括得地訟之籍數十，預使吏士誦之，益戒有所問，則顧吏舉以答。他日復問，亦如之。益戒無以應。謾曰：『數里之地不忍，而輕絶好乎？』括曰：『師直爲壯，曲爲老。今北朝棄先君之大信，以威用其民，非我朝之不利也。』凡六會，契丹知不可奪，遂舍黄嵬而以天池請。括乃還。」遵勗即參與此次南北議界之遼方代表。

〔五〕天慶八年沙門志才撰涿州涿鹿山雲居寺續祕藏石經塔記（見全遼文卷一一）：「相國楊公遵勗、梁公穎奏聞道宗皇帝，賜錢（續）造（石）經四十七帙，通前上石，共計一百八十七帙。」遵勗爲道宗朝奏請續造石經者。

〔補〕張績，字熙凝，世爲清河人。曾祖簡，祖昭遜，父偉，均不仕。績幼聰穎，既長，勤於學業，才思敏鋭。太平十年，年三十，進士乙科登第。景福元年秋，解褐，授將仕郎，守秘書省著作佐郎。重熙初，加文林郎、武騎尉。二年夏，改授涿州軍事判官，試大理評事。四年秋，改授彰國軍節度掌書記加登仕郎。當年冬，加儒林郎、雲騎尉。六年冬，以識察過人，廉直約己，差充燕京管内都商税判官，市征倍入，府庫充盈，以出錢三百萬餘，不漏考而勾赴中堂。七年冬，俾權延慶宫漢兒渤海都部署判官。八年秋，加承務郎、守應州金城縣令。到任後，勵徇公之節，招攜安撫，未經歲間，其惡前政攜家而去又襁負而還者，逾三百户。十年冬，改除白川州觀察判官，遷承奉郎。十二年春，加徵事郎、飛騎尉。十三年冬，加宣義郎、驍騎尉。尋奉詔接送賀永壽、正旦高麗使節。十五年秋，加朝散郎。當年冬，改授鹽鐵判官、太子中允。十六年六月加宣德郎、騎都尉。十七年秋，改授度支都勾判官，加朝請郎、守尚書虞部員外郎。當年冬，改授興國軍節度副使、銀青崇禄大夫、騎都尉。十九年冬，改除興中府判官、奉義郎、守尚書刑部郎中、借紫。二十二年春，除西京警巡使。二十三年七月，興宗皇帝以天下生財，雲中舊壤，飛輓之計，辇麴尤盈，宣績爲都監。績受命後，勤於職守，出錢二萬三千餘緡。道宗即位，加檢校尚書右僕射，特封清河縣開國公。改授忠順軍節度副使，在任平抑豪猾，境内清肅，以清寧四年春卒于任，年五十七。參全遼文卷八張績墓誌銘

〔補〕劉瑤，里貫不詳。乾統五年七月，受任燕京三河縣令。下車之後，便創規革故，砥礪廉平。校其政績可稱者，約有數端：漁陽定躬治，歲春修橋路數十處，計用千功，三縣〔一〕輪配。每至役，人懼專領者妄倖陵逼，故不自執，顧贖庸給價，日繫三鍰，積久傷財害民。瑤矜恤生聚，親率丁夫，無避暴露，令伐木鑿石，山谷橋道，刻期修畢，元計千功，以百代之，損少益多，民獲其益；往者或不拒事繁，致勾遣接手者衆，專使交雜，蠹耗鄉栅，驅使良民如婢使，取用私貨若己產，深爲不道，今止轉帖，執狀者多判自勾，節省民力，合境安静，秋毫不犯；又南關通路，有橋若干，間至夏，河路暴漲，西泛東泝，怒濤斷岸，多致摧壞，板木散失。及秋修完，動有率民，乃計議誘化，及出贖罰之資，易石數十載，漫覆蓋壓，得以堅固，後免科配煩撓。凡差發，立排門曆，量現在隨户物力，遂定三等。配率均平，有權稱貧乏之小户，必得饒裕，所興事用，亦非動衆妨農。瑤公暇宴閑，常以虚懷待士，因集宣聖廟，見扆座不正，棟杇榱崩，久致凋弊，鮮有改作。遂動修葺之願，謂曰：「我先師孔子，實百代帝王之師，開仕進門，緝人倫紀，萬化之原，由此塗出。天下被罔極之恩，率皆仰敬，苟不興起，非忠於國。」固商諸同道，聚謀移位重修，度所用經費，計錢三十萬。瑤先輸己俸，後疏有道心者及諸科前名等。扣得消使之數，遂卜日命工，度木構材，及示宣聖的容，以三禮圖爲準，粹容圓備，垂拱嚮明，位以當寧。前列十哲，壁圖七十二賢。置供具、祭器等備用。又于前坤兑隅，特建土地堂。院西廣至城闉，兩廟墻共七十堵。行蓋畢，可以固士民祈福之所。莫不闡揚儒教，輔助國風，新衆目之觀瞻，增一邑之壯麗。瑶識見通達，力於公不勞於私，心於民無計於己。亦難能可貴者也。

瑶能敬事而信，節用而愛人，使民以時，亦可謂能吏也。參全遼文卷一〇三河縣重修文宣王廟記

〔一〕三縣指漁陽、三河、玉田，皆薊州屬縣。

王棠，涿州新城人。博古，善屬文。重熙十五年擢進士。鄉貢、禮部、廷試〔一〕對皆第一。

累遷上京鹽鐵使。或誣以賄，無狀，釋之。遷東京户部使。〔二〕大康二年，遼東饑，民多死，請賑恤，從之。三年，入爲樞密副使，拜南府宰相。大安末，卒。

棠練達朝政，臨事不怠，在政府修明法度，有聲。〔三〕

論曰：孟子謂「民爲貴，社稷次之」，司牧者當如何以盡心。公鼎奏罷完隄役以息民，拒公主假貸以守法，單騎行郡，化盜爲良，庶幾召、杜之美。文知易州，雨暘應禱，蝗不爲災。人望爲民不避囚繫，判度支，公私兼裕，亦卓乎未易及已。鐸魯斡吏畏民愛，楊遵勗決事如流，真能吏哉。

〔一〕本史卷一九興宗紀：「重熙十五年六月，御清涼殿，放進士王棠等六十八人。」

〔二〕長編：嘉祐四年（清寧五年）十二月，以起居舍人知制誥史館修撰副耶律嘏奉命使宋賀正旦。

〔三〕道宗朝有王經，按本史卷二四道宗紀大康九年十一月，以三司使爲參知政事兼知樞密事；卷二五道宗紀大安三年十月，以參知政事爲三司使；八年十月，南府宰相王經薨。

遼史補注卷一百六

列傳第三十六

卓行

蕭札剌　耶律官奴　蕭蒲離不　〔補〕唐中和

〔補〕張潛　〔補〕王守璘　〔補〕姚璹

遼之共國任事，耶律、蕭二族而已。二族之中，有退然自足，不淫於富貴，不詘於聲利，可以振頽風，激薄俗，亦足嘉尚者，得三人焉。作卓行傳。

蕭札剌，字虛輦，北府宰相排押之弟。性介特，不事生業。保寧間，以戚屬進，累遷寧遠軍節度使。秩滿里居，淡泊自適。統和末，召爲南京馬步軍都指揮使。以疾求退，不聽，遷夷離畢。又以疾辭，許之。遂入頡山，杜門不出。上嘉其志，不復徵，札剌自是家于頡山。親友或過之，終日言不及世務。凡宴游相邀，亦不拒。一歲山居過半，與世俗不偶。耶律資忠重之，目曰頡山老人。卒。

耶律官奴，字奚隱，林牙斡魯之孫。沉厚多學，詳於本朝世系。嗜酒好佚。初，徵爲宿直將軍。重熙九年，以疾去官。上以官奴屬尊，欲成其志，乃許自擇一路節度使。官奴辭曰：「臣愚鈍，不任官使。」加歸義軍節度使，輒請致政。官奴與歐里部人蕭哇友善，哇謂官奴曰：「仕不能致主澤民，成大功烈，何屑屑爲也！吾與若居林下，以枕簟自隨，觴詠自樂，雖不官，無慊焉。」官奴然之。時稱「二逸」。乾統間，官奴卒。

蕭蒲離不，字桵懶，魏國王惠之四世孫。父母蚤喪，鞠于祖父兀古匿。性孝悌。年十三，兀古匿卒，自以早失怙恃，復遭祖喪，哀毀踰禮，族里嘉歎。嘗謂人曰：「我於親不得終養，今誰爲訓者？苟不自勉，何以報鞠育恩！」自是力學，於文藝無不精。

乾統間，以兀古匿之故召之，不應。常與親識游獵山水，奉養無長物僕隸，欣欣如也。或曰：「公胡不念以嗣先世功名？」答曰：「自度不足以繼先業，年踰强仕，安能益主庇民！」累徵，皆以疾辭。

晚年，謝絶人事，卜居抹古山，屏遠葷茹，潛心佛書，延有道者談論彌日。人問所得何如，但曰：「有深樂！惟覺六鑿不相攘，〔一〕餘無知者。」一日，易服，無疾而逝。

〔一〕索隱卷八：「莊子外物篇：『心無天游，則六鑿相攘。』司馬彪注：『謂六情相攘奪。』」

論曰：隱，固未易爲也，而亦未可輕以與人。若札剌謝職不談時務，官奴兩辭節鎮，蒲離不召而不赴，雖未足謂之隱；然在當時能知内外之分，甘於肥遯，不猶愈於求富貴利達而爲妻妾羞者哉？故稱卓行可也。

〔補〕唐中和，里貫失考，曾爲遼賀宋正旦使之介，自作借職，割俸錢與弟，逾四十年。〔一〕

參嘉祐雜志、遼史拾遺

〔一〕嘉祐雜志：「予奉使讶遼賀正使於雄州，介曰唐中和，自作借職，割俸錢與弟請至今四十年，士大夫恐罕能如此。」拾遺卷二一：「遼史載卓行三人，皆止足恬退之流。如中和者，篤念天顯，爲人所難，何異李充、繆肜乎？應從後漢書獨行傳之例，入卓行傳。」

〔補〕張潛，武清人。精於易，不樂仕進。安貧樂道，鄉里稱其賢。有餽以瓜田者，辭不受。卒於家。參武清縣志

〔補〕王守璘，涿州范陽人。〔一〕隱居不仕。左右千餘家，凡有争訟求決者，不之官長而趨詣之。守璘據理辯析，無不各盡其情僞。守璘性仁慈，輕施重義。人有盗其財物者，不多追究。輒曰：「彼不足而我有餘，又何

責焉。」其待賓客，不顧其家之有無，雖日過數十人，無不應接如禮。又有知人之明，相國侍中楊遵勗〔二〕在髫齡，已厚禮待之。謂所親曰：「必大楊氏之門。」後果以德行政事，握鈞柄，登廟堂，爲時名臣。皆如守璘所料。又飯僧徒數千百人，莫知終極。

清寧三年，以壽終於家，年六十五。參全遼文卷八

〔一〕全遼文卷八王守璘石幢記云：「與先夫人李氏合葬于范陽縣翔鸞鄉盧村之西北原。十月甲寅朔十八日辛未記。」

〔二〕全遼文卷八王守璘石幢記原文作楊公，據鄉里、時間擬作楊遵勗。

〔補〕姚𤅢，里貫未詳。祖景祥，左金吾衛大將軍、上柱國、吴興郡開國公。〔一〕父太子洗馬，官石城長。兄球，西上閤門使、隴州團練使。曾充賀宋正旦國信副使。

𤅢出入以義，死生以之。人畏難禦者，慷慨而禦之；世畏難敵者，骨鯁而敵之。其賦性也若此。輕富貴，委貧寒而自任，進退自如。性至孝，因服母喪，哀悼日久，災疾寖至，

以天慶七年四月卒，年四十四。

弟玢，起登州刺史，知東上閤門副使。

參全遼文卷一三姚璹墓誌銘

〔一〕參本書卷九六姚景行傳注〔二〕。

〔補〕**忠義**

和尚 道温　韓慶民　孟初

金史忠義傳序曰：「聖元詔修遼、金、宋史，史臣議凡例，凡前代之忠於所事者，請書之無諱，朝廷從之。」遼史附三史凡例云：「宋、金死節之臣，皆合立傳，不須避忌。」建炎以來繫年要録二一：「建炎元年二月，記李若水爲金人所殺，金人相謂曰：大遼之破，死義者以十數，今南朝惟李侍郎一人。」此事並見於宋史卷四四六忠義李若水傳及大金國志卷五。遼史無忠義傳，今輯死於城破國亡者。

和尚，氏族未詳，遼季官至節度使。保大二年春，天祚奔夾山，和尚與林牙耶律馬哥男慎思俱被擒，金都統杲使阿鄰護送得里底、和尚、雅里斯等入京師，得里底道亡，金主(太祖)誅阿鄰。

和尚弟道温爲興中尹，金主使謾都本以兵千人與和尚往招之，和尚欲亡去，不克，至興中城下，以矢繫書射城中，教道温毋降。事泄，謾都本責之曰：「汝何反覆如此？」對曰：「以忠報國，何反覆之有！雖死不恨。」乃殺之。

參金史卷七四宗望傳

道温與遼都統李迭等路遇宗望軍，相與隔水而語，宗望承制招之，李迭唯諾無降意。宗望謂道温曰：「汝兄和尚，因戰而獲，未嘗加罪，後以叛誅，能無痛悼？」道温曰：「吾兄辱於見獲，榮於死國。」宗望顧馬和尚曰：「能爲我取此人乎？」對曰：「能。」遂以所部渡水，擊敗其衆，直趨道温，射中其臂，獲而殺之。

韓慶民，保大初，爲宜州節度使。三年正月，金帥闍母下宜州城，二月，興中府宜州復城守，金兵再下州城。慶民抗拒於州境叉牙山，〔一〕金兵又攻拔之，得糧五千石。慶民受擒不屈，遂被殺。〔二〕金軍以其妻配將士，其妻亦壯烈自裁。〔三〕

參金史紀、志、卷七一闍母傳、卷一三〇列女傳、續通志

〔一〕三朝北盟會編政宣上帙一七宣和五年六月二日：「張覺據平州，用保大年號，外連韓慶民等招誘遷、潤等州以拒金國。」

金史卷八一高彪傳：「都統杲攻中京，彪領謀克，從斡魯破遼將合魯燥及韓慶民於高、惠之境。已而駐軍武安，合魯燥以勁兵二萬來襲，從斡魯出戰，與所部皆去馬先登，奮擊敗之。」

〔二〕金史卷三太宗紀：「天會二年（保大四年）十一月癸未，闍母下宜州，殺節度使韓慶民。」

〔三〕金史卷一三〇列女傳：「韓慶民妻者，不知何許人，亦不知其姓氏。慶民事遼爲宜州節度使。天會中，攻破宜州，慶民不屈而死，以其妻配將士，其妻誓死不從，遂自殺。世宗讀太宗實録，見慶民夫婦事，嘆曰：『如此節操，可謂難矣。』」

孟初，其先平昌人，入遼分其族而北，從土斷，遂爲中都人。〔一〕壽昌五年九月，與韓資讓等和沙門智化詩，時任朝議大夫、知制誥、開國子。明年，妙行大師歿，初爲大師撰遺行碑銘，時任乾文閣待制。〔二〕

乾統二年（高麗肅宗七年）十二月，以中書舍人奉命出使賀高麗王生辰。〔三〕高麗命金仁存爲接伴，初見其年少，頗易之。嘗一日並轡出，郊雪如霽，荒然無所見，唯馬蹄觸地作聲。遂即景吟詩云：「馬蹄踏雪乾雷動。」仁存即應曰：「旗尾飜風烈火飛。」初愕然驚異，奬曰：「真天才也。」由是情好日篤，相與酬唱。及别，解金帶贈之。高麗肅宗薨，仁存告哀入遼，朝見時，乞除吉服、舞蹈。孟初至幕曰：「殿庭服色宜從吉，但除舞蹈可矣。」〔四〕天慶二年，奉勑撰蕭義墓誌銘。〔五〕六年五月，女直軍破瀋州，縱兵殺戮，孟初、劉思温等死之。〔六〕

參契丹國志、高麗史、元一統志、全遼文

〔一〕壽昌二年，孟初爲其宗兄撰之孟有孚墓誌銘云：「其先平昌之著姓，迨至我朝，分其族而北，從土斷例，遂爲中都人。」署：「宗弟尚書右司郎中、充史館修撰、應奉閣下文字初撰。」參見全遼文卷九及作者索引及事蹟考。

〔二〕見輯本元一統志卷一大都路。

〔三〕見高麗史卷一一。

〔四〕見高麗史卷九六金仁存傳，東國史畧肅宗七年十月畧同。

〔五〕見全遼文卷九蕭義墓誌銘，署：「太中大夫、左諫議大夫、知制誥、上輕車都尉、平昌縣開國公、食邑一千户、食實封壹佰户、賜紫金魚袋孟初奉敕撰。」

〔六〕見契丹國志卷一〇。

遼史補注卷一百七

列傳第三十七

列女

邢簡妻陳氏　〔補〕秦晉國妃蕭氏　耶律氏常哥

耶律奴妻蕭氏　耶律朮者妻蕭氏　耶律中妻蕭氏

〔補〕耶律南仙　〔補〕蕭麗真　〔補〕馬直温妻張館

男女居室，人之大倫。與其得烈女，不若得賢女。天下而有烈女之名，非幸也。詩讚衛共姜，春秋褒宋伯姬，蓋不得已，所以重人倫之變也。遼據北方，風化視中土爲疎。終遼之世，得賢女二，烈女三，以見人心之天理有不與世道存亡者。

邢簡妻陳氏，營州人。父陘，五代時累官司徒。

陳氏甫笄，涉通經義，凡覽詩賦，輒能誦，尤好吟詠，時以女秀才名之。年二十，歸於簡。孝舅姑，閨門和睦，親黨推重。有六子，陳氏親教以經。〔一〕後二子抱朴、抱質皆以賢位宰相。統和十二年卒。〔二〕睿智皇后聞之，嗟悼，贈魯國夫人，刻石以表其行。及遷祔，遣使以祭。論者謂貞靜柔順，婦道母儀始終無慊云。

〔一〕乾隆大同府志卷六：「應州龍首書院在州治西南，東爲一經樓，抱朴母陳夫人教子讀書處。」

〔二〕按本史卷一三聖宗紀統和十三年四月，「參知政事邢抱朴以母憂去官，起復」。

〔補〕秦晉國妃蕭氏，其先累世爲后族。曾祖父迷古寧詳穩演烏盧，曾祖母耶律涅岑姑，祖父燕京留守衙內都指揮使、駙馬都尉割烈，祖母永徽公主仙河。父樞密使、北宰相、駙馬都尉曷寧，母爲景宗幼女聖宗之妹魏國公主長壽奴。

妃幼而聰警，開泰五年十六歲，嫁於聖宗之弟隆慶，即資忠弘孝神謀霸畧興國功臣、兵馬大元帥、燕京留守、守尚書令兼政事令、秦晉國王，贈孝貞皇太弟。尋隆慶薨，詔依本俗嫁隆慶長子宗政（番名查葛、查哥、查割折、查箇只）即資忠佐理保義翊聖同德功臣、開府儀同三司、守太傅兼中書令、判武定軍節度使魏國王。王與妃誼屬表兄妹，妃亦爲王庶母。時聖宗當朝，俗習漢化，宗政辭以違卜，不即奉詔，自是不復請婚。詔以漢人劉二玄侍妃左右，二玄即慎行次子，六符之兄，忠亮竭節宣力佐國功臣、守太尉兼中書令魯國公贈太保謚忠正。妃先後曾封趙、魏、燕、宋、吴越、齊楚、秦晉國號。咸雍五年七月，道宗幸慶陵，將赴秋山，妃告歸中京，途次達褡，暴疾而薨。年六十九。訃聞，上嗟悼久之，詔葬顯陵，與魏國王合祔，送終之禮有越常等，仍敕大臣營辦葬事，〔一〕撰勒墓銘。

妃出身望族，明悟好學，博覽經史，聚書數千卷，擅長文詞，其歌、詩、賦、詠，落筆則朝野傳誦，膾炙人口。性不好音律，不修容飾。頗習騎射，嘗在獵圍，料其能中則發，發即應弦而倒。善飛白，尤工丹青，所居屏扇，多出其筆。平居輕財重義，延納羣彦。士之寒素者賑給之，才俊者昇薦之。一時内外顯寮，多出其門。座客常滿，日無虚席，每商榷古今，談論興亡，坐者聳聽。又好品藻人物，月旦雌黄，鑒别臧否，言亦屢中。

妃治家嚴肅，僮僕敬服。嗜書傳，晚節尤甚，撰有見志集若干卷行於世。妃每讀書至蕭何、房玄齡、杜如晦諸傳，輒慨然興嘆，自以爲有匡國致君之術，恨非其人也。道宗以其知治國大體，常詔赴行在備顧問，恩遇日隆，竟未展其才而終。〔二〕

參全遼文卷八秦晉國妃墓誌銘

〔一〕按全遼文卷八陳覺撰秦晉國妃墓誌銘：「夏州觀察使、檢校司徒、遼西路錢帛提點王正辭，勑遣祭奠監護靈輀之臣也。崇義軍節度使、金紫崇禄大夫、檢校太傅賈洞，奉命營辦襄事之臣也。」又記：「咸雍五年，歲次己酉，七月乙丑朔，二十二日丙戌，所薨之時也。松山之陽，潢水之陰，所殁之地也。是歲十一月甲子朔，十日癸酉，所葬之時也。」誌文前題：「翰林學士、中散大夫、行中書舍人、簽諸行宮都部署司事、輕車都尉、賜紫金袋臣陳覺奉敕撰。」

〔二〕誌蓋有「故秦晉國妃墓誌銘記」九字，誌文前有「大遼國故秦晉國妃玄堂誌銘并引」十四字，誌文中亦未見妃名字。誌文末行：「維咸雍五年，歲次己酉，十一月甲子朔，十日癸酉，儒林郎、試大理評事、守顯州山東縣令、武騎尉邢教之書。」

耶律氏，太師適魯之妹，小字常哥。幼爽秀，有成人風。及長，操行修潔，自誓不嫁。能詩文，不苟作。讀通曆，見前人得失，歷能品藻。咸雍間，作文以述時政。其畧曰：「君以民爲體，民以君爲心。人主當任忠賢，人臣當去比周；則政化平，陰陽順。欲懷遠，則崇恩尚德；欲强國，則輕徭薄賦。四端五典爲治教之本，六府三事寔生民之命。淫侈可以爲戒，勤儉可以爲師。錯枉則人不敢詐，顯忠則人不敢欺。勿泥空門，崇飾土木；勿事邊鄙，妄費金帛。滿當思溢，安必慮危。刑罰當罪，則民勸善。不寶遠物，則賢者至。建萬世磐石之業，制諸部强横之心。欲率下，則先正身；欲治遠，則始朝廷。」上稱善。

時樞密使耶律乙辛愛其才，屢求詩，常哥遺以回文。乙辛知其諷己，銜之。大康三年，皇太子坐事，乙辛誣以罪，按無跡，獲免。會兄適魯謫鎮州，常哥與俱，常布衣疏食。人問曰：「何自苦如此？」對曰：「皇儲無罪遭廢，我輩豈可美食安寢。」及太子被害，不勝哀痛。年七十，卒于家。

耶律奴妻蕭氏，小字意辛，國舅駙馬都尉陶蘇斡之女。母胡獨公主。

意辛美姿容，年二十，始適奴。事親睦族，以孝謹聞。嘗與娣姒會，爭言厭魅以取夫寵；意辛曰：「厭魅不若禮法。」衆問其故，意辛曰：「修己以潔，奉長以敬，事夫以柔，撫下以寬，毋使君子見其輕易，此之爲禮法，自然取重於夫。以厭魅獲寵，獨不愧於心乎！」聞者大慚。

初，奴與樞密使乙辛有隙。及皇太子廢，被誣奪爵，没入興聖宮，流烏古部。上以意辛公主之女，欲使絶婚。意辛辭曰：「陛下以妾葭莩之親，使免流竄，實天地之恩。然夫婦之義，生死以之。妾自笄年從奴，一旦臨難，頓爾乖離，背綱常之道，於禽獸何異？幸陛下哀憐，與奴俱行，妾即死無恨！」帝感其言，從之。

意辛久在貶所，親執役事，雖勞無難色。事夫禮敬，有加于舊。壽隆中，上書乞子孫爲著帳郎君。帝嘉其節，召舉家還。

子國隱，乾統間始仕。保大中，意辛在臨潢，謂諸子曰：「吾度盧彥倫必叛，汝輩速避，我當死之。」賊至，遇害。

耶律朮者妻蕭氏，小字訛里本，國舅孛堇之女。性端慤，有容色，自幼與他女異。年十八，歸朮者。謹裕貞婉，娣姒推尊之。

及居朮者喪，極哀毀。既葬，謂所親曰：「夫婦之道，如陰陽表裏。無陽則陰不能立，無表則裏無所附。妾今不幸失所天，且生必有死，理之自然。朮者早歲登朝，有才不壽。天禍妾身，罹此酷罰，復何依恃。儻死者可見，則從；不可見，則當與俱。」侍婢慰勉，竟無回意，自刃而卒。

耶律中妻蕭氏，小字挼蘭，韓國王惠之四世孫。聰慧謹愿。年二十歸於中，事夫敬順，親戚咸譽其德。中嘗謂曰：「汝可粗知書，以前貞淑爲鑑。」遂發心誦習，多涉古今。天慶中，爲賊所執，潛置刃於履，誓曰：「人欲汙我者，即死之。」至夜，賊遁而免。久之，帝召中爲五院都監，中謂妻曰：「吾本無宦情，今不能免。我當以死報國，汝能從我乎？」挼蘭對曰：「謹奉教。」及金兵徇地嶺西，盡徙其民，中守節死。挼蘭悲戚不形於外，人怪之。俄躍馬突出，至中死所自殺。

論曰：陳氏以經教二子，並爲賢相，耶律氏自潔不嫁，居閨閫之內而不忘忠其君，非賢而能之乎。三蕭氏之節，雖烈丈夫有不能者矣。

〔補〕耶律南仙，宗室女。

乾統初，夏國王李乾順屢遣使請尚公主，五年春，天祚封南仙爲成安公主，嫁於夏國王李乾順。八年六月，生子仁愛。天慶二年六月，成安公主來朝。保大五年，天祚西奔，

仁愛曾慟哭請兵赴援，及乾順臣金，泣諫不聽，南仙痛傷遼亡，不食而卒。參紀、西夏書事卷三三

〔補〕蕭麗真，不知其里貫家世。民間女子，十歲能詩，嘗賦梅影云：「窗前疑是李夫人，江月多情爲返魂，不似丹青舊顏色，十分清瘦怯黃昏。」參永樂大典卷二八一〇引周密浩然集

〔補〕張館，字文國，其先清河人。曾祖琪，故龍門縣令。〔一〕祖儼，贈太子少傅。父嗣復，左僕射兼侍中晉國公，致仕。母晉國夫人鄭氏，翰林學士、贈侍中弘節之女，尚父陳王張儉〔二〕之外孫。館爲嗣復長女，姊妹兄弟六人。〔三〕館性英敏，風儀幽閑。宜其家室，睦和親姻。歸于扶風馬直温。〔四〕

大安元年，以夫廕封清河縣君。乾統七年夏，進封清河郡夫人。歸省其姑，親視疾藥，左右攙扶，朝夕無懈。居姑喪盡禮。服除，直温移典順州，將受代，天慶二年冬，上表

乞歸，得允。拜右散騎常侍，致仕。館因賀曰：「結縭五十年，青絲已華，子孫滿堂，幸偕老歸田，樂何如之。」遂相攜東歸。無何，竟于次年夏初卒於里，年六十六。子五人，四子並夭，幼子梅，内供奉班祗候。

參全遼文卷九馬直温妻張館墓誌銘

〔一〕參本書卷八〇張儉傳注〔二〕。

〔二〕本史卷八〇有傳。

〔三〕全遼文卷九馬直温妻張館墓誌銘：「有弟四人：嶧，秦州團練使、知金肅軍城主；屺，少府監、知尚書吏部銓；嶠，守司農少卿、前知忠順軍節府副使；岐，太子左翊衛率府副率、前順州商麴都監。妹一人，先適閤門祇候、左班殿直韓秉信，早逝，即故太子少保、知宣徽南院事諱昭懿次男。再適守衛尉少卿、知隨駕太常禮院韓君詳，已逝，即故左諫議大夫諱近長男。」

〔四〕本書卷一〇一有補傳。

遼史補注卷一百八

列傳第三十八

方技

直魯古 〔補〕鄧延貞 王白 魏璘 耶律敵魯
耶律乙不哥 〔補〕劉鑾 〔補〕陳升 〔補〕蕭灄
〔補〕常思言 〔補〕吴九州 〔補〕樂先生 〔補〕孔致和

孔子稱「小道必有可觀」，醫卜是已。醫以濟夭札，卜以決猶豫，皆有補於國，有惠於民。前史録而不遺，故傳。

直魯古，吐谷渾人。初，太祖破吐谷渾，一騎士棄橐，反射不中而去。及追兵開橐視之，中得一嬰兒，即直魯古也。因所俘者問其故，乃知射橐者，嬰之父也。世善醫，雖馬上視疾，亦知標本。意不欲子爲人所得，欲殺之耳。

由是進於太祖，淳欽皇后收養之。長亦能醫，專事鍼灸。〔一〕太宗時，以太醫給侍。嘗撰脈訣、鍼灸書，〔二〕行于世。年九十卒。

〔一〕針灸爲中原古老醫術，久已傳入契丹。本史卷一一二逆臣傳：「（轄底子）迭里特，尤神于醫，視人疾，若隔紗覩物，莫不悉見。會帝（太祖）患心痛，召迭里特視之。迭里特曰：『膏肓有瘀血如彈丸，然藥不能及，必鍼而後愈。』帝從之，嘔出瘀血，痛止。」直魯古以嬰兒入遼，及長，學醫，亦長於針灸。

〔二〕訣原誤「諸」。據大典卷二〇八八九改。按世善堂書目卷下有直魯古鍼灸脈訣書一卷。錢大昕、金門詔、繆荃孫補志並有直魯古脈經，即此脈訣。本史卷八九耶律庶成傳：「上（興宗）命庶成譯方脈書行之，自是人皆通習，雖諸部族亦知醫事。」即謂進一步推廣。

〔補〕鄧延貞，又作延正，通術數，尤長於醫。興宗時，皇太后齒疾，三治不驗，因召入，遂以術止之。〔一〕爾後出入扈從，以醫術名世。性仁惠，至于寓泊塗舍、貧賤惸獨嬰疾恙者，皆陰治活之。

重熙十年八月，延貞治詳穩蕭留寧疾驗，興宗特贈其父母官以獎之。延貞亦以醫術累官至節度使，加勤勞奉職功臣，右千牛衛上將軍。

參紀、鄧中舉墓誌銘〔二〕

〔一〕遼自上京至西京，墓葬中屢有牙刷出土，以是知當時口腔保健之先進也。

〔二〕參見考古一九八二年三期及遼金史研究一九八六年二期。

王白，冀州人，明天文，善卜筮，晉司天少監，太宗入汴得之。應曆〔一〕十九年，王子只没以事下獄，其母求卜，白曰：「此人當王，未能殺也，毋過憂！」景宗即位，釋其罪，封寧王，竟如其言。凡決禍福多此類。保寧中，歷彰武、興國二軍節度使。撰百中歌〔二〕行于世。

〔一〕按本史卷六穆宗紀：「應曆十一年五月，司天王白、李正等進曆。」

〔二〕釋文瑩續湘山野録：「太祖收晉，水侵河東之年，晉危，使僞命殿直程再榮間道入契丹求救兵，至西樓，叩於契丹宣徽使王白曰：『南朝今收敝國，危蹙不保，乞師以救。』白深於術數，謂再榮曰：『晉必無患，南兵五月十七日當回，晉次日必大濟。』再榮因問他日安危之數。白曰：『後十年晉破，破即掃地矣。非唯晉破，而契丹亦衰。然扶困卻犯中原，飲馬黄河而返。子但記之。』是時王師果不克晉，迨後十年，當太平興國四年，方平晉壘。又白嘗謂契丹扶困再犯之事者，即太宗征漁陽旋兵，雍熙丙戌歲，會曹武惠彬伐燕不利。是年冬，虜報役，王師失勢於河間，虜乘勝抵黄河而退，皆如王白之言。白，冀州人，年七十，語氣方直。雖事契丹，嘗諫曰：『南朝天地山河，與北不同，雖暫得一小勝，不足永恃，彼若雪耻，稍興兵復燕、薊，破榆關，而直趨潢河，恐穹廬毳幕，不勞一踐而盡。』契丹厭其語，欲誅之，蓋賴其學術，年八十卒。」

魏璘，不知何郡人，以卜名世，太宗得于汴。天禄元年，上命馳馬較遲疾，以爲勝負。問王白及璘孰勝？白奏曰：「赤者勝。」璘曰：「臣所見，驄馬當勝。」既馳，竟如璘言。上異而問之，白曰：「今日火王，故知赤者勝。」璘曰：「不然，火雖王，而上有煙。以煙察之，青者必勝。」上嘉之。五年，察割謀逆，私卜于璘。璘始卜，謂曰：「大王之數，得一日矣，宜慎之！」及亂，果敗。應曆中，周兵犯燕，上以勝敗問璘。璘曰：「周姓柴也，燕分火也。柴入火，必焚。」〔一〕其言果驗。

璘嘗爲太平王罨撒葛卜僭立事，上聞之，免死，流烏古部。一日，節度使召璘，適有獻雙鯉者，戲曰：「君卜此魚何時得食？」璘良久答曰：「公與僕不出今日，有不測禍，奚暇食魚？」亟命烹之。未及食，寇至，俱遇害。

〔一〕五代史補卷五以此語爲幽州父老竊議。

耶律敵魯，〔一〕字撒不椀。其先本五院之族，始置宮分，隸焉。敵魯精于醫，察形色即知病原。〔二〕雖不診候，有十全功。統和初，爲大丞相韓德讓所薦，官至節度使。

初，樞密使耶律斜軫妻有沉痾，易數醫不能治。敵魯視之曰：「心有蓄熱，非藥石所及，當以意療。因其聵，聒之使狂，用泄其毒則可。」於是令大擊鉦鼓於前。翌日果狂，叫呼怒罵，力極而止，遂愈。〔三〕治法多此類，人莫能測。年八十卒。

〔一〕本史卷一〇一蕭胡篤傳：「曾祖敵魯，明醫，人有疾，觀其形色，即知病所在。」與此爲一人，就其子孫言，敵魯應以蕭姓爲是。

〔二〕按此與迭里特所用觀察診斷（見上文直魯古傳注〔一〕）一致。屬於中原傳統診斷方法，望聞問切之「望」。本史卷八九耶律庶成傳：「初，契丹醫人鮮知切脈審藥。上（興宗）命庶成譯方脈書行之，自是人皆通習，雖諸部族亦知醫事。」

〔三〕按此種震動療法，三國時名醫華佗曾用以治療類似病例：「又有一郡守病，佗以爲其人盛怒則差，乃多受其貨而不加治，無何棄去，留書罵之。郡守果大怒，令人追捉殺佗，郡守子知之，屬使勿逐，守瞋恚既甚，吐黑血數升而愈。」見三國志魏志卷二九華佗傳。後漢書卷八二下華佗傳同。

耶律乙不哥，字習撚，六院郎君褭古直之後。幼好學，尤長於卜筮，不樂仕進。嘗爲人擇葬地曰：「後三日，有牛乘人逐牛過者，即啓土。」至期，果一人負乳犢，引牸牛而過。其人曰：「所謂『牛乘人』者，此也。」遂啓土。既葬，吉凶盡如其言。〔一〕又爲失鷹者占曰：「鷹在汝家東北三十里濼西榆上。」往求之，果得。當時占候無不驗。〔二〕

論曰：方技，術者也。苟精其業而不畔于道，君子必取焉。直魯古、王白、耶律敵魯無大得失，録之宜矣。魏璘爲察割卜謀逆，爲罨撒葛卜僭立，罪在不貰；雖有寸長，亦奚足取哉。存而弗削，爲來者戒。

〔一〕本史卷七九女里傳，女里以葬母善地而陞官。卷一一二逆臣婁國傳：「詔有司擇絶後之地以葬。」可見當時迷信堪輿。

〔二〕本史卷八二蕭陽阿傳（移至本書卷九九）：「蕭陽阿，字稍隱。端毅簡嚴，識遼、漢字，通天文、相法。」

大金國志卷二四：「司天監郝世才，本遼臣也。精於天文地理，忠獻（王粘罕）攻討，每擕以行，所言皆驗。」

〔補〕劉鑾，善塑像，燕四賢祠之塑像皆爲鑾所塑，技極精巧。〔一〕其家佛堂之佛像皆其所手塑，佛堂在大同府城外，後稱爲劉鑾寺。〔二〕京師像設之奇古者，人稱劉鑾所塑。〔三〕

參陵川文集、山西通志、析津日記

〔一〕陵川文集卷三三四賢祠碑畧曰：「辛亥之秋，過督亢，至易水，投文酌酒弔太子丹。聞水汭有祠，國士劉鑾所塑，技極精巧。不知爲何神，遂往觀之，四像皆南面列坐，一王者拱其側，衣冠極古，殆皆周制。問諸守制丈人，言祠故有榜曰四賢，不知爲何代之賢。契丹時，有題曰樂將軍者，亦不知孰爲樂將軍也。某乃大悟，其列坐曰郭隗、樂毅、劇辛、鄒衍。拱而侍其側者，燕昭王也。」

〔二〕山西通志：「劉鑾寺在大同府城外。鑾，遼人，能塑諸佛像，因以名寺，乃其家佛堂也。」

〔三〕畿輔通志卷二九九引析津日記：「京師像設之奇古者，曰劉鑾塑，説者疑鑾與元音相近而誤。考郝伯常陵川集，燕有四賢祠，其像塑自劉鑾。則鑾別是一人，著名於正奉之先者也。正奉塑像，虞文靖特爲作記。」元史方技傳卷二〇三：「（劉）元，字秉元。薊之寶坻人。」

參紀、圖繪寶鑑補遺

〔補〕陳升，聖宗時任翰林待詔，開泰七年七月，奉詔寫南征得勝圖於上京五鸞殿。

〔補〕蕭瀜，遼之貴族，官至南院樞密使，好讀書，親翰墨，尤善丹青，慕唐裴寬、邊鸞之迹，凡奉使入宋者，必命購求，有名迹不惜重價，裝潢既就，而後攜歸本國，臨摹咸有法則。興宗清寧中，以義宗千角鹿圖賜焉。參繪事備考卷七

瀜有花鳥圖傳世，現存故宮博物館。

〔補〕常思言，燕京布衣，善畫山水林木，求之者甚衆，然必在渠樂與即爲之，既不可以利誘，復不可以勢動，此其所以難得也。〔一〕參圖畫見聞志

〔一〕參見宋郭若虛圖畫見聞志卷六：「余熙甯辛亥（熙寧四年，咸雍七年，一〇七一）冬，被命接勞北使爲輔行。日與其副燕人馬禋、邢希古結駟並馳。希古恭順詳敏，有儒者之風，從容語及圖畫，且云燕京有一布衣，常其姓，思言其名，善畫山水林木。」

盡其似。

〔補〕吴九州，燕人，善畫鹿，窮盡蕃鹿之態。牛鹿、馬鹿，養茸退角老嫩之别，無不曲盡其似。參鄧椿畫繼卷七

〔補〕欒先生，名字不詳，遼末賣卜燕山，常勝軍校龐太保妻耶律氏詣燕山欒先生卜肆問命，卦成，欒驚曰：「平生所閱人，無如夫人之貴，非后妃不足以當之，今服飾若此，何也？」耶律笑曰：「吾夫一營卒耳，近以微功，方遷隊首，猶未免飢寒，安望王侯。」欒曰：「夫人不大貴，吾當焚五行之書。」既而金人滅遼，兀朮至燕，見耶律氏美，納之而殺其夫，後封越國王妃。妃方頤修頟，明眸華髮，權略過男子，兀朮敬畏之。洪皓在燕時，亦熟識其狀。洪皓子洪邁奉使赴金時，接伴使工部侍郎龐顯忠，即耶律氏與前夫龐太保所生之子也。參洪邁夷堅志

〔補〕孔致和，不知其里居，道宗時司天，嘗見五色雲氣屢出東方，大若二千斛囷倉之

狀。因竊謂人曰：「其下當生聖人，建非常之事，天以象告，非人力所能爲也。」咸雍四年七月一日阿骨打生，即金太祖也。

參金史卷二太祖紀、卷二三五行志

〔補〕方外

法圓　智辛　守常　非覺　法均　志智　惟脤　通理大師
悟空　崇昱　正慧　玄樞　等偉　清睿　劉海蟾

遼史無方外傳，今輯釋道中之特出者入傳，前已補入文學下者不贅。

釋法圓，俗姓郝，真定元氏人。晉開運三年來寓天王院。越來年，太宗統兵入汴，回至欒城而死。世宗繼立，旋軍自鎮州北返。留麻荅耶律解里守常山。漢人謀逐遼兵，其計未決，兩分街巷。遼人先發，漢人無少長皆被殺。天王院八僧亦在其中。初圓引頸受刃，如擊木石然。圓呼曰：「猛乞一劍。」遂身首異處。至暮，圓如夢中忽覩晚照，亦微悟被戮之意。自謂死已冥冥，亦見日月逡巡，舉一臂試捫其頸，乃覺如故，再三疑之，不敢動摇，慮其分落也。又謂血凝所綴，重捫之，遶頸有痕縫如線許大。傍人扶起，詰朝歸院。院僧方將食粥，見圓，謂爲鬼物，一皆奔散，遲久，審得其實，喜言再生。遠邇觀禮，且嘆希奇。傳言圓頸縫痕竟終身不脱。參宋沙門贊寧高僧傳卷二二

智辛，俗姓王氏，燕京三河人。祖讓，父從，俱不仕。智辛性沉静，自幼便悟出塵，年十五，憤悱違親，禮感化寺降龍大師門人徹禪師爲師。唐昭宗乾寧一年受具，夏滿遊方，訪真侣於江南，並尋拜名山。一參密要，悉悟玄機。由是覽大藏經，明諸佛行，以飛金錫。曾届青州開禪，後返故山重開講席。有達人請居都邑，寓崇國寺。參般若市，來往如雲。天禄五年仲秋中旬末，絶粒數日，忽爾剃髮著衣，告門人曰：「吾來也久，其去也常，各了真空，共成佛道。」言訖，示微疾，至二十四日坐化，瞑如習定，静似安禪，咸想鶴林，宜歸火葬。至二十九日，葬於燕城之北。門人崇德、崇信、崇美、崇益、崇閏、崇廣，弟子瓊習等九

人於應曆二年十月，於感化寺東峪起塔供奉。

參全遼文卷四感化寺智辛禪師塔記

守常，號懺悔上人。俗姓曹，易縣新安府人。幼習儒業，早善聲明。年十七，禮六聘山鐵頭陀爲師。年十九受具。始講名數、税金、吼石等論，次開雜花經，洎大乘起信等論。前後出却學徒數十人，兼放菩薩戒壇十餘次，所度白黑四衆二十餘萬，住持六聘山天開寺達三十年，除倡導外，日誦大悲心呪以爲恒課。

聲明居佛學五明之首，包括研習佛典之文字訓詁、注疏及目録學。净讀爲佛教中精修功力派，「誦經諷佛，是曰净修，念念自持，庶證真如」。守常殆當時净修派傑出高僧。〔一〕咸雍六年正月遷化，年六十一，僧臘四十二，而最後頂煖，其容如生，荼毗薪盡，氈灰外戒珠如流，旋塔其骨於上方本院之坤隅。大安六年三月，其受法俗弟子王至温，始議述其遺躅，託王鼎虛中文而誌之。〔二〕

參全遼文卷八六聘山天開寺懺悔上人墳塔記、新續高僧傳四集卷四二

〔一〕新續高僧傳四集浄讀篇，遼代獨著守常。

〔二〕全遼文卷八六聘山天開寺懺悔上人墳塔記，記末王鼎論曰：「嗚呼！唱高和寡，所繼者無多；處在人亡，其悲者有幾。今室還没草，骨已爲塵，猶以故人，記其遺躅，則高山仰止之詠，不獨美其前人。迺知名教之興，師道尊重，俾夫民德愈歸於厚矣。」

非覺，俗姓劉氏，析津府良鄉縣人。以學行聞名。大康元年，駐甘泉普濟寺，爲右街僧録判官。道宗幸燕，詔入内廷説法。特賜紫衣。並賜號儀範大師，後住慧濟寺。大康九年示化於大昊天寺，〔一〕卒年七十二，僧臘四十七。門人等偉。

參全遼文卷九非覺大師塔記

〔一〕盤山志曰：「遼非覺大師塔，大康三年癸亥七月十七日建。」畿輔通志卷一四一金石略卷四：「大康三年乃丁巳，非癸亥，癸亥乃大康九年，非三年，盤山志必有一誤。」藝風堂金石目卷一三非覺大師塔記：「正書。大康九年歲次癸亥七月甲辰朔十七日庚申日甲申時（立）。在薊州。」

法均，族里不詳，自幼爲京西紫金寺非辱律師所收教。究律學，謹持範，蓋得自然，非矯揉也。雖行在毗尼，而志尚達摩。因負笈尋師，不解衣者多歲。宗旨明白，義類條貫。主盟後進，凡十數年。

清寧七年春，被徵校定諸家章抄，會有人力爭勝負，欲代師之次者，師因求退，與息貪競，時議多之。道聲遐震，授紫方袍師號。久之，歸隱馬鞍山，遠近挹其清風。咸雍五年冬，上以燕京僧務繁劇，須才德並茂者録其事，僉以非師不可，命亟下，雖欲退辭不得也。當是時，戒壇肇闢，來集如雲，師爲大和尚，儼臨萬衆，雖遐荒絶域，冒險輕生，自萬里而來，冀一瞻慈範，一領音教，如獲至寶而還。

道宗渴思一見，命其赴闕，法均因詣闕再傳佛制。上待以師禮，后妃以下，皆展接足之敬。特旨授崇禄大夫、守司空，〔一〕加賜爲傳菩薩戒壇主大師，寵以詩章，有「行高峯頂松千尺，戒浄天心月一輪」之句，其見重如此。復受西樓、白霫、柳城、平山、雲中、上谷等地之請，所到之處，皆罷市輟耕，遞求瞻禮之弗暇。前後受懺稱弟子者五百萬餘，所飯僧尼稱於是。大康元年三月四日，怡然而逝。世壽五十五，僧臘三十九。訃至，道宗悼歎，特委留守中門使、太常少卿楊温嶠董其後事，收靈骨，塔於方丈之右，又創影堂，左右建尊勝陁羅尼幢各一。門人裕窺，守德嚴戒，有師風，仍襲傳戒大師，賜崇禄大夫、檢校太尉，提天慶寺，並賜御製菩提心戒本，命開戒壇説戒。年七十而化。參全遼文卷八王鼎撰法均大師遺行碑銘、釋明河補續高僧傳

〔一〕按本史卷二二道宗紀咸雍六年十二月，「加圓釋、法鈞二僧並守司空」。法鈞即法均。

志智，俗姓蕭，字普濟，國舅大丞相楚國王之孫。生於太平三年，生時神光高數十尺，遠近咸覩，共相驚異。其父坐於帳外，忽慈烏入懷，既生之後烏始去。甫三歲，未解語言，見鄰舍家嚴設佛像，即就地俯伏，合掌虔敬，哀啼忘返，以是家中亦嚴像設，取家中物奉之。時有僧戲曰：「食肉殃墮。」竟罷葷血，終生不違。聖宗女秦越國大長公主，即興宗之妹，懿德皇后之母，知其性善，備加垂愛。越妙年，遇海山守司空輔國大師赴闕，因得參覲。及蒙訓教，深厭塵俗，懇祈出家。三請已，公主殊不許，乃數日不食，公主知其志不可奪，憫而從之。其父母眷戀無已。志智曰：「世之有難，誰能相救乎？」遂撒手渺雲海滄浪

升鼇島，依海山大師爲師。彌年，執爨力舂，潘瀫充膳，孤行峭峭。重熙十三年，年二十四，公主爲其陳言乞戒。興宗御批許之。受戒後，研頣性相，窮極勝諦，不以徒説爲德，而力行爲上。勝願檢潔二十一種：一、世間名譽，誓不沾身，道宗敕賜紫袍，以不侍珠旒固辭。即其妙行大師稱號，亦後人慕德，猶追朝命之稱也。二、凡得所施，誓不己用，常住爲家，無私蓄貯。三、衣盋色量，如羯磨法，誓死護持。四、常以十八種物隨身。五、未嘗露體。六、街行之履，不入金田。七、隨佛宫庭，未嘗咳唾。八、夜呪食水，濟生無缺。九、手不捉錢寶。十、身不服蠶衣。十一、坐必加趺。十二、卧須右脇。十三、手不受女授。十四、大悲心陀羅尼等誦不綴。十五、大藏佛菩薩名三千餘尊，各大作三拜訖。十六、羣居獨處，跋涉川途，常以半月浴像。布薩發菩提心無間。十七、不乘車馬。十八、日止一食。十九、傳三聚戒，自它俱利。二十、建八福田，悲敬雙修。二十一、便溺棄遺，裙鞋皆改，水土澡浄。其願力堅勇，終無屈撓。未建寺前，幾十年間，不受接請，常坐不卧，六時禮誦。不食酥酪乳蜜酵蘖之味。自起寺之後，勝緣拘礙，不獲久行。方又遍歷名山，諮參勝友。

志智素藴大願，欲營大刹一區，而勝處未獲，且先如法造經一藏，止以燕都隨緣誘化，旬月之間，費用充足。以糯米膠破新羅墨，方充印造，白檀木爲軸，新羅紙爲幖，雲錦爲囊，綺繡爲巾。織輕霞爲條，斲蘇枋爲函，用錢三百萬，談笑之間，能事畢舉。在後安厝於寺中，適值天火焚寺。倉卒間運經於阡陌，即日無暇收寘。火後，遍語諸人，請經還寺，惟欠般若一軸，卒難尋訪。月餘，有村翁梁永於惠濟寺道周之左，獲經一卷，如神力所策，直趨志智大師前拜納，即所失之經也。

清寧五年，大駕幸燕，秦越國大長公主首參大師，云：「弟子以所居第宅爲施，請師建寺。」大率宅司諸物罄竭，永爲常住，及稻畦百頃，户口百家，棗栗蔬園等物，皆有施。狀奏訖，准施，並將擇名馬萬匹入進，所得迴賜，示歸寺門。當年，未及進馬造寺，公主即薨逝。懿德皇后爲母酬願，施錢十三萬貫，奏聞道宗，專管建寺，道宗亦助五萬貫。敕宣政殿學士王行己提控營建。製度一依大師心匠指劃，如金銅標刹，對立各十餘尋，前古未有，以師巧慧造立，衆皆愜服。寺成之日，道宗御書金榜，以「大昊天」爲名，敕參知侍郎王觀撰銘記。咸雍三年，寺被火焚，道宗綸言撫問，降旨重修，懿德皇后復助之。不二三年，營繕立就，雖國家兩次造寺，兼檀信力，亦大師緣化之厚也。

咸雍六年，延壽太傅大師，擢人傳付戒本。經門人等推薦，遂以戒本授志智大師。自後隨方開放，度人無數，嘗兩番獨辦大會，用什物咸皆鼎新，洞殿蓮爐，布盈五百，是日香雲靄空，冉蓋彌覆，八珍間錯，盈積盤盂，皆大師己力，不假助緣。又每年春秋，大陳祀事，其食物薦用，花幢香炬，梵音鼓樂，嚴謹之最，甲於人間。興供如此者多歲。而繼日沉香，龍腦滿爐。又隨郡縣糾化義倉，賑給荒歉，凡有乞者，無使空迴。

大安九年，志智大師欲於寺中庭崇建佛塔。所用柱礎，皆採范陽山石。比勝事落成，六簷八角，高二百餘尺，輪相橫空，欄檻縹渺。壽昌六年，示有微疾，俾門人從之同諷，右遶佛塔，經塔上出光，亦隨右旋。八月九日，大師將化，首北面西，右脇而卧，師令左右，惟念彌陀，勿生瞻戀。師亦隨念氣絶。於空明中，但聞鐃鼓絲篁梵唄交響，紅光燭天，如雲貫塔。大師化後數旬之内，道俗駢集，投幡贈綵，鳴螺摻鼓，陳祭争先，了無曠日。有白塔高樹於薦福山阿。志智大師生前，欲於塔内鎔鑄丈六銀佛，所願未果而終。門人赴行在，將此事奏道宗。道宗諭旨：「先師造像之銀，朕欲鎔範等身觀音，姑以金銅易像，當塔之陽，頗示佳尚。」有司計其物，值三萬餘貫，由庫公給。像成之日，銅貨有餘，復詔郢匠，陶冶洪鐘，銅斤巨萬，一鑄而就，式樣規模，勝若天造，架諸隆樓，扣以桯杵，殷若雷動。乾統初，天祚皇帝以志智大師神速勝緣，尚欠餘債，將當年追薦道宗佛壇所得貲八萬餘緡，盡賜於寺，以酬大師身後遺願。大師享壽八十一，僧臘五十八。

參全遼文卷一〇沙門即滿妙行大師行狀碑

惟脤，俗姓魏氏，灤陰田陽人也。丱歲禮憫忠寺守净上人，落髮從師，誦白蓮經。後因遊方，止於上都，别創精藍，掛錫而住。大安九年，門人覺智大師詔赴闕廷。道宗特賜惟脤紫衣慈智之號。壽昌四年，師既疾，門弟子饋藥數四，師報之云：「色身終壞，烏用是爲。」言訖，怡然就化於臨潢講院，時壽昌四年三月九日也。五年四月，葬於京東先師塋側。惟脤道行精進，儀範威重。心行禪，身持律，起居動息，皆有常節。雖寒冬隆暑，風雨黑夜，禮佛誦經，手不釋卷者四十餘年。

參全遼文卷九壽昌五年燕京大憫忠寺故慈智大德幢記

通理大師，氏族未詳。石經山寶峯寺有遺行碑，已佚。師以監造石經聞名。先是有隋沙門静琬，於大業年中至涿鹿山，仿漢石經，以大藏經刻石，藏諸山竇，願未終而奄化。五代門人相踵造經，亦未滿師願。大遼留公法師，奏聞聖宗，賜普度壇利錢續造，興宗亦賜錢又造。道宗時，相國楊遵勗、梁穎奏請賜錢造經，共四十七帙，通前上石，共計一百八十七帙，已厝東峯七石室内。〔一〕通理大師因遊兹山，寓宿其寺，嘅石經未圓，大藏未及其半，有續造之念。大安九年正月一日，遂於兹寺開放戒壇，士庶道俗，入山受戒，晝暮春始罷，共獲施錢萬餘緡，付門人右街僧録通慧圓照大師善定，校勘刻石，石類印板，背面俱用鎸經兩紙。至大安十年，錢已費盡，功且權止，共刻碑四千八十片，經四十四帙。〔二〕又有門人講經沙門善鋭，念先師遺風，不能續扇，碑經未藏，懼有損壞，遂與定師共議募功。至天慶七年，於寺内西南隅，穿地爲穴。道宗所辦石經大碑一百八十片，通理大師所辦石經小碑四千八十片，皆藏瘞地穴之内，上築臺砌磚建石塔一座，刻文標記，知經所在。〔三〕

參全遼文卷一一涿州涿鹿山雲居寺續祕藏石經塔記

〔一〕清寧四年殿試進士趙遵仁撰涿州白帶山雲居寺東峯續鐫成四大部經記（見全遼文卷八）：「燕都之有五郡，民最饒者，涿郡首焉；涿郡之有七寺，境最勝者，雲居占焉。寺自隋朝所建，號自唐代所賜，山在郡之西北五十里，寺在山之陽掌。寺之東望，有峯最高，故曰東峯。峯頂上有石室七焉，經佇是室。先自我朝太平七年，會故樞密直學士韓公諱紹芳知牧是州，因從政之暇，命從者遊是山，詣是寺，陟是峯。暨觀遊間，乃見石室内經碑，且多依然藏佇，遂召當寺耆秀，詢以初迹，代去時移，細無知者，既而於石室間，取出經碑，驗名對數，得正法念經一部，全七十卷，計碑二百一十條；大涅盤經一部，全四十卷，計碑一百二十條；大花嚴經一部，全八十卷，計碑二百四十條；大般若經五百二十卷，計碑一千五百六十條。又於左右別得古記云：『幽州沙門釋净琬，精有學識，於隋大業中，發心造石經一藏，以備法滅。遂於幽州西南白帶山上，鑿爲石室，以石勒經，藏諸室内，滿即用石塞户，以鐵錮之。其後雖成其志，未滿其願。以唐貞觀十三年奄化歸真，門人導公繼焉；導公没，有儀公繼焉；儀公没，有暹公繼焉；暹公没，有法公繼焉。自琬至法，凡五代焉，不絶其志。』乃知自唐已降，不聞繼造，佛之言教，將見其廢耶。公一省其事，喟然有復興之嘆，以具上事，奏於天朝。我聖宗皇帝，鋭志武功，留心釋典，既聞來奏，深快宸衷。乃委故瑜伽大師法諱可玄提點鐫修，勘訛刊謬，補缺續新。釋文墜而復興，楚匠廢而復作。琬師之志，因此繼焉。迨及我興宗皇帝之紹位也，孝敬恒專，真空夙悟。菲飲食致豐於廟薦，賤珠玉惟重其法寶。常念經碑數廣，匠役程遥。借檀施則歲久難爲，費常住則力乏焉辦。重熙七年，於是出御府錢，委官吏佇之，歲析輕利，俾供書經鐫碑之價。仍委郡牧相丞提點，自兹無分費常住，無告借檀施，以時繫年，不暇鐫勒。自太平七年至清寧三年，中間續鐫造到大般若經八十卷，計碑二百四十條，以全其部也。又鐫寫到大寶積經一部，全一百二十卷，計碑三百六十條，以成四大部數也。都摠合經碑二千七百三十條。若乎攝九類四生，歸真寂無餘者，莫尊於大涅盤；大乘頓教，方廣真筌，一句之内包法界，一毛之中安刹土者，莫出於大花嚴；破有歸無，泯相逐性，作衆經之軌躅，爲諸法之玄宗者，莫歸於大般若；求佛智見，入佛境界，斷纏縛之愛心，去執著之妄想者，莫如於大寶積。如是經典，鐫之以石，藏之以山，四部畢備。壯矣哉！亦釋門中天禄石渠也。噫！竹乹殁而佛聲寢，靈山壞而法不作。後數百年，熾然興者，豈非時有遇而教有緣乎。清寧三年五月十二日，大寶積初成，郡守蕭公諱惟平，天子股肱，法門墻塹，下車之後，以六條布政，副聖上之倚毗；退公之餘，惟三寶留誠，稟如來之付囑。欣其遭遇，寔謂寅緣，乃請召余，謂曰：『四大部經，今續鐫畢，見聞之下，幸會攸難，願製好辭，以爲刊記。』余弓裘未襲，苫塊居憂。又以先父前剖是郡，亦於經事私積願誠，周任未還，遽嗟奄逝。敢以順先父之願，遵良牧之請，罔愧孱蕪，直以爲記。大契丹清寧四年三月一日記。」畿輔通志卷一四一金石略四：「案志才記稱，道宗以前所造，已厝東峯七石室内，蓋指清寧三年以前所刻之四大部經而言，至道宗續刻及此通理上人所刻，皆瘞寺西南隅地穴之内，與東峯所藏，絕無關涉。」

〔二〕全遼文卷一一天慶八年沙門志才撰涿州涿鹿山雲居寺續秘藏石經塔記：「通理大師所辦石經小碑四千八十片，經四十四帙：大佛頂如來密因修證了義諸菩薩萬行首楞嚴經十卷。詩。（一帙） 菩薩地持經十卷。賢。（一帙） 菩薩善戒經九卷，淨業障經一卷。剋。（一帙） 優婆塞戒經七卷，梵網經二卷，受十□戒經一卷。念。（一帙） 菩薩瓔珞本業經二卷，佛藏經四卷，菩薩善戒經一卷。作。（一帙） 菩薩内戒經一卷，優□塞五戒威儀經一卷，大乘三聚懺悔經一卷，菩薩五法懺悔文一卷，菩薩藏經一卷，三曼陁颰陁羅菩薩經一卷，菩薩受齋經一卷，舍利佛悔過經一卷，文殊悔過經一卷，法律三昧經一卷，十善業道經一卷。聖。（一帙） 大智度論一百卷。十帙：德、建、名、立、形、端、表、正、空、谷。 十地經論十二卷。傳。（一帙） 彌勒菩薩所問經論五卷，大乘寶積經論四卷，寶髻菩薩四法經論一卷。聲。（一帙） 佛地經論七卷，金剛般若論二卷。虚。（一帙）　金剛般若波羅密經破取著不壞假名論二卷，文殊師利菩薩問菩提經論二卷。堂。（一帙）　勝思惟梵天所問經論四卷，涅盤論一卷，涅盤經本有今無偈論一卷，遺教經論一卷，三具足經論一卷，無量壽經論一卷，轉法輪經論一卷。習。（一帙）　瑜珈師地論一百卷，十帙：聽、禍、因、惡、積、福、緣、善、慶、尺。　顯揚聖教論二十卷。壁（應爲壁字）、非。（二帙）　瑜珈師地論釋一卷，顯揚聖教論頌一卷，王法正理論一卷，大乘阿毗達磨集論七卷。寶。（一帙）　大乘阿毗達磨雜集論十六卷，中論四卷。寸、陰。（二帙）　般若燈論釋十五卷，十二門論一卷，十八空論一卷，百論二卷，廣百論本一卷。是、競。（二帙）　大乘廣百釋論十卷。資。（一帙）　成唯識論十卷。盡。（一帙）　大丈夫論二卷，入大乘論二卷，大乘掌珍論二卷，大乘五藴論一卷，大乘廣五藴論一卷，大乘起信論一卷，寶行王正論一卷。命。（一帙）　摩訶衍論十卷。寧。（一帙）　大乘本生心地觀經八卷。壁。（一帙）　大乘理趣六波羅密經十卷。杜。（一帙）　道宗皇帝所辦石經大碑一百八十片：十住斷結經碑五片。花手經碑二十五片。佛名經碑二十片。大威德陁羅尼經碑二十八片。摩訶摩耶經碑一片。菩薩瓔珞經碑一十一片。大法炬陁羅尼經碑三十片。五千五百佛名經碑一十三片。不空羂索神變真言經碑七片。賢劫經碑一十八片。入法界體經碑一片。須真太子經碑一片。佛説德護長者經碑二片。超日明三昧經碑五片。佛説浴像功德經碑一片。未曾有因緣經碑二片。不思議功德諸佛所護念經碑三片。佛説成具光明定意經碑一片。佛説妙法決定業障經碑一片。佛説寶網經碑一片。過去莊嚴劫千佛名經碑一片。未來星宿劫千佛名經碑一片。見在賢劫千佛名經碑二片。」

按記文中通理大師所辦經四十四帙，每帙均有一字號。此四十四字依序可誦，辭曰：「□□詩賢，剋念作聖。德建名立，形端表正。空谷傳聲，虚堂習聽。禍因惡積，福緣善慶。尺璧非寶，寸陰是競。資盡命寧，壁杜□□。」據此，原拓本中前一「壁」字應爲「璧」字之訛。此處引文中已改作「璧」字，辭意始順，且避免兩壁字字號將産生之混淆，因作爲各帙之字號，不可重複。

〔三〕此項石經，於一九五四年四月時，中國佛教協會爲紀念釋迦牟尼涅槃二千五百周年，曾拓印已掘出諸經，並發掘尚未出土部分，一九五五年八月，掘出道宗石經及通理大師石經全部，由佛教協會以中國佛教史蹟公布於世人。

悟空，俗姓劉氏，名五拂。父興宗、道宗朝宰相、守太尉兼侍中劉六符，母燕國太夫人李氏，師爲其第三女。既成人，適司勳郎中高□齊，生三男一女，年三十六，嫠居，誓不再嫁。訓毓諸孤皆長立，乃落髮爲精行尼。劉氏家固世宦，師於族親館舍，貨賄服御，俱不戀惜，蔑如也。初長男爲比丘，隱居是寺，以故抵斯求度焉。

壽昌二年正月五日剃髮於此，時年五十六。尋受十戒爲沙彌尼，其年四月十二日領六法。十九日圓大比丘戒。七月，賜紫方袍，賜號悟空大德。方半載，一切事既，人皆嗟異。初，大安中，曾從母謁通理策上人，拜爲弟子，得法號，自是不易，諱曰善誠。當剃度時，京師聞之，莫不大駭。時嫠居之士大夫妻感而慕道相從者數人，族親悲慟，競求髮以供養，並以其餘建髮塔以供奉之。乾統元年高僧了洙爲撰髮塔銘并序。

參全遼文卷一〇悟空大德髮塔銘

崇昱，俗姓李氏，安次縣崇福里人。歲近齠齔，有異常童，進止施爲，皆出家相。年二十一，禮當縣義隆法師爲師，勤奉左右。爾後登涉海岳，授稅金論於燕臺永泰寺疏全。年二十四，於本寺啓唯識瑜珈論。次歲，迴相歸性，充楊令公大王講主，開花嚴大經，周滿三遍，玄談七十席。講摩訶衍論、菩薩戒、金剛般若等經，聯緜不絕。萬類含靈，一心垂濟，師之願也。大安初，豁然大悟曰：「市朝名利，水月空花，究之非真，在人成累。」遂罄捨衣亙盂，賑貧施乏，無復遺餘。遐訪孤征，首抵王家島，先有通理大師住止於此，授之以達摩傳心之要。至八年，結心相與，返詣西峯，駐錫於石經山雲居寺，助通理大師辦石經，越數年，又遷往佛岩山。丈室寂居，門絶賓友。天慶四年秋八月，還本刹，拜先師塔。十二月十一日夜，誨門人曰：「日中有昃，月滿有虧，物盛有衰，人生有滅，各宜自省，勿易吾言。」恬然而逝。俗年七十六，僧臘六十。至九年二月，建石塔於先師塋穴之乾位。

參全遼文卷一一崇昱大師墳塔記

正慧大師，俗姓齊氏，永清縣人。自幼不爲髻髮，志樂空門，出家禮燕京天王寺三藏爲師，遇恩受具。後禮永泰寺守司徒疏主大師爲師。受宣爲三學經主，賜紫衣。未久，奉敕爲燕京僧録。普設義壇，遍濟貧人，所度之衆，過數百萬。年七十五時，猶居聖水岩静止。天慶六年正月二十六日示寂。二月二十八日荼毗。遺骨分於七處，各興妙塔。又特命良工，造成石塔一座，上下十五層，高百二十尺。

參全遼文卷一一懺悔正慧大師遺行記

玄樞，俗姓梁氏，安次縣人。幼敏悟，九歲出家。禮聖利寺講法華經義隆上人爲親教，拳拳循規。清寧二年依法受具。爾後學大小乘教，凡曆法席，終擅其場，舉緘默而誠服焉。寶勝寺大衆知師之戒、定、慧學傑出人表，共持狀請提點寺事。大康二年，始啓唯識論、梵網經大講。尋聲得器，沿流討源，開蒙破惑，琅琅然猶洪鐘之受扣，當世以大德爲如來之木鐸也。大康七年，諸寺院尊宿義學，共請師任僧首，於是鑒察情僞，剖析是非，權衡輕重、繩墨曲直而無私枉。僉曰：「斯人緇門之龔、黄也。」四衆瞻仰，莫不稱善。暨大安初，俗年四十二，遂齋心禁足，以日繫時，召集徒衆，發菩提心，誦觀音、彌陁、梵行、大悲心、密多心等經，曆數十年間，各不啻萬卷，由是聞達鞍山傳戒大師，知師以精進慈悲喜捨爲務，乃相謂而言曰：「苟歲不登稔，如何濟世？」遂同建義倉，凡不足者，隨衆而惠之，兼與當寺演妙大師，同辦訖千部大花嚴經等，及彌陁釋迦八相成道等懸壁并諸幡蓋，供具完備，皆嚴麗而可觀者，率由師之積行累功之所致也。其餘興弘利益之事，難盡敷述。乾統四年因遘疾，以日者卜之，言天禄盡，師乃發上善心，請諸師德，轉讀藏教，設無遮會，翌日乃瘳，復延數稔，信不虚矣。乾統十年春，再染宿疾，旬日間，俄然風號天黯，有大樹忽摧，門人歎曰：「梁木其壞，予將安仰？」至季春，乃曰：「我見幡花來迎。」遂合掌頂禮：「吾歸矣，吾歸矣！」僧夏五十七，世壽六十九。門人等爲建法幢，紀其功行。

參全遼文卷一〇寶勝寺前監寺大德遺行記

等偉，俗姓李，析津縣人。大康元年，年二十五剃落，禮儀範大師非覺爲師，後從住慧濟寺，於此受具。既而肄習經律二，學者推之。大安中，福田寺暨薊之香林蘭若衆請住持。等偉歷典寺任，事用克濟。壽昌三年，宣毗尼諸部於惠濟寺。京師義學輩，亦以律主許之。明年，三學寺奉命擇主寺事者，等偉以勤幹被選，尋授善濟大德。等偉力整頽弊，居多弘益。三載供費之外，有錢五千餘貫。乾統初，省司以課最聞，朝廷嘉之。特賜紫方袍，加號慈辦。三年，宣充三學殿主，賜號嚴慧。六年秋，染疾而終，俗壽五十七，僧臘三十。人之捨家入於浮圖而汩其法者，往往懈惰宴安，等偉獨以勤幹著，其力行自任而有所立也歟。

參盤山志、全遼文卷九非覺大師塔記、卷一〇普濟寺嚴慧大德塔記銘

清睿，永清縣宜禮鄉人。俗姓賈氏，父文正，母鄭氏。清睿夙願潛啓，意在出家，雖鍾

愛偏尤，未能奪其志。年十八，遂乃落髪，禮茹葷院闢上人爲親教，以經業該贍，所司稱選。於大安元年，獲具足戒，自是隨方求法，發明心地，日益其學，識者器之。遂登猊座，講雜花、白蓮等經，慷慨如注，聞者驚異。時年二十八。由是名隨實至，福從行生。檀施雲屯，惠然大聚，屬西齊村衆，召住蕭藍，不輟經營，締構完備，乃以志辯上人爲依止，師復至。乾統初元，自永泰寺内殿懺主檢校太尉正惠大師，大闡教風，聞者憒悱忘倦，禮爲傳法師。遂訓名善規。天慶三年夏，疾作，遂捨衣鉢，以資其壽。得貨泉二十萬，月息其利，啓無休息。師知病不起，遂請鄰院啓消災集福道場十處，凡鳴鍾齋宅，皆預指畫，至十二月中旬招沙門恒劬懺受，悲淚執手相謂曰：「大事可成矣。」因諭之以漚幻不實如夢，深悟其旨，遂罄給衣盋，一無所吝，以四百緡施普安寺中敞大殿，又以四百緡設無遮會，恒劬得此請，率有力者皆助成其願，三十日奄然而逝。世壽五十五，僧臘二十九。又琢石塔瘞其靈骨，豎尊勝陁羅尼幢，取塵影之利也。

參全遼文卷一〇恒劬撰沙門積祥爲先師造經幢記

劉海蟾，初名操，後得道改稱玄英，號海蟾子。燕地廣陵人，以明經擢第，〔一〕仕燕主劉守光爲相。素喜性命之説，欽崇黃、老。一日，忽有道人來謁，海蟾乃邀坐堂上，待以賓禮，問其氏族名字，俱不答，但自稱正陽子。海蟾順風請益，道人爲演清静無爲之宗，金液還丹之要，既竟，乃索鷄卵十枚，金錢十文，以一文置之几上，累十卵於錢，若浮圖之狀。海蟾驚異不已，嘆曰：「危哉！」道人曰：「人居榮禄之場，履憂患之地，其危有甚於此者。」復盡以其錢擘破爲二，擲之，遂辭而去。海蟾因此大悟。是夜命家人設宴，棄擲金玉。翌早，解印辭朝，易服從道。有詩云：「抛離火宅三千指，屏去門兵十萬家。」紀當時之實也。海蟾匆辭燕地，遠泛秦川，陶英於太華之前，遁迹於終南之下。韜光隱曜，莫測其所以。

尚書郎李觀爲進士時，往遊南嶽，道過潭州亞亭買酒，忽有一人荷竹畚打釘校之具徑至，問觀曰：「聞君將之南嶽，頗識養素先生藍方否？」曰：「固將往見之。」其人曰：「奉煩寄聲，劉處士奉問先生曰：『十月懷胎，如何出得？』」言訖，徑出不顧，觀至南嶽訪方，具道其語，方愁然驚嘆曰：「吾不過此，命也。所謂劉海蟾者也。吾養老胎已成，患無術以出之，念非斯人不足以成吾道。今聲問相通，而不得接，吾之道不成矣！」觀急回訪於潭州，已亡所在，是年方卒。

海蟾復結張無夢、种放、陳希夷爲方外友，亦間作詩，有詩集行於世。其詠修煉者則有還金篇行於世。後隱代州之鳳凰山。景福元年（宋仁宗天聖九年），曾遊歷各名山，所至多有遺跡。一日於代州壽寧觀題古詩十韻云：「醉走白雲來，倒提銅尾秉。引個碧眼奴，擔著獨壺瘿。自言秦世事，家住葛洪井。不讀黄庭經，豈燒龍虎鼎。獨立都市中，不受俗人請。欲携霹靂琴，去上芙蓉頂。吴牛買十個，溪田耕半頃。種秫釀白醪，總是仙家境。醉卧松陰下，閒過白雲嶺，要去即便去，直入彩霞影。」仍自寫真，其旁撮襟書「龜鶴齊壽」四字，題云「廣陵閑人劉某書」。至鳳凰山來儀觀，亦自寫真，飛白「清安福壽」四字，所畫五星，惟土宿尚存。其所寫真，幅巾黄衣，右肩挑酒瓢，左肩提布囊，破綻補之。氣韻古淡，人望之知爲有道之士。又嘗於成都青羊宫潑墨成「壽山福海」四字。二處相隔地里，壽寧至來儀僅兩舍，西蜀至代數千里，皆同日時而書之，以示分形散影、神變無方之妙。丹成尸解，有白氣自頂門出，化而爲鶴，飛而衝天。海蟾相傳十二月二十四日降世，十一月二十七日昇遐，不記何年。元至元六年褒贈海蟾明悟宏道真君。

參薛大訓神仙通鑑、民國文安縣志卷九

〔一〕都邛三餘贅筆曰：「今之道家有南北二宗。其南宗，謂自東華少陽君得老聃之道，以授漢鍾離權，權授唐進士吕巖，巖授遼進士劉操。」陜西通志卷六五：「劉哲，字元英，號海蟾子，事燕王劉守光爲相，喜黄、老，（後棄官）遁跡終南山下，丹成尸解。」雍正畿輔通志卷八五：「劉鉉英號海蟾子，燕地廣陽人。陶真於太華、終南之間，元至元六年，詔贈明悟弘道真君。」

遼史補注卷一百九

列傳第三十九

伶官

羅衣輕　〔補〕王稅輕

伶，官之微者也。五代史列鏡新磨於傳，〔一〕是必有所取矣。遼之伶官當時固多，〔二〕然能因詼諧示諫，以消未形之亂，惟羅衣輕耳。孔子曰：「君子不以人廢言。」是宜傳。

羅衣輕，不知其鄉里。滑稽通變，一時諧謔，多所規諷。

興宗敗於李元昊也，單騎突出，幾不得脱。先是，元昊獲遼人，輒劓其鼻，有奔北者，惟恐追及。故羅衣輕止之曰：「且觀鼻在否？」上怒，以毳索繫帳後，將殺之。太子笑曰：「打諢底不是黄幡綽！」羅衣輕應聲曰：「行兵底亦不是唐太宗！」上聞而釋之。

上嘗與太弟重元狎昵，宴酣，許以千秋萬歲後傳位。重元喜甚，驕縱不法。又因雙陸，賭以居民城邑。帝屢不競，前後已償數城。重元既恃梁孝王之寵，又多鄭叔段之過，朝臣無敢言者，道路以目。一日復博，羅衣輕指其局曰：「雙陸休癡，和你都輸去也！」帝始悟，不復戲。清寧間，以疾卒。

〔一〕鏡，新五代史卷三七、通鑑并作敬。

〔二〕本史卷五四樂志：「晉天福三年，遣劉昫以伶官來歸。遼有散樂，蓋由此矣。」卷一〇聖宗紀統和元年二月，「葬景宗皇帝於乾陵，以近幸朗，掌飲伶人撻魯爲殉」。伶官與承應小底如鷹坊、尚衣等並爲著帳户。見卷三一營衛志。

〔補〕王税輕，佚其鄉里。興宗既親政，後漸自恣，放蕩不羈，常與教坊使王税輕等數十人約爲兄弟，出入其家，或拜其父母。〔一〕

參隆平集卷二〇夷狄，契丹國志卷八

〔一〕王稅輕、羅衣輕，同排輕字取名。元有教坊藝人朱簾秀、天錫秀同排秀字，此稅輕、衣輕，同排輕字，或是藝名也。契丹國志卷八：「帝（興宗）常夜宴，與劉四端兄弟、王綱入伶人樂隊，命后妃易衣爲女道士。后父蕭磨只曰：『番漢百官皆在，后妃入戲，恐非所宜。』帝擊磨只，敗面，曰：『我尚爲之，若女何人耶？』」興宗重文藝戲劇，崇佛道，如王綱、姚景熙、馮立輩，皆道流中人，曾遇帝於微行，後皆任顯官。

宦官

王繼恩　趙安仁

周禮，寺人掌中門之禁。至巷伯詩列于雅，勃貂功著于晉，雖忠於所事，而非其職矣。漢、唐中世，竊權蠹政，有不忍言者，是皆寵遇之過。遼宦者二人，其賢不肖皆可爲後世鑑，故傳焉。

王繼恩，棣州人。睿智皇后南征，繼恩被俘。

初，皇后〔一〕以公私所獲十歲已下兒容貌可觀者近百人，載赴凉陘，並使閹爲豎，繼恩在焉。聰慧，通書及遼語。擢内謁者、内侍左廂押班。聖宗親政，累遷尚衣庫使、左承宣、監門衛大將軍、靈州觀察使、内庫都提點。〔二〕繼恩好清談，不喜權利，每得賜賚，市書至萬卷，載以自隨，誦讀不倦。每宋使來聘，繼恩多充宣賜使。後不知所終。

〔一〕景宗睿智皇后。

〔二〕契丹國志卷一三作靈州節度使、内庫都點檢。

趙安仁，字小喜，深州樂壽人，自幼被俘。

統和中，爲黄門令、秦晉國王府祗候。王薨，授内侍省押班、御院通進。開泰八年，與李勝哥謀奔南土，爲游兵所擒。初，仁德皇后與欽哀有隙，欽哀密令安仁伺皇后動静，無不知者。仁德皇后威權既重，安仁懼禍，復謀亡歸。仁德欲誅之，欽哀以言營救。聖宗曰：「小喜言父母兄弟俱在南朝，每一念，神魂隕越。今爲思親，冒死而亡，亦孝子用心，實可憐憫。」赦之。

重熙初，欽哀攝政，欲廢帝，立少子重元。帝與安仁謀遷太后慶州守陵，〔一〕授安仁左承宣、監門衛大將軍，充契丹漢人渤海内侍都知，兼都提點。會上思太后，親馭奉迎，太后責曰：「汝負萬死，我嘗營救。不望汝報，何爲離間我母子耶！」安仁無答。後不知所終。

論曰：名器所以礪天下，非賢而有功則不可授，況宦者乎。繼恩爲内謁者，安仁爲黄門令，似矣；何至溺於私愛，而授以觀察使、大將軍耶？〔二〕易曰：「負且乘，致寇至。」此安仁所以不克有終，繼恩幸而免歟？

〔一〕本史卷一八興宗紀：「重熙三年五月，皇太后還政于上，躬守慶陵。」契丹國志卷八：「甲戌重熙三年，（原誤二年）帝與耶律喜孫謀，率兵逐母法天太后，以黄布車載送慶州，守聖宗塚，遂誅永興宫都總管高常哥及内侍數十族，命内庫都提點王繼恩、内侍都知趙安仁等監南北面蕃漢臣僚。」

〔二〕高麗史卷六靖宗六年（遼重熙九年）七月，「契丹遣夏州觀察使趙安仁來賀生辰」。是安仁亦曾授觀察使，均屬遥授虚銜。則王繼恩、趙安仁二人均曾授觀察使及大將軍。

遼史補注卷一百十

列傳第四十

姦臣上

耶律乙辛　張孝傑　耶律燕哥　蕭十三

春秋褒貶，善惡並書，示勸懲也。故遷、固傳佞幸、酷吏，歐陽脩則并姦臣録之，將俾爲君者知所鑒，爲臣者知所戒。此天地聖賢之心，國家安危之機，治亂之原也。遼自耶律乙辛而下，姦臣十人，其敗國皆足以爲戒，故列于傳。

耶律乙辛，字胡覩衮，五院部人。父迭剌，家貧，服用不給，部人號「窮迭剌」。〔一〕

初，乙辛母方娠，夜夢手搏羖羊，拔其角尾。既寤占之，術者曰：「此吉兆也。羊去角尾爲王字，汝後有子當王。」及乙辛生，適在路，無水以浴，廻車破轍，忽見湧泉。迭剌自以得子，欲酒以慶，聞酒香，于草棘間得二榼。因祭東焉。

乙辛幼慧黠。嘗牧羊至日昃，迭刺視之，乙辛熟寢。迭刺觸之覺，乙辛怒曰：「何遽驚我！適夢人手執日月以食我，我已食月，啗日方半而覺，惜不盡食之。」迭刺自是不令牧羊。

及長，美風儀，外和内狡。重熙中，爲文班吏，掌太保印，陪從入宫。皇后見乙辛詳雅如素宦，令補筆硯吏；帝亦愛之，累遷護衛太保。道宗即位，以乙辛先朝任使，賜漢人户四十，同知點檢司事，常召決疑議，陞北院同知，歷樞密副使。清寧五年，爲南院樞密使，改知北院，封趙王。

九年，耶律仁先爲南院樞密使，時駙馬都尉蕭胡覩與重元黨，惡仁先在朝，奏曰：「仁先可任西北路招討使。」帝將從之。乙辛奏曰：「臣新參國政，未知治體。仁先及先帝舊臣，不可遽離朝廷。」帝然之。重元亂平，拜北院樞密使，〔二〕進王魏，賜匡時翊聖竭忠平亂功臣。〔三〕咸雍五年，加守太師。詔四方有軍旅，許以便宜從事，勢震中外，門下饋賂不絶。凡阿順者蒙薦擢，忠直者被斥竄。

大康元年，皇太子始預朝政，法度修明。乙辛不得逞，謀以事誣皇后。后既死，乙辛不自安，又欲害太子。乘間入奏曰：「帝與后如天地並位，中宫豈可曠？」盛稱其黨駙馬都尉蕭霞抹之妹美而賢。上信之，納于宫，尋册爲皇后。時護衛蕭忽古知乙辛姦狀，伏橋下，欲殺之。俄暴雨壞橋，謀不遂。林牙蕭巖壽密奏曰：「乙辛自皇太子預政，内懷疑懼，又與宰相張孝傑相附會。恐有異圖，不可使居要地。」出爲中京留守。乙辛泣謂人曰：「乙辛無過，因讒見出。」其黨蕭霞抹輩以其言聞於上。上悔之。無何，出蕭巖壽爲順義軍節度使，詔近臣議召乙辛事。北面官屬無敢言者，耶律撒剌曰：「初以蕭巖壽奏，出乙辛。若所言不當，宜坐以罪；若當，則不可復召。」累諫不從。乃復召爲北院樞密使。

時皇太子以母后之故，憂見顔色。乙辛黨欣躍相慶，讒謗沸騰，忠良之士斥逐殆盡。乙辛因蕭十三之言，夜召蕭得裏特謀搆太子，令護衛太保耶律查剌誣告耶律撒剌等同謀立皇太子。詔按無迹而罷。又令牌印郎君蕭訛都斡詣上誣首：「耶律查剌前告耶律撒剌等事皆實，臣亦與其謀。本欲殺乙辛等而立太子。臣等若不言，恐事白連坐。」詔使鞫劾，乙辛迫令具伏。上怒，命誅撒剌及速撒等。乙辛恐帝疑，引數人庭詰，各令荷重校，繩繫其頸，不能出氣，人人不堪其酷，惟求速死。反奏曰：「别無異辭。」時方暑，屍不得瘞，以至地臭。乃囚皇太子於上京，監衛者皆其黨。尋遣蕭達魯古、撒把害太子。乙辛黨大喜，聚飲數日。上京留守蕭撻得以卒聞。上哀悼，欲召其妻，乙辛陰遣人殺之，以滅其口。

五年正月，上將出獵，乙辛奏留皇孫，上欲從之。同知點檢蕭兀納諫曰：「陛下若從乙辛留皇孫，皇孫尚幼，左右無人，願留臣保護，以防不測。」遂與皇孫俱行。由是上始疑乙辛，頗知其姦。會北幸，將次黑山之平淀，上適見扈從官屬多隨乙辛後，惡之，出乙辛知南院大王事。〔四〕及例削一字王爵，改王混同，意稍自安。及赴闕入謝，帝即日遣還，改知興中府事。

七年冬，坐以禁物鬻入外國，下有司議，法當死。乙辛黨耶律燕哥獨奏當入八議，得減死論，擊以鐵骨朵，幽於來州。後謀奔宋及私藏兵甲事覺，縊殺之。乾統二年，發塚，戮其屍。

〔一〕本史卷九九耶律石柳傳：「臣見耶律乙辛身出寒微，位居樞要。」

〔二〕按本史卷二二道宗紀清寧九年七月重元平後，以耶律仁先爲北院樞密使，乙辛爲南院樞密使。卷九六耶律仁先傳：「咸雍元年，與耶律乙辛共知北院樞密使事。」仁先見忌，出爲南京留守，則乙辛爲北院樞密使，或在是年。

〔三〕按通考卷三四六：「洪基嬖幸其臣耶律英弼……英弼益事恣，累封魏王。北人諺云：『寧違敕旨，無違魏王白帖子。』」英弼即乙辛。

〔四〕按本史卷二四道宗紀大康五年三月，「以北院樞密使魏王耶律乙辛知南院大王事，加于越」。

張孝傑，建州永霸縣人。家貧，好學。重熙二十四年，擢進士第一。〔一〕清寧間，累遷樞密直學士。咸雍初，坐誤奏事，出爲惠州刺史。俄召復舊職，兼知户部司事。三年，參知政事，同知樞密院事，加工部侍郎。八年，封陳國公。上以孝傑勤幹，數問以事，爲北府宰相。漢人貴幸無比。

大康元年，賜國姓。〔二〕明年秋獮，帝一日射鹿三十，燕從官。酒酣，命賦雲上于天詩，詔孝傑坐御榻旁。上誦黍離詩：「知我者謂我心憂，不知我者謂我何求。」孝傑奏曰：「今天下太平，陛下何憂？富有四海，陛下何求？」帝大悦。三年，羣臣侍燕，上曰：「先帝用仁先、化葛，以賢智也。朕有孝傑、乙辛，不在仁先、化葛下，誠爲得人。」歡飲至夜，乃罷。〔三〕

是年夏，乙辛譖皇太子，孝傑同力相濟。及乙辛受詔按皇太子黨人，誣害忠良，孝傑之謀居多。〔四〕乙辛薦孝傑忠於社稷，帝謂孝傑可比狄仁傑，賜名仁傑，乃許放海東青鶻。〔五〕六年，既出乙辛，上亦悟孝傑姦佞，尋出爲武定軍節度使。坐私販廣濟湖鹽及擅改詔旨，削爵，貶安肅州，數年乃歸。大安中，死於鄉。乾統初，剖棺戮屍，以族產分賜臣下。〔六〕

孝傑久在相位，貪貨無厭，時與親戚會飲，嘗曰：「無百萬兩黃金，不足爲宰相家。」初，孝傑及第，詣佛寺，忽迅風吹孝傑幞頭，與浮圖齊墜地而碎。有老僧曰：「此人必驟貴，然亦不得其死。」竟如其言。

〔一〕按重熙二十四年八月興宗崩，道宗即位，改元清寧，故本史卷二一道宗紀在清寧元年。

〔二〕焚椒録：大康元年耶律乙辛誣陷宣懿皇后，密奏以聞，上覽奏大怒，即召后對詰。「上怒甚，因以鐵骨朵擊后，后幾至殞，即下其事，使參知政事張孝傑與乙辛窮治之，乙辛乃繫械惟一、長命等訊鞫。加以釘灼燙錯等刑，皆爲誣服。獄成，將奏。樞密副使蕭惟信馳語乙辛、孝傑曰：『懿德賢明端重，化行宫帳，且誕育儲君，爲國大本，此天下母也。而可以叛家仇婢一語動摇之乎？公等身爲大臣，方當燭照姦宄，洗雪寃誣，烹滅此輩，以報國家，以正國體，奈何欣然以爲得其情也。公等幸更爲思之。』不聽。遂具讞上之，上猶未決，指后懷古一詩（「宫中只數趙家妝，敗雨殘雲誤漢王，惟有知情一片月，曾窺飛燕下昭陽」）曰：『此是皇后罵飛燕也，如何更作十香詞？』孝傑進曰：『此正皇后懷趙惟一耳。』上曰：『何以見之？』孝傑曰：『宫中只數趙家妝，惟有知情一片月。』是以二句中包含趙惟一三字也。上意遂決。即日族誅惟一，並斬長命，敕后自盡。……第乙辛凶慘無匹固無論，而孝傑以儒業起家，必明於大義者，使如惟信直言，毅然諍之，后必不死。后不死則太子可保無恙，而上亦何慙於少恩骨肉哉。乃亦昧心同聲，自保禄位，卒使母后儲君與諸老成，一旦皆死於非辜，此史册所書未有之禍也。二人者，可謂罪通於天者乎。」

〔三〕全遼文卷九大康二年仁懿皇后哀册題「宰臣耶律孝傑奉敕撰」。另同卷釋摩訶衍論贊玄疏引文題「貞亮翼贊同德致理功臣，開府儀同三司，守太保兼中書令，監修國史，知樞密院事，上柱國燕國公，食邑七千五百户，實封柒佰伍拾户臣耶律孝傑奉敕撰」。（此題名在全遼文中已署去。）太保兼中書令、燕國公，俱不見本傳。

〔四〕按本史卷二三道宗紀大康三年六月，受命鞫太子冤獄，囚太子於宮中。

〔五〕本史卷二四道宗紀：「大康五年正月，賜孝傑名仁傑，三月，宰相仁傑（扈從春水）獲頭鵝」。

〔六〕全遼文卷一〇乾統十年虞仲文撰甯鑑墓誌銘：「今上即位，詔覆張孝傑獄，流議中君，深文其實，根株之外，一切湔洗，以能授樞密房主事。」本史卷二七天祚帝紀乾統元年三月，「詔有司以張孝傑家屬分賜羣臣」。

耶律燕哥，字善寧，季父房之後。四世祖鐸穩，〔一〕太祖異母弟。父曰豁里斯，官至太師。

燕哥狡佞而敏。清寧間，爲左護衛太保。大康初，轉北面林牙。初耶律乙辛自中京留守復爲樞密使，以燕哥爲耳目，凡聞見必以告。乙辛愛而薦之，帝亦以爲賢，拜左夷離畢。及皇太子被誣，帝遣燕哥往訊之，太子謂燕哥曰：「帝惟我一子，今爲儲嗣，復何求，敢爲此事！公與我爲昆弟行，當念無辜，達意於帝。」禱之甚懇，蕭十三聞之，謂燕哥曰：「宜以太子言，易爲伏狀。」燕哥領之，盡如所教以奏。及太子被逐，乙辛殺害忠良，多燕哥之謀，爲契丹行宮都部署。五年夏，拜南府宰相，遷惕隱。大安三年，爲西京留守，致仕。壽隆初，以疾卒。

〔一〕按下文，如燕哥與太子濬爲兄弟行，則鐸穩應是七世祖。太祖異母弟蘇字雲獨昆，鐸穩似是雲獨昆異譯。

蕭十三，蔑古乃部人。父鐸魯斡，歷官節度使。

十三辨黠，善揣摩人意。清寧間，以年勞遷護衛太保。大康初，耶律乙辛復入樞府，益横恣。時十三出入乙辛家，以朝臣不附者輒使出之，十三由宿衛遷殿前副點檢。

三年夏，護衛蕭忽古等謀殺乙辛，事覺下獄。十三謂乙辛曰：「今太子猶在，臣民屬心。大王素無根柢之助，復有誣皇后之怨。若太子立，王置身何地？宜熟計之。」乙辛曰：「吾憂此久矣！」是夜，召蕭得裏特謀所以構太子事。十三計既行，尋遷殿前都點檢，兼同知樞密院事。復令蕭訛都斡等誣首耶律查剌前告耶律撒剌等事皆實，詔究其事，太子不服。別遣夷離畢耶律燕哥問太子，太子具陳所以見誣之狀。十三聞之，謂燕哥曰：「如此奏，則大事去矣！當易其辭爲伏欵。」燕哥入，如十三言奏之。上大怒，廢太子。太子將出，曰：「我何罪至是！」十三叱令登車，遣衛卒闔車門。是年，遷北院樞密副使，復陳陰害太子計，乙辛從之。

及乙辛出知南院大王事，亦出十三爲保州統軍使，卒。乾統間，剖棺戮屍。二子：的里得、念經，皆伏誅。

遼史補注卷百十一

列傳第四十一

姦臣下

蕭余里也　耶律合魯　蕭得裏特　蕭訛都斡

蕭達魯古　耶律塔不也　蕭圖古辭

蕭余里也，字訛都椀，國舅阿剌次子。漢名德良。〔一〕便佞滑稽，善女工。重熙間，以外戚進。

清寧初，補祇候郎君，尚鄭國公主，〔二〕拜駙馬都尉，累遷南面林牙。以父阿剌爲蕭革所譖，出余里也爲奉先軍節度使。十年冬，召爲北面林牙。

咸雍中，會有告余里也與族人朮哲謀害耶律乙辛，按無狀，出爲寧遠軍節度使。自後余里也揣乙辛意，傾心事之，薦爲國舅詳穩。大康初，封遼西郡王。〔三〕時乙辛擅恣，凡不附己者出之，乃引余里也爲北府宰相，兼知契丹行宮都部署事。及乙辛謀構皇太子，余里也多助成之，遂知北院樞密事，賜推誠協贊功臣。以女姪妻乙辛子綏也，恃勢横肆，至有無君之語，朝野側目。

帝出乙辛知南院大王事，坐與乙辛黨，以天平軍節度使歸第。尋拜西北路招討使。〔四〕以母憂去官，卒。

〔一〕以上四字，據全遼文卷九蕭德温墓誌銘補。兄别里剌，本書卷九〇有補傳。

〔二〕本史卷六五公主表：「興宗女斡里太，第二。封鄭國公主。清寧間，加長公主。下嫁蕭余里也。」全遼文卷九蕭德温墓誌銘作齊國長公主。

〔三〕按本史卷二三道宗紀大康二年六月，「册皇后蕭氏，封其叔西北路招討使余里也遼西郡王」。

〔四〕按本史卷二四道宗紀大康五年六月，「以北府宰相、遼西郡王蕭余里也爲西北路招討使」。

耶律合魯，字胡都堇，六院舍利裹古直之後。柔佞，喜苟合。仕清寧初。

時乙辛引用羣小，合魯附之，遂見委任，俄擢南面林牙。乙辛譖皇太子，殺忠直，合魯多預其謀。弟吾也亦黨乙辛，時號「二賊」。乙辛薦爲北院大王，〔一〕卒。吾也亦至南院大王。

〔一〕按本史卷二五道宗紀大安八年十一月，北院大王合魯薨。羅校：「合魯爲乙辛黨，故史入姦臣傳。傳言以乙辛薦爲北院大王，乙辛以大康七年被罪囚來州，九年伏誅，至是已十年，豈合魯在官至十餘年之久耶？考紀大康八年十二月，『以烏古敵烈統軍使耶律馬五爲北院大王』。合魯入北院當在八年以後，乙辛安得薦之，殆合魯爲乙辛所識拔致通顯，謂薦爲北院大王則誤也。」

蕭得裏特，遥輦洼可汗宫分人。善阿意順色。清寧初，〔一〕乙辛用事，甚見引用，累遷北面林牙、同知北院宣徽使事。

及皇太子廢，遣得裏特監送上京。得裏特促其行，不令下車，起居飲食數加陵侮，至則築圜堵囚之。大康中，遷西南招討使，歷順義軍節度使，轉國舅詳穩。

壽隆五年，坐怨望，以老免死，闔門籍興聖宫，貶西北統軍司，卒。〔二〕二子：得末、訛里，乾統間以父與乙辛謀，伏誅。

〔一〕清寧初應作清寧末。

〔二〕按本史卷二七天祚帝紀乾統二年四月，「發乙辛、得里特之墓，剖棺，戮屍，以其家屬分賜被殺之家」。

蕭訛都斡，國舅少父房之後。〔一〕咸雍中，補牌印郎君。大康三年，樞密使乙辛陰懷逆謀，乃令護衛太保耶律查剌誣告耶律撒剌等廢立事。詔按無狀，皆補外。頃之，訛都斡希乙辛意，欲實其事，與耶律塔不也等入闕，誣首：「耶律撒剌等謀害乙辛，欲立皇太子事，臣亦預謀。今不自言，恐事泄連坐。」帝果怒，徙皇太子于上京。

訛都斡尚皇女趙國公主，〔二〕爲駙馬都尉。後與乙辛議不合，銜之，復以車服僭擬人主，被誅。訛都斡臨刑，語人曰：「前告耶律撒剌事，皆乙辛教我。恐事彰，殺我以滅口耳！」

〔一〕兄撻不也，本史卷九九有傳。

〔二〕本史卷六五公主表：「道宗第二女糺里，齊國公主，進封趙國，嫁蕭撻不也。撻不也坐昭懷太子事被害，其弟訛都斡欲逼尚公主，公主以訛都斡黨乙辛，惡之，未幾，訛都斡以事伏誅。」

蕭達魯古，遥輦嘲古可汗宫分人。性姦險。

清寧間，乙辛爲樞密使，竊權用事，陰懷逆謀。達魯古比附之，遂見奬拔，稍遷至旗鼓拽刺詳穩。乙辛欲害太子，以達魯古兇果可使，遣與近侍直長撒把詣上京，同留守蕭撻得夜引力士至囚室，紿以有赦，召太子出，殺之，函其首以歸，詐云疾薨。以達魯古爲國舅詳穩。達魯古恐殺太子事白，出入常佩刀，有急召，即欲自殺。

乾統間，詔樞密使耶律阿思大索乙辛黨人，達魯古以賂獲免。後以疾卒。

耶律塔不也，仲父房之後。以善擊鞠，幸於上，凡馳騁，鞠不離杖。

咸雍初，補祗候郎君。與耶律乙辛善，故内外畏之。及太子被譖，按無迹，塔不也附乙辛，欲實其誣，與訛都斡等密奏：「太子謀辭事本實，臣不首，恐事覺連坐。」帝信之，廢太子。改延慶宮副使。壽隆元年，爲行宮都部署。

天祚嗣位，以塔不也黨乙辛，出爲特免部節度使。及樞密使耶律阿思大索乙辛舊黨，塔不也以賂獲免。徙敵烈部節度使，復爲敦睦宮使。天慶元年，出爲西北路招討使。以疾卒。

蕭圖古辭，字何寧，楮特部人。仕重熙中，以能稱，累遷左中丞。

清寧初，歷北面林牙，改北院樞密副使。辨敏，善伺顔色，應對合上意。皇太后嘗曰：「有大事，非耶律化哥、蕭圖古辭不能決。」眷遇日隆。知北院樞密使事。六年，出知黄龍府。〔一〕八年，拜南府宰相。頃之，爲北院樞密使，詔許便宜從事。〔二〕

爲人姦佞有餘，好聚斂，〔三〕專愎，變更法度。爲樞密數月，所薦引多爲重元黨與，由是免爲庶人。後没入興聖宮，卒。

論曰：舜流共工，孔子誅少正卯，治姦之法嚴矣。後世不是之察，反以爲忠而信任之，不至於流毒宗社而未已。道宗之於乙辛是也。當其留仁先，討重元，若真爲國計者，不知包藏禍心，待時而發耳。一旦專權，又得孝傑、燕哥、十三爲之腹心，故肆惡而無忌憚。始誣皇后，又殺太子及其妃，其禍之酷，良可悲哉。

嗚呼！君之所親，莫皇后、太子若也。姦臣殺之而不知，羣臣言之而不悟。一時忠讜，廢戮幾盡。雖黑山親見官屬之盛，僅削一字王號。至私藏甲兵，然後誅之。吁！乙辛之罪，固非一死可謝天下，抑亦道宗不明無斷，有以養成之也。

如蕭余里也輩，忘君黨惡，以饕富貴，雖幸而死諸牖下，其得免於遺臭之辱哉！

〔一〕按本史卷二一道宗紀清寧七年十二月，「以知黃龍府事耶律阿里只爲南院大王」。卷二二道宗紀清寧八年十二月，「以知北院樞密使事蕭圖古辭爲北院樞密使」。九年七月，重元平，「以仁先爲北院樞密使」。

〔二〕本史卷二二道宗紀咸雍三年六月，「宋以（神宗）即位，遣陳襄來報。即遣知黃龍府事蕭圖古辭、中書舍人馬鉉往賀」。宋會要蕃夷二治平四年稱：「九月十九日大遼遣彰信軍節度使蕭恭順、廣州防禦使耶律好謀，副使崇禄少卿董庠賀皇帝即位。」本史卷二三道宗紀大康三年七月，「祗候郎君耶律撻不也及蕭圖古辭，並加監門衛上將軍」。

〔三〕按本史卷九七耶律引吉傳：「時蕭革、蕭圖古辭以佞見任，鬻爵納賄。」長編仁宗嘉祐八年七月：「（皇太叔宗元）與（其）相某謀作亂，及相某以貪暴黜，宗元懼，謀愈急。」相某者疑是圖古辭或蕭革。

遼史補注卷百十二

列傳第四十二

逆臣上

耶律轄底 迭里特　耶律察割　耶律婁圖

耶律重元 涅魯古　耶律滑哥

易曰：「天尊地卑，乾坤定矣；卑高以陳，貴賤位矣。」貴賤位而後君臣之分定，君臣之分定而後天地和，天地和而後萬化成。五帝三王之治，用此道也。三代而降，臣弒其君者有之，子弒其父者有之。孔子作春秋以寓王法，誅死者於前，懼生者於後，其慮深遠矣。歐陽脩作唐書，創逆臣傳，蓋亦春秋之意也。

遼叛逆之臣二十有二，迹其事則又有甚焉者，然豈一朝一夕之故哉。列于傳，所以公天下之貶，以示夫戒云。

轄底，字涅烈衮，肅祖孫夷離堇帖剌之子。幼黠而辯，時險佞者多附之。遥輦痕德堇可汗時，異母兄罨古只爲迭剌部夷離堇。故事，爲夷離堇者，得行再生禮。罨古只方就帳易服，轄底遂取紅袍、貂蟬冠，乘白馬而出。乃令黨人大呼曰：「夷離堇出矣！」衆皆羅拜，因行柴册禮，自立爲夷離堇。與于越耶律釋魯同知國政。及釋魯遇害，轄底懼人圖己，挈其二子迭里特、朔刮奔渤海，僞爲失明。後因毬馬之會，與二子奪良馬奔歸國。益爲姦惡，常以巧辭獲免。

太祖將即位，讓轄底，轄底曰：「皇帝聖人，由天所命，臣豈敢當！」太祖命爲于越。及自將伐西南諸部，轄底誘剌葛等亂，不從者殺之。車駕還至赤水城，轄底懼，與剌葛俱北走，至榆河爲追兵所獲。太祖問曰：「朕初即位，嘗以國讓，叔父辭之；今反欲立吾弟，何也？」轄底對曰：「始臣不知天子之貴，及陛下即位，衛從甚嚴，與凡庶不同。臣嘗奏事心動，始有窺覦之意。度陛下英武，必不可取；諸弟懦弱，得則易圖也。事若成，豈容諸弟乎。」太祖謂諸弟曰：「汝輩乃從斯人之言耶！」迭剌曰：「謀大事者，須用如此人；事成，亦必去之。」轄底不復對。因數月，縊殺之。〔一〕

將刑，太祖謂曰：「叔父罪當死，朕不敢赦。事有便國者，宜悉言之。」轄底曰：「迭剌部人衆勢强，故多爲亂，宜分爲二，以弱其勢。」子迭里特。

迭里特，字海鄰。〔三〕有膂力，善馳射，馬躓不仆。尤神于醫，視人疾，若隔紗覩物，莫不悉見。

太祖在潛，已加眷遇，及即位，拜迭剌部夷離菫。太祖嘗思鹿醢解酲，以山林所有，問能取者。迭里特曰：「臣能得之。」乘内廐馬逐鹿，射其一。欲復射，馬跌而斃。迭里特躍而前，弓猶不弛，復獲其一。帝歡甚曰：「吾弟萬人敵！」會帝患心痛，召迭里特視之。迭里特曰：「膏肓有瘀血如彈丸，然藥不能及，必鍼而後愈。」帝從之。嘔出瘀血，痛止。

帝以其親，每加賜賚；然知其爲人，未嘗任以職。後從剌葛亂，與其父轄底俱縊殺之。

〔一〕按本史卷一太祖紀太祖七年六月作「以夷離菫涅里衮附諸弟爲叛，不忍顯戮，命自投崖而死」。涅里衮即涅烈衮。又太祖八年正月，「前于越赫底里」即轄底。

〔二〕按本史卷一太祖紀太祖八年正月，「前于越赫底里子解里，命絞殺之」。解里即海鄰歧譯。

察割，字歐辛，〔一〕明王安端之子。善騎射。貌恭而心狡，人以爲懦。太祖曰：「此兇頑，非儒也。」其父安端嘗使奏事，太祖謂近侍曰：「此子目若風駝，〔二〕面有反相。朕若獨居，無令入門。」

世宗即位于鎮陽，安端〔三〕聞之，欲持兩端。察割曰：「太弟忌刻，若果立，豈容我輩！永康王寬厚，且與劉哥相善，宜往與計。」安端即與劉哥謀歸世宗。及和議成，以功封泰寧王。〔四〕

會安端爲西南面大詳穩，察割佯爲父惡，陰遣人白於帝，即召之。既至上前，泣訴不勝哀，帝憫之，使領女石烈軍。〔五〕出入禁中，數被恩遇。帝每出獵，察割託手疾，不操弓矢，但執鍊鎚〔六〕馳走。屢以家之細事聞於上，上以爲誠。

察割以諸族屬雜處，不克以逞，漸徙廬帳迫於行宫。右皮室詳穩耶律屋質察其姦邪，表列其狀。帝不信，以表示察割。察割稱屋質疾己，哽咽流涕。帝曰：「朕固知無此，何至泣耶！」察割時出怨言，屋質曰：「汝雖無是心，因我過疑汝，勿爲非義可也。」他日屋質又請於帝，帝曰：「察割捨父事我，可保無他。」屋質曰：「察割於父既不孝，於君安能忠！」帝不納。

天禄五年七月，帝幸太液谷，留飲三日，察割謀亂不果。帝伐周，至詳古山，〔七〕太后與帝祭文獻皇帝于行宫，羣臣皆醉。察割歸見壽安王，邀與語，王弗從。察割以謀告耶律盆都，盆都從之。是夕，同率兵入弑太后及帝，因僭位號。百官不從者，執其家屬。至夜，閱内府物，見碼碯盌，曰：「此希世寶，今爲我有！」詫于其妻。妻曰：「壽安王、屋質在，吾屬無噍類，此物何益！」察割曰：「壽安年幼，屋質不過引數奴，詰旦來朝，固不足憂。」其黨矧斯報壽安、屋質以兵圍于外，察割尋遣人弑皇后於柩前，倉惶出陣。壽安遣人諭曰：「汝等既行弑逆，復將若何？」有夷離堇劃者委兵歸壽安王，餘衆望之，徐徐而往。察割知其不濟，乃繫羣官家屬，執弓矢脅曰：「無過殺此曹爾！」叱令速出。時林牙耶律敵獵亦在繫中，進曰：「不有所廢，壽安王何以興。籍此爲辭，猶可以免。」察割曰：「誠如公言，誰當使者？」敵獵請與罨撒葛同往説之，察割從其計。

壽安王復令敵獵誘察割，臠殺之。諸子皆伏誅。〔八〕

〔一〕歐辛，本史卷三八地理志二作漚里僧王。新五代史卷七三作嘔里僧，通鑑後周紀太祖廣順元年九月作漚僧，契丹國志卷四亦作漚僧。

〔二〕索隱卷八：「按西使記：風駝，急使乘，日可千里。」

〔三〕明王安端，通鑑、册府元龜、契丹國志並作偉王，見本書卷七二補傳。

〔四〕泰寧王，契丹國志卷四、通鑑並作太寧王。

〔五〕本史卷四六百官志二有女古烈詳穩司，似源於此。女石烈、女古烈，未知孰是。

〔六〕錬鎚，本史卷三二營衛志作連鎚，即所謂殺鵝鎚。

〔七〕通鑑周廣順元年（天禄五年）九月：「行至新州之火神淀，燕王述軋及偉王之子太寧王漚僧作亂，弒契丹主而立述軋。」

〔八〕本史卷三八地理志二：「雙州，本挹婁故地。漚里僧王從太宗南征，以俘鎮、定二州之民建城置州。察割弒逆誅，没入焉」。

屋質從林牙敵獵計，誘而出之，婁國手刃察割。改南京留守。婁國，字勉辛，文獻皇帝之子。天禄五年，遥授武定軍節度使。及察割作亂，穆宗與穆宗沉湎，不恤政事，婁國有覬覦之心，誘敵獵及羣不逞謀逆。事覺，按問不服。帝曰：「朕爲壽安王時，卿數以此事説我，今日豈有虚乎？」婁國不能對。及餘黨盡服，遂縊於可汗州西谷，〔一〕詔有司擇絶後之地以葬。〔二〕

〔一〕按本史卷六穆宗紀應曆二年「七月，政事令婁國等謀亂就執。八月，伏誅」。

〔二〕契丹信堪輿之術。

重元，小字孛吉只，〔一〕聖宗次子。材勇絶人，眉目秀朗，寡言笑，人望而畏。〔二〕太平三年，封秦國王。〔三〕聖宗崩，欽哀皇后稱制，密謀立重元。重元以所謀白於上，上益重之，封爲皇太弟。歷北院樞密使、〔四〕南京留守、知元帥府事。〔五〕重元處戎職，未嘗離輦下。先是契丹人犯法，例須漢人禁勘，受枉者多。重元奏請五京各置契丹警巡使，詔從之，賜以金券誓書。道宗即位，册爲皇太叔，免拜不名，爲天下兵馬大元帥，復賜金券、四頂帽、二色袍，尊寵所未有。〔六〕

清寧九年，車駕獵灤水，以其子涅魯古素謀，與同黨陳國王陳六、〔七〕知北院樞密事蕭胡覩等凡四百餘人，誘脅弩手軍陣于帷宮外。將戰，其黨多悔過效順，各自奔潰。重元既知失計，北走大漠，歎曰：「涅魯古使我至此！」遂自殺。〔八〕

先是重元將舉兵，帳前雨赤如血，識者謂敗亡之兆。子涅魯古。

〔一〕按本史卷一五聖宗紀開泰六年九月，以皇子屬思生，大赦。興宗生於開泰五年二月，屬思應是重元。即宗元。

〔二〕長編：「至和元年（統和二十三年，一〇五四）九月，吏部侍郎王拱辰爲回謝契丹使……契丹國母愛其少子宗元，欲以爲嗣，問拱辰曰：『南朝太祖、太宗，何親屬也？』拱辰曰：『兄弟也。』曰：『善哉，何其義也！』契丹主曰：『太宗、真宗，何親屬也？』拱辰曰：『父子也。』曰：『善哉，何其禮也！』既而契丹主屏人謂拱辰曰：『吾有頑弟，他日得國，恐南朝未易高枕也。』」夢溪筆談卷二五：「唐風俗，人在遠或閨門間，則使人傳拜以爲敬。本朝兩浙仍有此俗。客至，欲致敬於閨閫，則立使人而拜之；使人入見所禮，乃再拜致命。若有中外，則答拜。使人出，復拜客，客與之爲禮如賓主。慶曆中，王君貺使契丹。宴君貺於混融江（沈括家諱同作融），觀釣魚。臨歸，戎主置酒謂君貺曰：『南北修好歲久，恨不得親見南朝皇帝兄，託卿爲傳一杯酒到南朝。』乃自起酌酒，容甚恭，親授君貺，舉杯，又自鼓琵琶，上南朝皇帝千萬歲壽。先是戎主之弟宗元爲燕王，有全燕之衆，久蓄異謀。戎主恐其陰附朝廷，故特效恭順，宗元後卒以稱亂誅。」景文集卷四四禦戎論二云：「敵主懦庸，其弟悍剽好戰，本許傳國，故盡以奚、契丹兵屬之，敵主有子且長，更爲王，以燕、薊華人屬之，然其弟當（常）右番卑漢，數請犯中國，子常佐漢，願與中國和，故敵主依違不能有所決。華人之輔政者，皆附主與子；蕃長之當國者附其弟。是一軀裂爲二支，禍難待時作耳。有如君長一日病死，其弟即位，愛子能相下爲君臣乎？能爲君臣無疑忌乎？華蕃大臣，能合而不限乎？內不能定，必大誅殺，安得不亂。」

富弼使北録：「弼等見契丹國主，太弟宗元、子梁王洪基侍。」

〔三〕按本史卷一六聖宗紀開泰七年五月，「皇子宗元（封）永清軍節度使」，卷六四皇子表作「歷南、北院樞密使」。

〔四〕按本史卷一八興宗紀重熙七年十二月作「判北南院樞密使事」，卷六四皇子表作「歷南、北院樞密使」。

〔五〕按本史卷一九興宗紀重熙十三年九月，「以皇太弟重元、北院樞密使韓國王蕭惠將先鋒兵西征（夏）」。契丹國志卷八：「重熙十三年，帝以弟鄭王宗元加兵馬大元帥，封晉國王。」

〔六〕龍川別志卷下：「慶曆中，契丹使劉六符求和親，賈昌朝館伴，未有以拒之。先是宗真之弟號太弟者用事。横於虜中，因信使常通書幣。仁宗使昌朝謂六符，欲因今使答之。六符辭曰：『此於太后甚善，然於本朝不便。』昌朝因曰：『即如此，欲以太子（宗真之子）求和親，皇帝豈安心乎？』六符不能答，自是和親之議頗息。」長編慶曆二年三月：「初，國主之弟崇元者，號太弟，挾太后勢用事，横於國中。嘗自通書幣。上欲因今使答之，令昌朝問六符。六符辭曰：『此於太后則善，然於本朝不便也。』昌朝曰：『即如此，而欲以梁王求和親，皇帝豈安心乎？』六符不能對，既而敵卒罷結婚之議。」

〔七〕按即蕭孝友，本史卷八七有傳。小字陳留，時已致仕，進封豐國王。以子胡覩附重元，坐誅。

〔八〕契丹國志卷一四魯王宗元傳：「魯王宗元，興宗同母弟也。少而雄耿，狠愎過人。始封鄭王，又加兵馬大元帥，封晉國王。性極殘忍，每出一囚犯死罪者，命衆集（集一作聚）射，斬而臠之。流血滿前，飲啗自若。意志（志一作氣）不臣，每伺時釁。洪基嗣立，奉長樂之命，以爲皇叔。後因遊獵伺閒弑帝，左右遮救得免，宗元併其子洪孝受誅。」

涅魯古，小字耶魯綰。漢名洪孝。〔一〕性陰狠。興宗一見，謂曰：「此子目有反相。」重熙十一年，封安定郡王。十七年，進王楚，爲惕隱。清寧三年，出爲武定軍節度使。〔二〕七年，知南院樞密使事，說其父重元詐病，俟車駕臨問，因行弑逆。

九年秋獵，帝用耶律良之計，遣人急召涅魯古。涅魯古以事泄，遽擁兵犯行宮。南院樞密使許王仁先等率宿衞士討之。涅魯古躍馬突出，爲近侍詳穩渤海阿廝、〔三〕護衞蘇射殺之。

〔一〕以上四字，據契丹國志卷一四補。

〔二〕清寧三年，三原誤二。按本史卷二一道宗紀出爲武定軍節度，在清寧三年三月，據改。又按道宗紀清寧元年十二月，楚王涅魯古徙封吴王；二年十一月吴王涅魯古進封楚國王。

〔三〕按本史卷二二道宗紀清寧九年七月同。近侍詳穩渤海，當作渤海近侍詳穩。卷九六蕭德傳云「斬涅魯古首以獻」，應是先經射殺，隨即獻首請功。

滑哥，字斯懶，隋國王釋魯之子。性陰險。初烝其父妾，懼事彰，與剋蕭臺哂等共害其父，歸咎臺哂，滑哥獲免。

太祖即位，務廣恩施，雖知滑哥兇逆，姑示含忍，授以惕隱。六年，滑哥預諸弟之亂。事平，羣臣議其罪，皆謂滑哥不可釋，於是與其子痕只俱陵遲而死，敕軍士恣取其産。帝曰：「滑哥不畏上天，反君弑父，其惡不可言。諸弟作亂，皆此人教之也。」

遼史補注卷百十三

列傳第四十三

逆臣中

蕭翰　耶律牒蠟　耶律朗　耶律劉哥 盆都

耶律海思　耶律敵獵　蕭革

蕭翰，一名敵烈，〔一〕字寒真，宰相敵魯之子。

天贊初，唐兵圍鎮州，節度使張文禮遣使告急。翰受詔與康末怛往救，克之，殺其將李嗣昭，拔石城。會同初，領漢軍侍衛。八年，伐晉，敗晉將杜重威，追至望都。翰奏曰：「可令軍下馬而射。」帝從其言，軍士步進。敵人持短兵猝至，我軍失利。帝悔之曰：「此吾用言之過至此！」及從駕入汴，爲宣武軍節度使。

會帝崩欒城，世宗即位。翰聞之，委事於李從敏，〔二〕徑趨行在。是年秋，世宗與皇太后相拒於潢河橫渡，和議未定。太后問翰曰：「汝何怨而叛？」對曰：「臣母無罪，太后殺之，以此不能無憾。」初耶律屋質以附太后被囚，翰聞而快之，即囚所謂曰：「汝嘗言我輩不及，今在狴犴，何也？」對曰：「第願公不至如此！」翰默然。天祿二年，尚帝妹阿不里。後與天德謀反，下獄。復結惕隱劉哥及其弟盆都亂，耶律石剌告屋質，屋質遽入奏之，翰等不伏。帝不欲發其事，屋質固諍以爲不可，乃詔屋質鞫按。翰伏辜，帝竟釋之。〔三〕復與公主以書結明王安端反，屋質得其書以奏，翰伏誅，〔四〕阿不里瘐死獄中。〔五〕

〔一〕本史卷二太祖紀天贊元年四月作郎君迭烈，與康末怛同受命援張文禮。

舊五代史卷九八蕭翰傳：「蕭翰者，契丹諸部之長也。父曰阿巴。劉仁恭鎮幽州，阿巴曾引衆寇平州，仁恭遣驍將劉雁郎與其子守光率五百騎先守其州，阿巴不知，爲郡人所紿，因赴牛酒之會，爲守光所擒。契丹請贖之，仁恭許其請，尋歸。阿巴妹爲阿保機妻，則契丹主德光之母也。翰有妹，亦嫁於德光，故國人謂翰爲國舅。契丹入東京，以翰爲宣武軍節度使。契丹比無姓氏，翰將有節度之命，乃以蕭爲姓，翰爲名。自是翰之一族皆稱姓蕭。契丹主北去，留翰以鎮河南。時漢高祖已建號於太原，翰懼，將北歸，慮京師無主，則衆皆爲亂，乃遣蕃騎至洛京迎唐明宗幼子許王從益知南朝軍國事。從益至，翰率蕃將拜於殿上。翌日，翰乃輦其寶貨鞍轡而北。漢人以許王既立，不復爲亂，果中其狡計。翰行至鎮州，遇張礪，翰以舊事致忿，就第數其失而鎖之。」契丹國志卷一七蕭翰傳：「翰最殘忍，工騎射。太宗與張敬達交鋒，翰等自東北起，衝唐兵爲二，唐兵大敗，步兵死者萬人。」

〔二〕按舊五代史卷五一、契丹國志卷一七、通鑑天福十二年五月並作李從益知南朝軍國事。

〔三〕按本史卷五世宗紀天禄二年正月，「天德、蕭翰、劉哥、盆都等謀反。誅天德，杖蕭翰，遷劉哥於邊，罰盆都使轄戛斯國」。

〔四〕舊五代史卷九八蕭翰傳：「翰歸本國，爲永康王兀欲所鎖，尋卒於本土。」

〔五〕以上七字，據本史卷五世宗紀天禄三年正月增。

牒蠟，字述蘭，〔一〕六院夷離菫薄古只之後。天顯中，爲中臺省右相。會同元年，與趙思温持節册晉帝。〔二〕及我師伐晉，至滹沱河，降晉將杜重威，牒蠟功居多。大同元年，平相州之叛，斬首數萬級。世宗即位，遣使馳報，仍命牒蠟執偏將朮者以來。其使誤入朮者營，朮者得詔，反誘牒蠟，執送太后。牒蠟亡歸世宗。和約既成，封燕王，爲南京留守。〔三〕

天祿五年，察割弒逆，牒蠟方醉，其妻扶入察割之幕，因從之。明旦，壽安王討亂，凡脅從者皆棄兵降；牒蠟不降，陵遲而死。妻子皆誅。

〔一〕新五代史、通鑑、五代會要並作燕王述軋。

〔二〕會同元年，元，原誤二，按本史卷四太宗紀此事在會同元年七月，新、舊五代史、通鑑並同，據改。又會同四年五月，「吐谷渾夷離菫蘇等叛入晉，遣牒蠟往諭晉及太原守臣」。

〔三〕全遼文卷四李内貞墓誌作燕京留守、南面行營都統燕王達剌。

朗，字歐新，〔一〕季父房罨古只之孫。〔二〕性輕佻，多力，人呼爲「虎斯」。天顯間以材勇進，每戰輒克，由是得名。〔三〕

會同九年，太宗入汴，命知澶淵，控扼河渡。〔四〕天祿元年，燕、趙已南皆應劉知遠，朗與汴守蕭翰棄城歸闕。〔五〕先是，朗祖罨古只爲其弟轄底詐取夷離菫，自是族中無任六院職事者；世宗不悉其事，以朗爲六院大王。

及察割作亂，遣人報朗曰：「事成矣！」朗遣詳穩蕭胡里以所部軍往，命曰：「當持兩端，助其勝者。」穆宗即位，伏誅，籍其家屬。

〔一〕契丹國志卷一七耶律郎五傳：「耶律郎五，即耶律忠，國主族人也。」

〔二〕本史卷一一二轄底傳：「轄底字涅烈袞，肅祖孫夷離堇帖剌之子。遥輦痕德堇可汗時，異母兄罨古只爲迭剌部夷離堇。……轄底自立爲夷離堇。與于越釋魯同知國政。」轄底爲帖剌之子，異母兄罨古只，則應屬六院夷離堇房非季父房。

〔三〕五代會要卷二九：「天福七年（會同五年）四月，高祖不豫。六月崩，少帝嗣立。八月，（契丹）遣使郎五來致弔，兼獻衣服鞍馬等。」新五代史卷九晉出帝紀同。

〔四〕契丹國志卷一七耶律郎五傳：「太宗南攻石晉，郎五扈從，累有戰功。太宗入大梁，以郎五爲鎮寧節度使。」通鑑天福十二年宋本有「族人郎五爲鎮寧節度使」十字，元本脱。

〔五〕契丹國志卷一七耶律郎五傳：「郎五性殘虐，澶州人苦之。賊帥王瓊率其徒千餘人，襲據南城，北渡浮航，縱兵大掠，圍郎五於牙城。郎五聞漢平鄴都杜重威，常懼華人爲變。未幾，朗五與麻荅等焚掠定州，悉驅其人棄城北去。方廣千里，剽掠殆盡。」（通鑑天福十二年同）。通鑑天福十二年八月：「契丹（自恒州）懼而北遁，麻荅、劉晞、崔廷勳皆奔定州，與義武節度使耶律忠合。忠，即郎五也。」胡注：「郎五，初鎮澶州而兵亂，契丹又使鎮定州。」又乾祐元年三月，「初，契丹主北歸，至定州，以義武節度副使耶律忠爲節度使。忠聞鄴都既平，常懼華人爲變。忠與麻荅等焚掠定州，悉驅其人棄城北去。」

劉哥，〔一〕字明隱，太祖弟寅底石之子。〔二〕幼驕狠，好陵侮人，長益兇狡。太宗惡之，使守邊徼，累遷西南邊大詳穩。

會同十年，叔父安端從帝伐晉，以病先歸，〔三〕與劉哥鄰居。世宗立於軍中，安端議所往，劉哥首建附世宗之策，以本部兵助之。時太后命皇太弟李胡率兵而南，劉哥、安端遇於泰德泉。既接戰，安端墜馬。王子天德馳至，欲以鎗刺之。劉哥以身衛安端，射天德，貫甲不及膚。安端得馬復戰，太弟兵敗。劉哥與安端朝于行在。及和議成，太后問劉哥曰：「汝何怨而叛？」對曰：「臣父無罪，太后殺之，以此怨耳。」〔四〕事平，以功爲惕隱。

天禄中，與其弟盆都、王子天德、侍衛蕭翰謀反，耶律石刺發其事，劉哥以飾辭免。後請帝博，欲因進酒弒逆，帝覺之，不果，被囚。一日，召劉哥，鎖項以博。帝問：「汝實反耶？」劉哥誓曰：「臣若有反心，必生千頂疽死！」遂貫之。耶律屋質固諍，以爲罪在不赦。上命屋質按之，具服。詔免死，流烏古部，果以千頂疽死。弟盆都。〔五〕

盆都，殘忍多力，膚若蛇皮。天禄初，以族屬爲皮室詳穩。二年，與兄劉哥謀反，免死，使於轄戛斯國。既還，復預察割之亂，陵遲而死。

異母弟二人：化葛里、奚蹇。應曆初，無職任，以族子，甚見優禮。三年，或告化葛里、奚蹇與衛王宛謀逆，下獄，飾辭獲免。四年春，復謀反，伏誅。

〔一〕本史卷五世宗紀天禄元年六月、卷六六皇族表、卷七七耶律屋質傳同；卷六四皇子表、卷七二李胡傳並作留哥。

〔二〕弟，原誤兄，據本史卷六四皇子表改。

〔三〕按本史卷四太宗紀太宗伐晉，始於會同六年十二月，至九年十二月晉帝出降，十年二月已改元大同。索隱卷八云：「安端以其年（十年）正月先歸，故本其自南歸北言之，仍曰會同十年，不曰大同元年。」

〔四〕按本史卷六四皇子表：「淳欽皇后遣司徒劃沙殺于路。」

〔五〕本史卷六六皇族表原作盆哥。見本書卷六六注〔三〕。

海思，字鐸衮，隋國王釋魯〔一〕之庶子。機警口辯。

會同五年，詔求直言。時海思年十八，衣羊裘，乘牛詣闕。有司問曰：「汝何故來？」對曰：「應詔言事。苟不以貧稚見遺，亦可備直言之選。」有司以聞。會帝將出獵，使謂曰：「俟吾還則見之。」海思曰：「臣以陛下急於求賢，是以來耳；今反緩於獵，請從此歸。」帝聞，即召見賜坐，問以治道。命明王安端與耶律頗德試之，數日，安端等奏曰：「海思之材，臣等所不及。」帝召海思問曰：「與汝言者何如人也？」對曰：「安端言無收檢，若空車走峻坂；頗德如着靴行曠野射鴇。」帝大笑。擢宣徽使，屢任以事。帝知其貧，以金器賜之，海思即散于親友。後從帝伐晉有功。

世宗即位於軍中，皇太后以兵逆於潢河橫渡。太后遣耶律屋質責世宗自立。屋質至帝前，諭旨不屈；世宗遣海思對，亦不遜，且命之曰：「汝見屋質勿懼！」海思見太后還，不稱旨。既和，領太后諸局事。

穆宗即位，與冀王敵烈謀反，死獄中。

〔一〕釋魯，本書卷七二有補傳。按下文海思，會同五年（九四二）年十八，則應生於天贊四年（九二五），釋魯卒於太祖即位之前，庶子疑是孫之誤。

敵獵，字烏輦，六院夷離堇朮不魯之子。少多詐。

世宗即位，爲羣牧都林牙。察割謀亂，官僚多被囚繫。及壽安王與耶律屋質率兵來討，諸黨以次引去。察割度事不成，即詣囚所，持弓矢脅曰：「悉殺此曹！」敵獵進曰：「殺何益於事？竊料屋質將立壽安王，故爲此舉，且壽安未必知。若遣人借此爲辭，庶可免。」察割曰：「如公言。誰可使者？」敵獵曰：「大王若不疑，敵獵請與罨撒葛同往説之。」察割遣之。壽安王用敵獵計，誘殺察割，凡被脅之人無一被害者，皆敵獵之力。

亂既平，帝嘉賞，然未顯用。敵獵失望，居常怏怏，結羣不逞，陰懷不軌。應曆二年，與其黨謀立婁國，事覺，陵遲死。〔一〕

〔一〕按本史卷六穆宗紀作林牙敵烈，「應曆二年七月，政事令婁國、林牙敵烈等謀亂就執。八月，婁國等伏誅」。

蕭革，小字滑哥，字胡突堇，國舅大父〔二〕房林牙和尚之子。警悟多智數。太平初，累遷官職。游近習間，以謏悦相比昵，爲流輩所稱，由是名達於上。

重熙初，拜北面林牙。十二年，爲北院樞密副使。帝嘗與近臣宴，謂革曰：「朕知卿才，故自拔擢，卿宜勉力！」革曰：「臣不才，誤蒙聖知，無以報萬一；惟竭愚忠，安敢怠？」明年，拜北府宰相。十五年，改同知北院樞密使事。〔二〕革怙寵專權，同僚具位而已。時夷離畢耶律義先知革姦佞，因侍燕，言革所短，用之將敗事。帝不聽。一日，上令義先對革巡擲，〔三〕義先酒酣曰：「臣備位大臣，縱不能進忠去佞，安能與賊博乎！」革銜之，佯言曰：「公相謔，不既甚乎！」義先詬詈不已。帝怒，皇后解之曰：「義先酒狂，醒可治也。」翌日，上詔革謂曰：「義先無禮，可痛繩之。」革曰：「義先之才，豈逃聖鑒！然天下皆知忠直。今以酒過爲罪，恐咈人望。」帝以革犯而不校，眷遇益厚。其矯情媚上多此類。拜南院樞密使，詔班諸王上，封吴王。〔四〕改知北院，進王鄭，兼中書令。帝大漸，詔革曰：「大位不可一日曠，朕若弗瘳，宜即令燕趙國王嗣位。」

清寧元年，復爲南院樞密使，更王楚。〔五〕復徙北院，與國舅蕭阿剌同掌朝政。革多私撓，阿剌每裁正之，由是有隙，出阿剌爲東京留守。會南郊，〔六〕阿剌以例赴闕，帝訪羣臣以時務，阿剌陳利病，言甚激切。革伺帝意不悦，因譖曰：「阿剌恃寵，有慢上心，非臣子禮。」帝大怒，縊阿剌于殿下。

後上知革姦計，寵遇漸衰。八年，致仕，封鄭國王。九年秋，革以其子爲重元婿，革〔七〕預其謀，陵遲殺之。

〔一〕「大父」二字原缺。據本史卷八六蕭和尚傳補。

〔二〕使字原脱，參本史卷二〇興宗紀重熙十九年三月及卷四五百官志一補。

〔三〕巡擲指雙陸。

〔四〕按本史卷二〇興宗紀重熙二十一年七月，「以南院樞密使蕭革爲北院樞密使，封吴王」。

〔五〕按本史卷二一道宗紀清寧四年六月，「以北院樞密使鄭王蕭革爲南院樞密使，徙封楚王」。

〔六〕本史卷九〇蕭阿剌傳作行瑟瑟禮，即祭天。

〔七〕按文意下一革字似可省。馮校謂上一革字當作帝，亦勉可通。按本史卷二二道宗紀清寧九年七月，附重元者有駙馬都尉（蕭）參及弟朮者、圖骨等人。參即重元婿，尚因八公主者。

遼史補注卷百十四

列傳第四十四

逆臣下

蕭胡覩　蕭迭里得　古迭　耶律撒剌竹　奚回离保　蕭特烈

蕭胡覩，字乙辛。口吃，視斜，髮鬈，伯父孝穆見之曰：「是兒狀貌，族中未嘗有。」及壯，魁梧桀傲，好揚人惡。

重熙中，爲祗候郎君。俄遷興聖宮使，尚秦國長公主，授駙馬都尉。以不諧離婚，復尚齊國公主，爲北面林牙。

清寧中，歷北、南院樞密副使，代族兄朮哲爲西北路招討使。時蕭革與蕭阿剌俱爲樞密使，不協，革以朮哲爲阿剌所愛，嫉之。朮哲受代赴闕，先嘗借官粟，留直而去。胡覩希革意，發其事，朮哲因得罪。

胡覩又欲要權，歲時獻遺珍玩、畜産于革，二人相愛過于兄弟。胡覩族弟敵烈爲北剋，薦國舅詳穩蕭胡篤于胡覩，胡覩見其辨給壯勇，傾心交結。每遇休沐，言論終日，人皆怪之。會胡覩同知北院樞密事，奏胡篤及敵烈可用，帝以敵烈爲旗鼓拽剌詳穩，胡篤爲宿直官。及革搆陷其兄阿剌，胡篤陰爲之助，時人醜之。

耶律乙辛知北院樞密事，胡覩位在乙辛下，意怏怏不平。初，胡覩嘗與重元子涅魯古謀逆，欲其速發。會車駕獵太子山，遂與涅魯古脅弩手軍犯行宮。既戰，涅魯古中流矢而斃，衆皆逃散。時同黨耶律撒剌竹適在圍場，聞亂，率獵夫來援。其黨謂胡覩等曰：「我軍甚衆，乘其無備，中夜決戰，事冀有成；若至明日，其誰從我？」胡覩曰：「倉卒中，黑白不辨。若内外軍相應，則吾事去矣。黎明而發，何遲之有！」重元聽胡覩之計，令四面巡警待旦。是夜，同黨立重元僭位號，胡覩自爲樞密使。

明日戰敗，胡覩被創，單騎遁走，至十七濼，投水死。五子，同日誅之。

蕭迭里得，字胡覩堇，國舅少父房之後。父雙古，尚鈿匿公主，〔一〕仕至國舅詳穩。

迭里得幼警敏不羈，好射獵。太平中，以外戚補祗候郎君，歷延昌宮使、殿前副點檢。

重熙十三年伐夏，迭里得將偏師首入敵境，多所俘掠，遷都點檢，改烏古敵烈部都詳穩。十八年，再舉西伐，迭里得奏：「軍馬器械之事，務在選將，夏人豈爲難制。但嚴設斥堠，不用掩襲計，何慮不勝？」帝曰：「卿其速行，無後軍期。」既而迭里得失利還，復爲都點檢。十九年，夏人來侵金肅軍，上遣迭里得率輕兵督戰，至河南三角川，斬候者八人，擒觀察使，以功命知漢人行宮都部署事，出爲西南面招討使。

族弟黃八家奴告其主私議宮掖事，迭里得寢之。事覺，決大杖，削爵爲民。清寧中，上以所坐事非迭里得所犯，起爲南京統軍使。至是，從重元子涅魯古等亂，敗走被擒，伏誅。

〔一〕本史卷六五公主表：「聖宗女。蕭氏生一女。鈿匿第六。下嫁蕭雙古。」

古迭，本宮分人，不知姓氏。好戲狎，不喜繩檢。膂力過人，善擊鞠。重熙初，爲護衞，歷宿直官。十三年，西征，以古迭爲先鋒。夏人伏兵掩之，古迭力戰，麾下士多殁，乃單騎突出。遇夏王李元昊來圍，勢甚急。古迭馳射，應弦輒仆；躍馬直擊中堅，夏兵不能當，晡乃還營。改興聖宮太保。

清寧九年，從重元、涅魯古亂，與扈從兵戰，敗而遁，追擒之，陵遲而死。

撒剌竹，孟父房滌冽之孫。性兇暴。

清寧中，累遷宣徽使，改殿前都點檢，首與重元謀亂。會帝獵灤河，重元恐事泄，與扈從軍倉卒而戰。其子涅魯古既死，同黨潰散。撒剌竹適在畋所，聞亂，劫獵夫以援。既至，知涅魯古已死，大悔恨之，謂曰：「我輩惟有死戰，胡爲若兒戲，自取殞滅？今行宮無備，乘夜劫之，大事可濟。若俟明旦，彼將有備，安知我衆不携貳。一失機會，悔將無及。」重元、蕭胡覩等曰：「今夕但可四面圍之，勿令外軍得入，彼何能備！」不從。遲明，投仗而走，撒剌竹戰死。

奚回離保，一名翰，字援懶，〔一〕奚王忒鄰之後。善騎射，趫捷而勇，與其兄鼊里剌齊名。

大安中，車駕幸中京，補護衛，稍遷鐵鷂軍詳穩。天慶間，徙北女直詳穩，兼知咸州路兵馬事，改東京統軍。既而諸蕃入寇，悉破之，遷奚六部大王，兼總知東路兵馬事。〔二〕保大二年，金兵至，天祚播遷，回离保率吏民立秦晉國王淳爲帝。淳僞署回离保知北院樞密事，兼諸軍都統，〔三〕屢敗宋兵。〔四〕淳死，其妻普賢女攝事。是年，金兵由居庸關入，回离保知北院，即箭笴山自立，號奚國皇帝，改元天復，〔五〕設奚、漢、渤海三樞密院，改東、西節度使爲二王，分司建官。

時奚人巴輒、韓家奴等引兵擊附近契丹部落，劫掠人畜，羣情大駭。會回离保爲郭藥師所敗，一軍離心，其黨耶律阿古哲與其甥乙室八斤等殺之，僞立凡八月。〔六〕

〔二〕按宋史卷二二徽宗紀作遼將蕭幹。三朝北盟會編政宣上帙六引茅齋自叙注：「四軍大王者，奚人蕭幹，小字夔離不，常（嘗）統契丹、渤海、奚、漢四軍，故號四軍大王。」

〔三〕金史卷六七回离保傳：「奚有五王族，世與遼人爲昏，因附姓述律氏中。奚有十三部、二十八落、一百一帳、三百六十二族。甲午歲（天慶四年），太祖破耶律謝十，諸將連戰皆捷，奚鐵驪王回离保以所部降，未幾，遁歸于遼。及遼主使使請和，太祖曰：『歸我叛人阿疎、降人回离保、迪里等，餘事徐議之。』」

〔三〕按本史卷二九天祚帝紀保大二年三月作「北（院）樞密使」。金史卷六七本傳：「遼主亡走天德。回离保與遼大臣立秦晉國王耶律捏里于燕京。」

〔四〕三朝北盟會編政宣上帙七：「宣和四年五月二十六日癸未，种師道裨將楊可世爲大石林牙掩敗於蘭溝甸。二十九日丙戌，种師道進兵白溝，爲大石林牙、蕭幹掩擊，不戰而還。六月三日庚寅，种師道回軍雄州，再爲掩擊。」

〔五〕按本史卷二九天祚帝紀保大二年十一月，金兵下居庸關。三年正月，「奚王回离保僭號，稱天復元年」。契丹國志卷一二稱回离保建元「天興」，三朝北盟會編作「天阜」。會編引宋詔書及十朝綱要、大金國志並作「天嗣」。

金史卷六七本傳：「太祖入居庸關，蕭妃自古北口出奔。回离保至盧龍嶺，遂留不行，會諸奚吏民于越里部，僭稱帝，改元天復，改置官屬，籍渤海、奚、漢丁壯爲軍。太祖詔回离保曰：『聞汝脅誘吏民，僭竊位號。遼主越在草莽，大福不再。汝之先世，臣服於遼，今來臣屬，與昔何異。汝與余睹有隙，故難其來。余睹設有睚眦，朕豈從之，倘能速降，盡釋汝罪，仍俾主六部族，總山前奚衆，還其官屬財産。若尚執迷，遣兵致討，必不汝赦。』回离保不聽。」

〔六〕按回离保於保大三年正月自立，五月爲衆所殺，實不及八月。

金史卷六七本傳：「天輔七年五月（保大三年），回离保南寇燕地，敗於景、薊間，其衆奔潰。耶律奧古哲及甥八斤、家奴白底哥等殺之。其妻阿古聞之，自剄而死。先是，速古部人據劾山，奚路都統撻懶招之不服，往討之。鐵泥部衆扼險拒戰，殺之殆盡。至是速古、啜里、鐵泥三部所據十三巖皆討平之。達魯古部族節度使乙列已降復叛，奚馬和尚討達魯古并五院司等諸部，諸部皆降，遂執乙列，杖之一百，其父及其家人先被獲者皆還之。初，太祖破遼兵于達魯古城，九百奚營來降。至是，回离保死，奚人以次附屬，亦各置猛安謀克領之。」

長編拾補宣和五年八月：「夔離不者，蕭幹也。金人既入燕京，幹就奚王府自立爲神聖皇帝，國號大奚，改元天嗣。（原注：封氏編年書此，係四年十二月十二日。案：金人于四年十二月六日入燕，故封有功編年係此于十二日，陳桱通鑑續編、薛應旂宋元通鑑並曰：『五年春正月，遼知北樞密院事奚回离保即箭笴山自立爲奚國皇帝，改元天復。二月，蕭幹奔奚，金人既陷燕，幹就奚王府自立爲神聖皇帝，國號大奚，改元天嗣。五月，奚回离保爲郭藥師所敗，其下阿古哲等殺之。八月，蕭幹爲郭藥師破，幹遁，爲其下所殺，傳首京師。』畢沅續通鑑，回离保又改作和勒博。此以回离保、蕭幹爲兩人。葉隆禮契丹國志曰：『蕭后東歸以避金人，至松亭關議所往。耶律大石林牙，遼人也。欲歸天祚。四軍大王蕭幹，奚人也，欲就奚王府立國。有宣宗駙馬都尉蕭勃迭曰：「今日固合歸天祚，然而有何面目相見。」林牙斬之，傳令有異議者斬。于是遼、奚軍各列陣相拒而分矣。遼軍從林牙挾蕭后歸天祚于夾山。奚、渤海軍從幹留奚王府。幹據府自立，號神聖皇帝，國號大奚，改元天興。』又曰：『七月，蕭幹既敗于腰鋪，其黨夔离不在峯山亦敗。』遼史逆臣傳以回离保即四軍蕭幹，然契丹國志則又以蕭幹、夔离不分爲兩人，而改元又爲天興，衆説不同如此。然三朝北盟會編及大金國志並云蕭幹即四軍夔离不，自立爲奚帝，改元天嗣，與紀事同，並無回离保，而遼史所云立燕王敗宋兵皆夔离不事，况遼史本云：燕王立，以蕭幹知北樞密院事，蓋傳聞互異，遂誤爲二。實則和勒博、回离保、夔离不蕃音通轉，三稱止一人也。）時奚人飢，幹出盧龍嶺，攻破景州，又敗常勝軍張令徽、劉舜臣於石門鎮，陷薊州，寇掠燕城，其鋒甚鋭，有涉河犯京師之意。人情洶洶，頗有謀棄燕者。童貫自京城移文王安中、詹度、郭藥師等切責之。已而安中命藥師大破其衆，乘勝窮追過盧龍嶺，殺傷大半，從軍之家，悉爲常勝軍所得，招降奚、渤海五千餘人。（原注：此據金盟本末所載。）生禽阿魯太師，獲耶律德光尊號寶檢、契丹塗金印等。幹遁去。尋爲其部下自得哥所殺。（案：其部下自得哥所殺，三朝北盟會編作其部第白得哥殺之。自字恐誤。契丹國志止作部曲得哥殺之。）傳首至河間府，安撫司詹度上之。（紀事本末卷百四十四。案：續宋編年資治通鑑：「遼將夔離不，即蕭幹也。……幹遁去，爲其下所殺，傳首京師。」宋史係之八月末，不書日。三朝北盟會編同係八月十五日。宣和録曰：「太傅王黼等表賀宣撫司奏奚賊四軍夔離不率衆出犯景、薊，大兵討伐。八月十五日于峯山遇。王師大捷，斬獲三千級，生禽僞阿魯太師，俘執數千人。十七日追至盧龍嶺，招納二萬餘衆。獲耶律德光僞尊號寶檢、契丹塗金印數十，輜重、器甲、牛羊、牲口不可勝計。及進兵撫諭，招燕州令復從金國。九月六日乙巳，以詹度知河間府，蔡靖同知燕山府，兩易其任。十一月十八日丁卯，檢校少保慶遠軍節度使、河北、河東燕山府路安撫使、知燕山府王安中授檢校少傳，起復檢校少保；太尉、武信軍節度使充上清寶籙宮使兼神霄玉清萬壽宮副使，直睿思殿充河北、河東、燕山府路宣撫使譚稹，起復檢校少傅；檢校少傅、集慶軍節度使、同知燕山府郭藥師授太尉，並賞破蕭幹功也。六年正月六日乙卯，河間府詹度得蕭幹首級，上于朝。十四日癸亥，以獲耶律寶檢金印及得夔離不首，奏告宗廟社稷。皇帝御紫宸殿受賀，下詔書曰：『屬者虜政暴荒，天用剿絶其國。朕誕膺帝命，克紹光猷，取亂侮亡，恢復疆土。施大澤於燕、雲之人，舊俗來歸，如水就下，沛然莫之能禦，獨僞四軍大王夔離不者，悖衆逆命，前年曾首犯王師于白溝河，繼復旅拒燕城，爰命偏師，攻於廣陽之北，乃敢干天之紀，擅即僞位，號神聖皇帝，改年天嗣，襲虜正統。去年輒率其旅若林，出寇景、薊，毒痡醜類，矯誣神人，罪不容誅。爰飭六師，大敗之于峯山，隻輪不返。甲辰傳首京師，惟予克相上帝，以遏亂畧，皇天助順，宗祐垂休，有此駿功，朕敢專享？可擇日遣官，奏告宗廟社稷，御紫宸殿受賀。其夔離不首級，依典禮送大社庫，故兹詔示，想宜知悉。』閏三月三日庚辰，太傅王黼奏所俘玉檢僞寶，乞宜付祕書省。奏曰：『耶律氏自阿保機盜據北土，因五季之微，以强聞天下。藝祖志在恢復，而日不暇給，累聖紹休，專以柔馭，至慶曆中，遂敢干天之命，妄以關南縣邑爲請，至有輕視中原之心。仁宗皇帝爲特添歲幣，乃敢要盟，别立要約，使軍書旁午，來易誓文，至詞盡理窮，方少聽命，誓書所著，必欲本朝具言别納金繒之儀，用代賦與之數，是時中國威靈，可謂屈矣！仰惟陛下，天錫勇智，師不踰時，兵不血刃，盡復燕、雲境土，如指諸掌，夔離不傳首之後，既俘石晉所上玉檢，又獲其僞寶，今者疆圉之臣，復以慶曆誓書來上。垂宗廟之宏休，快祖宗之積憤。伏望宣付祕書省，許率百僚拜表稱賀。所有慶曆誓書、國書，乞藏之寶文閣，以示無窮。』從之。」以上云云，并據三朝北盟會編補入。翟耆年籀史曰：「宣和中，獲耶律德光所盜古寶玉尊，形製與黄目尊等，瑩然無少玷缺，在廷諸臣，莫知所用，帝獨識爲周之灌尊，乃詔圜丘祭天之器，仿古盡用吉玉。」契丹國志曰：「六月，奚兵出盧龍嶺，攻破景州，殺守臣劉滋，通判楊伯榮，又敗常勝軍張令徽、劉慶仁于雁門鎮，攻陷薊州，守臣高公輔棄城走，又寇掠燕城。」又曰：「七月，奚兵遇郭藥師于腰鋪，大敗而歸，藥師追襲過盧龍嶺，殺傷過半，從軍老小車乘之就糧于後者，悉爲常勝軍所獲，諸軍既失老小，皆忿怨爲蕭幹所誤，其部曲得哥殺之，傳其首于河間府，安撫使詹度獻于朝。宋徽宗御紫宸殿受賀。是時蕭幹既敗于腰鋪，其黨夔離不在峯山亦敗，生禽僞阿魯太師，常勝軍因此横甚，藥師佐之，朝廷不能制。」以上云云，較各本尤詳，惟以蕭幹、夔離不爲兩人，不知何據，故並存之。遼史逆臣傳曰：回离保亦名幹。……又遼史天祚紀：耶律淳立，幹爲諸軍都統，知北樞密院。倘使回离保與蕭幹爲二，何其行迹脗合如此，當即夔離不無疑也。）

三朝北盟會編政宣上帙一九引謀夏録云：「先是蕭幹敗于峯山，其軍皆失其家，歸怨于幹，其部第白得奇殺之，傳首河間府，詹度上之于朝。」

蕭特烈，字訛都椀，遙輦洼可汗宮分人。乾統中，入宿衞，出爲順義軍節度使。天慶四年，同知咸州路兵馬事。五年，以兵敗奪節度使。

保大元年，遷隗古部節度使。〔一〕及天祚在山西集羣牧兵，特烈爲副統軍。聞金兵將至，特烈諭士卒以君臣之義，死戰于石輦鐸。金兵不戰，特烈伺間欲攻之。天祚喜甚，召嬪御諸子登高同觀，將詫之。金兵望日月旗，知天祚在其下，以勁兵直趨奮擊，無敢當者，天祚遁走。特烈所至，招集散亡，尋爲中軍都統，復敗于梯己山。

天祚決意渡河奔夏，從臣切諫不聽，人情惶懼不知所爲。特烈陰謂耶律兀直曰：「事勢如此，億兆離心，正我輩效節之秋。不早爲計，奈社稷何！」遂共劫梁王雅里，奔西北諸部，僞立爲帝，特烈自爲樞密使。〔二〕

雅里卒，欲擇可立者。會耶律兀直言朮烈才德純備，兼興宗之孫，衆皆曰可，遂僭立焉，特烈僞職如故。未三旬，與朮烈俱爲亂兵所殺。

論曰：遼之秉國鈞，握兵柄，節制諸部帳，非宗室外戚不使，豈不以爲帝王久長萬世之計哉。及夫肆叛逆，致亂亡，皆是人也。有國家者，可不深戒矣乎！

〔一〕隗古部，本史卷三三營衛志下、卷三五兵衛志中並作隗烏古部。

〔二〕按本史卷三〇天祚帝紀保大五年附雅里紀事，雅里改元神曆，以耶律敵列爲樞密使，特母哥副之。

遼史補注卷百十五

列傳第四十五

二國外記

高麗

高麗自有國以來，傳次久近，人民土田，歷代各有其志，然高麗與遼相爲終始二百餘年。

自太祖皇帝神册間，高麗遣使進寶劍。〔一〕天贊三年，來貢。〔二〕太宗天顯二年，來貢。會同二年，受晉上尊號册，遣使往報。

〔一〕按本史卷一太祖紀，高麗進寶劍，在太祖九年十月。又神册三年二月高麗來貢。按此時高麗尚未開國，均應作泰封。

〔二〕按本史卷二太祖紀高麗來貢在天贊四年十月。此言三年若非四年之訛，或是兩次來貢。

聖宗統和三年秋七月，詔諸道各完戎器，以備東征高麗。八月，以遼澤沮洳，罷師。十年，以東京留守蕭恒德伐高麗。十一年，王治遣朴良柔奉表請罪，詔取女直國鴨緑江東數百里地賜之。十二年，入貢。三月，王治遣使請所俘生口，詔續還之，仍遣使撫諭。十二月，王治進妓樂，詔却之。十三年，治遣李周楨來貢，又進鷹。十月，遣李知白奉貢。十一月，遣使册治爲王。遣童子十人來學本國語。〔一〕十四年，王治表乞爲婚姻，以東京留守駙馬蕭恒德女下嫁之。六月，遣使來問起居，自是，至者無時。

十五年，韓彦敬來納聘幣，弔駙馬蕭恒德妻越國公主薨。十一月，治薨，其姪誦遣王同穎來告。十二月，遣使致祭，詔其姪誦權知國事。〔二〕十六年，遣使册誦爲王。二十年，誦遣使賀伐宋之捷。七月，來貢本國地里圖。二十二年，以南伐事詔諭之。二十三年，高麗聞與宋和，遣使來賀。二十六年，進龍鬚草席，及賀中京城。二十七年，承天皇太后崩，遣使報以國哀。二十八年，誦遣魏守愚等來祭。三月，使來會葬。

五月，高麗西京留守康肇弒其主誦，擅立誦從兄詢。〔三〕八月，聖宗自將伐高麗，報宋，遣引進使韓杞宣問詢。詢奉表乞罷師，不許。十一月，大軍渡鴨緑江，康肇拒戰于銅州，敗之。肇復出，右皮室詳穩耶律敵魯擒肇等，追奔數十里，獲所棄糧餉鎧仗，銅、霍、貴、寧等州皆降。詢上表請朝，許之，禁軍士俘掠。以政事舍人馬保祐爲開京留守，安州團練使王八爲副留守。太子太師乙凛將騎兵一千，送保祐等赴京。守將卓思正殺我使者韓喜孫等十人，領兵出拒，保祐等復還。乙凛領兵擊之，思正遂奔西京。圍之五日，不克，駐蹕于城西佛寺。高麗禮部郎中渤海陁失來降。遣排押、盆奴攻開京，遇敵于京西，敗之。詢棄城遁走，遂焚開京，至清江而還。二十九年正月，班師，所降諸城復叛。至貴州南嶺谷，〔四〕大雨連日，霽乃得渡，馬駝皆疲乏，甲仗多遺棄。次鴨緑江，以所俘人分置諸陵廟，餘賜内戚、大臣。

開泰元年，詢遣蔡忠順來乞稱臣如舊，詔詢親朝。八月，遣田拱之奉表，稱病不能朝。詔復取六州之地。二年，耶律資忠使高麗取地，未幾還。三年，資忠復使，如前索地。五月，詔國舅詳穩蕭敵烈、東京留守耶律團石等造浮梁于鴨渌江，城保、宣義、定遠等州。四年，命北府宰相劉慎行〔五〕爲都統，樞密使耶律世良爲副，殿前都點檢蕭虛烈爲都監。慎行挈家邊上，致緩師期，追還之；以世良、虛烈總兵伐高麗。五年，世良等與高麗戰于郭州西，破之。〔六〕六年，樞密使蕭合卓爲都統，漢人行宫都部署王繼忠爲副，殿前都點檢蕭虛烈爲都監進討。蕭合卓攻興化軍不克，師還。七年，詔東平郡王蕭排押爲都統，蕭虛烈爲副統，東京留守耶律八哥爲都監，復伐高麗。十二月，蕭排押與戰于茶、陀二河之間，我軍不利，天雲、右皮室二軍没溺者衆，天雲軍詳穩海里、遥輦帳詳穩阿果達、客省使酌古、渤海詳穩高清明等皆没于陣。八年，詔數排押討高麗罪，釋之。加有功將校，益封戰没將校之妻，録其子弟。以南皮室軍校有功，〔七〕賜衣物銀絹有差，出金帛賜肴里、涅哥二奚軍。八月，遣郎君曷不吕等率諸部兵，會大軍同討高麗。詢遣使來乞貢方物。九年，資忠還，以詢降表進，釋詢罪。

太平元年，詢薨，〔八〕遣使來報嗣位，即遣使册王欽爲王。九年，賜欽物。十一年，聖宗崩，遣使告哀。七月，使來慰奠。

〔一〕按本史卷一三聖宗紀統和十四年三月，「高麗復遣童子十人來學本國語」。先後共二十人。

〔二〕誦，原誤「記」，據下文及道光殿本改。

〔三〕按宋史卷四八七高麗傳作「誦卒，弟詢權知國事」。

〔四〕貴州，原誤「貴德州」，據本史卷一五聖宗紀統和二十八年十一月、二十九年正月改。南嶺谷，二十九年正月作南峻嶺谷。

〔五〕本史卷一五聖宗紀開泰四年五月作劉晟。參見卷八六慎行子劉六符傳。

〔六〕本史卷一五聖宗紀開泰五年正月作耶律世良與蕭屈烈討高麗，卷七〇屬國表作耶律世良與蕭善寧東討高麗。

〔七〕「軍校」二字原缺，據本史卷一六聖宗紀開泰八年六月補。

〔八〕按高麗史卷五，詢卒於辛未年（遼太平十一年）五月辛未。本史卷一六聖宗紀作詢卒於太平二年十二月辛丑，亦誤。全遼文卷六韓橁墓誌銘：「太平五年，乃命使高麗國，賀王詢之誕辰也。」高麗史卷五顯宗十六年（太平五年）七月，「契丹遣監門衛大將軍韓橁來賀生辰」，與橁誌合，本史誤。

興宗重熙七年，來貢。十二年三月，以加上尊號，來賀。十三年，遣使來貢。十四年三月，又來貢。十五年，入貢。八月，王欽薨，遣使來告。十六年，來貢。明年，又來貢。十九年，復貢。六月，遣使來賀伐夏之捷。二十二年，入貢。二十三年四月，王徽請官其子，詔加檢校太尉。

興宗崩，道宗即位，清寧元年八月，遣使報國哀，以先帝遺留物賜之。十一月，使來會葬。二年、三年，皆來貢。四年春，遣使報太皇太后哀。五月，使來會葬。九年，以大藏經賜徽。〔一〕咸雍七年、八年，來貢。〔二〕十二月，以佛經一藏賜徽。九年、十年，來貢。大康二年三月，皇太后崩，遣使報哀。〔三〕六月，使來弔祭。四年，王徽乞賜鴨渌江以東地，不許。九年八月，王徽薨，以徽子三韓國公勳權知國事。十二月，勳薨。大安元年，册勳弟運爲國王。〔四〕二年，遣使來謝封册。三年，來貢。四年三月，免歲貢。五年、六年，連貢。九年，賜王運羊。十年，運薨，子昱遣使來告，即賻贈。壽隆元年，來貢。〔五〕十一月，王昱病，命其叔顒權知國事。〔六〕二年，來貢。三年三月，王昱薨。五年，王顒乞封册。六年，封顒爲三韓國公。

七年，道宗崩，天祚即位，改爲乾統元年，報道宗哀，使來慰奠。十二月，遣使來賀。五年，三韓國公顒薨，子俁遣使來告。〔七〕八年，封俁爲三韓國公，贈其父顒爲國王。〔八〕十二月，遣使來謝。九年，來貢。天慶二年，王俁母薨，來告，遣使致祭，起復。三年，遣使來謝致祭，又來謝起復。十年，乞兵于高麗以禦金，而金人責之。〔九〕至是遼國亡矣。

〔一〕以上八字原闕，據高麗史卷八「文宗十七年（清寧九年）三月丙午，契丹送大藏經，王備法駕迎於西郊」增補。

〔二〕咸雍二字原脱，據本史卷二二道宗紀咸雍七年十一月，卷二三道宗紀咸雍八年六月來貢補。

〔三〕二，原誤「元」，按本史卷二三道宗紀，太康二年三月皇太后崩，遣使報哀於高麗，據改。

〔四〕按高麗史卷九，文宗徽傳位於太子勳，是爲順宗。勳死於大康九年十月乙未，傳位於弟運，是爲宣宗。勳、運均爲徽之子，運爲勳之弟。原誤勳子運，今改正。

〔五〕高麗史卷一一：「肅宗四年（壽昌五年）四月丁亥，遼遣横宣使、寧州管内觀察使蕭朗來，兼賜藏經。」

〔六〕顒，宋史卷四八七高麗傳作熙，並云：「後避遼主諱，改名顒。」熙、禧同音嫌名。又「叔」原誤「子」，即以顒爲昱之子。按高麗史卷一〇，昱繼承王位時，「獻宗元年八月乙丑，以太叔雞林公熙爲中書令，百官就邸陳賀」。又卷一一：「肅宗諱顒字天常，古諱熙，文宗第三子，順宗母弟。獻宗即位，進守太師兼中書令。明年八月爲中書令。十月，獻宗下制禪位。」顒非昱之子而爲其叔，據改。

〔七〕高麗史卷一二：「睿宗二年（乾統七年）正月庚寅，遼遣高存壽來賀生辰，仍賜大藏經。」

〔八〕參本書卷二七天祚帝紀乾統八年注〔二〕。

〔九〕三國遺事卷三：「本朝睿廟時（睿宗十七年，保大二年），慧照大師市遼本大藏三部而來。」

西夏

西夏，本魏拓跋氏後，〔一〕其地則赫連國也。遠祖思恭，唐季受賜姓曰李，涉五代至宋，世有其地。〔二〕至李繼遷始大，據夏、銀、綏、宥、静五州，緣境七鎮，其東西二十五驛，南北十餘驛。子德明，曉佛書，通法律，嘗觀太一金鑑訣、野戰歌，製番書十二卷，又製字若符篆。〔三〕

〔一〕魏拓跋氏屬東胡鮮卑。北史卷二四王昕傳：「（北齊時）嘗有鮮卑聚語，崔昂戲問昕曰：『頗解此不？』昕曰：『樓羅，樓羅，實自難解。時唱染干，似道我輩。』」鮮卑、契丹、蒙古語言中均有樓羅，樓羅之音，即元朝秘史裏字左側加「舌」字之音。屬阿爾泰語系蒙古語族。西夏王族雖亦爲拓拔氏，但党項族。西夏文字語言今已可解，屬藏、緬語族中之一支，與彝語支接近。西夏非魏拓跋氏後。

〔二〕宋史卷四八五夏國傳：「李彝興，夏州人也。本姓拓跋氏。唐貞觀初，有拓跋赤辭者歸唐，太宗賜姓李，置静邊等州以處之。其後析居夏州者號平夏部。唐末，拓跋思恭鎮夏州，統銀、夏、綏、宥、静五州地。討黄巢有功，復賜李姓。思恭卒，弟思諫代爲定難軍節度使、思諫卒，思恭孫彝昌嗣。梁開平中，彝昌遇害，將士立其族子蕃部指揮仁福。仁福卒，子彝超嗣。事具五代史。彝興，彝超之弟也，本名彝殷，避宋宣祖諱，改殷爲興。晉初，加同平章事。開運初，授契丹西南招討使。漢初，加兼侍中，周初，加中書令。」

通鑑：「開運元年二月辛亥，定難節度使李彝殷奏將兵四萬自麟州濟河，侵契丹之境。壬子，以彝殷爲契丹西南面招討使。」麟州在夏州東南一百二十里。麟州東北至府州。府州東北即契丹界。通鑑開運元年六月又云：「初，高祖割北邊之地以賂契丹，由是府州刺史折從遠亦北屬。」本史卷四太宗紀：「會同八年二月，晉將折從阮陷勝州。」通鑑：「開運二年正月，振武節度使折從遠擊契丹，圍勝州。」胡注：「時折從遠守府州，命領振武節度使。勝州不係天福初所割十六州之數，契丹乘勢併取之也。」神册元年破振武軍，勝州之民皆趨河東，故置東勝州。唐之勝州已久廢。府州、勝州在石晉割地時不屬十六州之内，但以地理環境，遼、晉關係，折氏已北屬。勢雖北屬，實仍自保。晉、遼破盟時，折氏又攻遼。彝殷既「世有其地」，亦類似折氏，輾轉觀望依附，以圖自存。

〔三〕宋史卷四八五夏國傳：「元昊自製蕃書，命野利仁榮演繹之，成十二卷。字形體方整，類八分，而畫頗重複，教國人記事用蕃書，而譯孝經、爾雅、四言雜字爲蕃語。復改元大慶。宋寶元元年，表遣使詣五臺山供佛，實欲窺河東道路。」長編仁宗景祐三年十二月：「元昊自製蕃書十二卷，字畫繁冗，屈曲類符篆。」（隆平集卷二〇略同）宋史卷四八六夏國傳：「紹興三十二年（元昊後四代仁孝天盛十四年），始封製蕃字師野利仁榮爲廣惠王。」制蕃字者非德明。

其俗，衣白窄衫，氈冠，冠後垂紅結綬。自號嵬名，設官分文武。其冠用金縷貼，間起雲，銀紙帖，緋衣，金塗銀帶，佩蹀躞、解錐、短刀、弓矢，穿靴，禿髮，耳重環，紫旋襴六襲。

出入乘馬，張青蓋，以二旗前引，從者百餘騎。民庶衣青綠。革樂之五音爲一音，裁禮之九拜爲三拜。凡出兵先卜，有四：一炙勃焦，以艾灼羊髀骨；二擗筭，擗竹于地以求數，若揲蓍然；三咒羊，其夜牽羊，焚香禱之，又焚穀火于野，次晨屠羊，腸胃通則吉，羊心有血則敗；四矢擊絃，聽其聲，知勝負及敵至之期。病者不用醫藥，召巫者送鬼，西夏語以巫爲「厮」也；或遷他室，謂之「閃病」。〔一〕喜報仇，有喪則不伐人，負甲葉於背識之。仇解，用雞猪犬血和酒，貯於髑髏中飲之，乃誓曰：「若復報仇，穀麥不收，男女禿癩，六畜死，蛇入帳。」有力小不能復仇者，集壯婦，享以牛羊酒食，趨讎家縱火，焚其廬舍。俗曰敵女兵不祥，輒避去。訴于官，官擇舌辯氣直之人爲和斷官，聽其屈直。殺人者，納命價錢百二十千。

土產大麥、蓽豆、青稞，床子、古子蔓、鹹地蓬實、蓯蓉苗、小蕪荑、席雞草子、〔二〕地黃葉、登厢草、〔三〕沙葱、野韭、拒灰蓧、白蒿、鹹地松實。

民年十五爲丁。有二丁者，取一爲正軍。負擔雜使一人爲抄，四丁爲兩抄。餘人得射它丁，皆習戰鬭。〔四〕正軍馬駝各一，每家自置一帳。團練使上，帳、弓、矢各一，馬五百疋，橐駝一，旗鼓五，槍、劍、棍棓、粆袋、雨氈、渾脱、鍬、钁、箭牌、鐵笊籬各一；〔五〕刺史以下，人各一駝，箭三百，毛幕一；餘兵三人共一幕。有砲手二百人，號「潑喜」，勇健者號「撞令郎」。齎糧不過一旬。晝則舉煙、揚塵，夜則篝火爲候。〔六〕若獲人馬，射之，號曰殺鬼招魂。或射草縛人。〔七〕出軍用單日，避晦日。多立虛寨，設伏兵。衣重甲，乘善馬，以鐵騎爲前鋒，用鈎索絞聯，雖死馬上不落。

其民俗勇悍，衣冠、騎乘、土産品物、子姓傳國，亦畧知其大概耳。

〔一〕西夏信巫，即薩滿。神鬼觀念重，接受佛教後，亦以密宗易傳播。對遼、宋交往中，每以馬贖佛經。又以地理毗鄰，藏傳佛教亦盛。國師爲釋教高級稱號，遼代已有，聖宗賜圓空國師詔（見全遼文卷一）：「今覩大禪師識超券内。心出環中。……總持至理，開悟衆迷，朕何不師之乎？」興宗寄海山大師詩云：「吾師如此過形外，弟子争能識淺深？」（見全遼文卷二）以帝王之貴，屈居弟子，尊稱「吾師」。耶律劭撰興中府安德州創建靈巖寺碑銘：「（天祚）即位之二年，有守太師、通圓輔國大師法頤者，久藹人天之譽，蔚爲帝王之師。」（見全遼文卷一〇。）天慶六年懺悔正慧大師遺行記（見全遼文卷一一）有云：「兩朝懺主，二帝仁師。」西夏在聖勝慧到彼岸功德寶集偈偈文題款中也出現過覽覺帝師尊號。（參史金波西夏佛教史畧第六章。）至元朝，竟以帝師、國師成定制。由於西藏信佛，當時中央直轄西藏，於是帝師之命與詔敕并行西土。佛教在儒、釋、道中更易接近羣衆，更易在薩滿基礎上流播。黑韃事畧云：「西夏國俗，自其主以下，皆敬事國師，凡有女子，必先以薦國師，而後敢適人。」此或亦屬密宗秘法之類。西夏佛教有傳自中原者，有傳自西藏者。

〔二〕胡嶠陷遼記：「有息雞草尤美而本大，馬食不過十本而飽。」

〔三〕王延德西州程記：「行入六窠沙，沙深三尺，馬不能行，行者皆乘橐駞，不育五穀。沙中生草名登相，收之以食。」西藏考古録卷七：「王延德使高昌記：沙中有草名登相，其子若稗子，土人收之以食。」相字下七字，今各本均闕，或考古録撰人俞氏所見者原有此七字。

〔四〕按宋史卷四八六夏國傳下：「男年登十五爲丁，率二丁取正軍一人，每負贍一人爲一抄，負贍者隨軍雜役也。四丁爲兩抄，餘號空丁。願隷正軍者得射他丁爲負贍，無則許射正軍之疲弱者爲之。故壯者皆習戰鬬，而得正軍爲多。」宋史是。

〔五〕按宋史卷四八六夏國傳下：「團練使以上，帳一，弓一，箭五百，馬一，橐駝五，旗、鼓、槍、劍、棍棓、粆袋、披氈、渾脱、背索、鍬钁、斤斧、箭牌、鐵爪籬各一。」宋史是。

〔六〕宋史卷一九〇兵志：「西賊（夏）有山間部落謂之『步跋子』者，上下山坡，出入谿澗，最能逾高超越，輕足善走。有平夏騎兵謂之『鐵鷂子』者，百里而走，千里而期，最能倏往忽來，若電擊雲飛，每於平原馳騁之處遇敵，則多用鐵鷂子以爲衝冒奔突之兵；山谷深險之處遇敵，則多用步跋子以爲擊刺掩襲之用，此西人步騎之長也。」

〔七〕宋史卷四八六夏國傳下作：「或縛草人埋於地，衆射而還。」

初，西夏臣宋有年，賜姓曰趙；迨遼聖宗統和四年，〔一〕繼遷叛宋，始來附遼，授特進檢校太師、都督夏州諸軍事，遂復姓李。十月，遣使來貢。六年，入貢。七年，來貢，以王子帳耶律襄之女封義成公主，下嫁繼遷。八年正月，來謝。三月，又來貢。九月，繼遷遣使獻宋俘。十月，以敗宋軍來告。十二月，下宋麟、鄜等州，來告，遣使封繼遷爲夏國王。九年二月，遣使告伐宋之捷。四月，遣李知白來謝封册。〔二〕七月，復綏、銀二州，來告。十月，繼遷以宋所授敕命，遣使來上。是月，定難軍節度使李繼捧來附，授開府儀同三司、檢校太師，兼侍中，封西平王，仍賜推忠效順啓聖定難功臣。十二月，繼遷潛附于宋，遣韓德威持詔諭之。十年二月，韓德威還，奏繼遷託故不出，至靈州俘掠以還。西夏遣使來奏德威俘掠，賜詔撫諭。十月，來貢。十二年，入貢。十三年，敗宋師，遣使來告。十四年，又來貢。十五年三月，以破宋兵來告，封繼遷爲西平王。〔三〕六月，遣使來謝封册。十六年，來貢。十八年，授繼遷子德明朔方軍節度使。十九年，遣李文貴來貢。〔四〕六月，奏下宋恒、環、慶三州，賜詔褒美。二十年，遣使來進馬、駝。六月，遣劉仁勗來告下靈州。二十一年，繼遷薨，其子德昭〔五〕遣使來告。六月，贈繼遷尚書令，遣西上閤門使丁振弔慰。八月，德昭遣使來謝弔贈。二十二年三月，德昭遣使上繼遷遺留物。七月，封德昭爲西平王。十月，遣使來謝封册。二十三年，下宋青城，來告。二十五年，德昭母薨，遣使弔祭，起復。二十七年，承天皇太后崩，遣使報哀于夏。二十八年，遣使册德昭爲夏國王。開泰元年，德昭遣使進良馬。二年，遣引進使李延弘賜夏國王李德昭及義成公主車馬。太平元年，來貢。〔六〕十一年，聖宗崩，報哀于夏，德昭遣使來進賻幣。

〔一〕本史卷一一聖宗紀：「統和四年二月，以四番都統軍李繼忠（冲）爲檢校司徒、上柱國。癸卯，西夏李繼遷叛宋來降，以爲定難軍節度使銀夏綏宥等州觀察處置等使、特進檢校太師、都督夏州諸軍事。」

〔二〕李知白，本史卷一三聖宗紀統和九年四月作杜白。

〔三〕按本史卷一三聖宗紀：統和八年十二月封爲夏國王，十五年三月封爲西平王。長編：「咸平四年十月丁未，（張）齊賢上言曰：『夫西平之命，亦虛名也。契丹命之，有何損哉？』」

〔四〕文貴，原誤文冀，本史卷一四聖宗紀統和十九年三月作文貴，是。宋史亦作文貴。按宋史卷四八五夏國傳，文貴曾使宋被留，遣還後又使宋。

〔五〕德昭即德明，避明字改昭。

〔六〕長編：「仁宗天聖八年（太平十年）十二月，定難節度使西平王趙德明遣使來獻馬七十匹，乞賜佛經一藏，從之。」

興宗即位，以興平公主下嫁李元昊，以元昊爲夏國公、〔一〕駙馬都尉。重熙元年，夏國遣使來賀。李德昭薨，册其子夏國公元昊爲王。二年，來貢。十二月，禁夏國使沿路私市金鐵。七年，來貢。〔二〕李元昊與興平公主不諧，公主薨，遣北院承旨耶律庶成持詔問之。九年，宋遣郭禎以伐夏來報。十年，夏國獻所俘宋將及生口。十一年，遣使問宋興師伐夏之由。〔三〕十二月，禁吐渾鬻馬于夏，沿邊築障塞以防之。〔四〕十二年正月，遣同知析津府事耶律敵烈、樞密都承旨王惟吉諭夏國與宋和。〔五〕二月，元昊以加上尊號，遣使來賀。耶律敵烈等使夏國還，奏元昊罷兵，遣使報宋。四月，夏國遣使進馬、駝。七月，元昊上表請伐宋，不從。十月，夏人侵党項，遣延昌宮使高家奴讓之。十三年四月，党項及山西部族節度使屈烈以五部叛入西夏，〔六〕詔徵諸道兵討之。六月，阻卜酋長烏八遣其子執元昊所遣求援使窊邑改來。〔七〕八月，夏使對不以情，覊之。使復來，詢事宜不實對，笞之。十月，元昊上表謝罪，欲收集叛黨以獻，從之，進方物，命北院樞密副使蕭革迓之。元昊親率党項三部來降，詰其納叛背盟，元昊伏罪。初，夏人執蕭胡覩，至是，請以被執者來歸。詔所留夏使亦還其國。十二月，胡覩來歸，又遣使來貢。

十七年，元昊薨，其子諒祚遣使來告，上其父遺留物。鐵不得國乞以本部軍助攻夏國，不許。十八年，復議伐夏，留其賀正使不遣，遣北院樞密副使蕭惟信以伐夏告宋。六月，夏國遣使來貢，留之。七月，親征。〔八〕八月，渡河，夏人遁。九月，蕭惠爲夏人所敗。十月，招討使耶律敵古〔九〕率阻卜軍至賀蘭山，獲元昊妻及其官屬。遇其軍三千來拒，殪之；詳穩蕭慈氏奴、南剋耶律斡里歿于陣。十九年正月，遣使問罪于夏，夏將洼普等攻金肅城，〔一〇〕耶律高家奴等破之，洼普被創遁去，殺猥貨乙靈紀。三月，殿前都點檢蕭迭里得與夏軍戰于三角川，敗之。招討使蕭蒲奴、北院大王宜新等帥師伐夏，都部署别古得爲監戰。五月，蕭蒲奴等入夏境，不遇敵，縱軍俘掠而還。夏國洼普來降。十月，李諒祚母遣使乞依舊稱臣。十二月，諒祚上表如母訓。二十年二月，遣使索党項叛户。五月，蕭叕括使夏回，進諒祚母表：乞代党項權進馬、駝、牛、羊等物；又求唐隆鎮，仍乞罷所建城邑。以詔答之。六月，獲元昊妻，及俘到夏人置于蘇州。二十一年十月，諒祚遣使乞弛邊備，遣叕括賫詔諭之。二十二年七月，〔一一〕諒祚進降表，遣林牙高家奴賫詔撫諭。二十三年正月，貢方物。五月，乞進馬、駝，詔歲貢之。七月，諒祚遣使求婚。十月，進誓表。二十四年，興宗崩，遣使報哀于夏。〔一二〕

〔一〕夏國公三字原缺，按本史卷一八興宗紀景福元年「以興平公主下嫁夏國王李德昭子元昊，以元昊爲夏國公、駙馬都尉」及下文「册其子夏國公元昊爲王」，據補。

〔二〕長編：「寶元元年春正月癸卯，元昊請遣人供佛五臺山，乞令使臣引護，並給館券。從之。元昊實欲窺河東道路故也。」

〔三〕興宗擬對宋用兵收復關南十縣，朝中有進取、持重兩派，最後採蕭孝穆、張儉意見，遣使索地。本史卷一九興宗紀重熙十一年正月，「遣南院宣徽使蕭特末，翰林學士劉六符使宋，取晉陽及瓦橋以南十縣地；且問興師伐夏及沿邊疏濬水澤，增益兵戍之故」。同時又遣使西夏，約共出兵。卷八五蕭塔列葛傳：「重熙十一年，使西夏，諭伐宋事，約元昊出别道以會。」

〔四〕按本史卷一九興宗紀重熙十一年十二月作「以吐渾、党項多鬻馬夏國，詔謹邊防」。

〔五〕「同知析津府事耶律敵烈」十字原脱，據本史卷一九興宗紀重熙十二年正月及下文「耶律敵烈等使夏國還」補。

〔六〕族字原脱，據本史卷一九興宗紀重熙十三年四月補。此次將兵討元昊者爲蕭朮哲，見卷九一本傳。

〔七〕按此句原脱誤爲「阻卜子烏八執元昊」八字，據本史卷一九興宗紀重熙十三年六月及卷七〇屬國表補正。

〔八〕宋史卷四八五夏國傳上：「是歲，遼夾山部落呆兒族八百户歸元昊，興宗責還，元昊不遣。遂親將騎兵十萬出金肅城，弟天齊王馬步軍大元帥將騎七千出南路，韓國王將兵六萬出北路，三路濟河長驅。興宗入夏境四百里不見敵，據得勝寺南壁以待。八月五日，韓國王自賀蘭北與元昊接戰，數勝之。遼兵至者日益，夏乃請和，退十里，韓國王不從。如是退者三，凡百餘里矣，每退必赭其地。遼馬無所食，因許和。夏乃遷延，以老其師，而遼之馬益病，因急攻之，遂敗，復攻南壁，興宗大敗。入南樞王蕭孝友砦，擒其鶻突姑駙馬，興宗從數騎走，元昊縱其去。」

〔九〕本史卷八二有傳，本姓韓。韓滌魯傳：「滌魯，幼養宮中，授小將軍。」卷一九興宗紀重熙十五年六月，作「西北路招討使耶律敵魯古坐贓免官」。卷二〇興宗紀：「重熙十九年正月，耶律敵魯古復封漆水郡王。」此招討使耶律敵古即韓滌魯。

〔一〇〕本史卷九一耶律僕里篤傳：「十九年，夏人侵金肅軍，敗之，斬首萬餘級。加右武衛上將軍。」

〔一一〕按本史卷二〇興宗紀在九月。

〔一二〕此九字原在「二十四年」之前。按本史卷二〇興宗紀興宗卒於重熙二十四年八月，同時道宗接位，今移。

道宗即位，清寧元年，遣使來賀。九月，以先帝遺物賜夏。四年四月，遣使會葬。〔一〕九年正月，禁民鬻銅于夏。咸雍元年五月，來貢。三年十一月，遣使進回鶻僧、金佛、梵覺經。十二月，諒祚薨。四年二月，諒祚子秉常遣使報哀，即遣使弔祭。秉常上其父遺物。十月，册秉常爲夏國王。十二月，來貢。五年七月，遣使來謝封册。閏十一月，〔二〕秉常乞賜印綬。九年，遣使來貢。大康二年正月，仁懿皇后崩，遣使報哀于夏，以皇太后遺物賜之。〔三〕遣使來弔祭。五年，來貢。八年二月，遣使以所獲宋將張天益〔四〕來獻。大安元年十月，秉常遣使報其母哀。二年十月，秉常薨，遣使詔其子乾順知國事。十二月，李乾順遣使上其父秉常遺物。四年七月，册乾順爲夏國王。五年六月，遣使來謝封册。八年六月，夏爲宋所侵，遣使乞援。壽隆三年六月，以宋人置壁壘于要地，遣使來告。四年六月，求援。十一月，遣樞密直學士耶律儼使宋，諷與夏和。〔五〕夏復遣使來求援。五年正月，詔乾順伐拔思母等部。〔六〕十一月，夏以宋人罷兵，遣使來謝。六年十一月，遣使請尚公主。七年，道宗崩，遣使告哀于夏。遣使來慰奠。

天祚即位，乾統元年，夏遣使來賀。二年，復請尚公主。又以爲宋所侵，遣李造福、田若水來求援。三年，復遣使請尚公主。十月，使復來求援。四年、五年，李造福等至，乞援。以族女南仙封成安公主下嫁乾順。六年正月，遣牛温舒使宋，令歸所侵夏地。六月，遣李造福來謝。八年，乾順以成安公主生子，遣使來告。九年，以宋不歸地來告。十年，遣李造福等來貢。天慶三年六月，來貢。保大二年，天祚播遷，乾順率兵來援，爲金師所敗，〔七〕乾順請臨其國。六月，遣使册乾順爲夏國皇帝，而天祚被執歸金矣。〔八〕

論曰：高麗、西夏之事遼，雖嘗請昏下嫁，烏足以得其固志哉？三韓接壤，反覆易知；涼州負遠，納叛侵疆，乘隙輒動；貢使方往，事釁隨生。興師問罪，屢煩親征。取勝固多，敗亦貽悔。昔吴趙咨對魏之言曰：「大國有征伐之兵，小國有備禦之固。」豈其然乎？先王柔遠，以德而不以力，尚矣。遼亡，求援二國，雖能出師，豈金敵哉。

〔一〕按本史卷二一道宗紀，太皇太后卒於三年十二月；四年正月，遣使報哀於宋、夏。此次遣使即會太皇太后葬。

〔二〕閏字原脱，據本史卷二二道宗紀咸雍五年及卷四三曆象志閏考補。

〔三〕按本史卷二三道宗紀在大康二年三月。

〔四〕張天益，本史卷二四道宗紀大康八年二月作張天一，長編元豐五年七月作張天翼。

〔五〕此次使宋，正使爲知右夷離畢事或右夷離畢蕭藥師奴、耶律儼即李儼爲副使，四年十一月奉使，五年五月使回。見本史卷二六道宗紀及卷九一蕭藥師奴傳。

〔六〕詔字原脱，拔思母原倒舛「拔母思」，據本史卷二六道宗紀壽隆五年正月補正。

〔七〕金史卷二太祖紀：「天輔六年（保大二年）六月，斡魯、婁室敗夏人於野谷。」又卷一三四西夏傳：「天輔六年，金破遼兵，遼主走陰山，夏將李良輔將兵三萬來救遼，次天德境野谷，斡魯、婁室敗之于宜水，追至野谷，澗水暴至，漂没者不可勝計。宗望至陰山，以便宜與夏國議和，其書曰：『奉詔有之，夏王，遼之自出，不渝終始，危難相救。今兹已舉遼國，若能如事遼之日以效職貢，當聽其來，毋致疑貳。若遼主至彼，可令執送。』天會二年（保大四年），始奉誓表，以事遼之禮稱藩，請受割賜之地。宗翰承制，割下寨以北、陰山以南、乙室耶剌部吐祿濼之西以賜之。」卷一三二完顏元宜傳：「父慎思，天輔七年，宗望追遼主至天德，慎思來降，且言夏人以兵迎遼主，將渡河去。宗望移書夏人諭以禍福，夏人乃止。」

〔八〕按本史卷二九天祚帝紀，乾順請臨其國，在保大三年五月，遣使册乾順亦三年六月事。又據卷三〇天祚帝紀，天祚被執歸金在保大五年八月。

遼史補注卷百十六

國語解

史自遷、固，以迄晉、唐，其爲書雄深浩博，讀者未能盡曉，於是裴駰、顔師古、李賢、何超、董衝諸儒，訓詁音釋，然後制度、名物、方言、奇字，可以一覽而周知。其有助於後學多矣。

遼之初興，與奚、室韋密邇，土俗言語大概近俚。至太祖、太宗，奄有朔方，其治雖參用漢法，而先世奇首、遥輦之制尚多存者。子孫相繼，亦遵守而不易。故史之所載，官制、宫衛、部族、地理，率以國語爲之稱號。不有注釋以辨之，則世何從而知，後何從而考哉。今即本史參互研究，撰次遼國語解以附其後，庶幾讀者無齟齬之患云。

帝紀

太祖紀：

耶律氏、蕭氏　本紀首書太祖姓耶律氏，繼書皇后蕭氏，則有國之初，已分二姓矣。有謂始興之地曰世里，譯者以世里爲耶律，故國族皆以耶律爲姓。有謂述律皇后兄子名蕭翰者，爲宣武軍節度使，其妹復爲皇后，故后族皆以蕭爲姓。其説與紀不合，故陳大任不取。又有言以漢字書者曰耶律、蕭，以契丹字書者曰移剌、石抹，則亦無可考矣。〔一〕

霞瀨益石烈　鄉名。諸宮下皆有石烈，設官治之。

彌里　鄉之小者。〔二〕

撻馬狘沙里　撻馬，人從也。沙里，郎君也。〔三〕管率衆人之官。後有止稱撻馬者。

大迭烈府　即迭剌部之府也。初，阻午可汗時，益古〔四〕與其弟撒里本領之，及太祖以部夷離堇即位，因强大難制，析爲二院。烈、剌音相近。

夷離堇　統軍馬大官。會同初，改爲大王。〔五〕

集會堝下窩、陀二音。　地名。

阿主沙里　阿主，父祖稱。

惕隱　典族屬官。即宗正職也。〔六〕

奚、霫下音習。　國名。中京地也。〔七〕

黑車子　國也。以善製車帳得名。契丹之先，嘗遣人往學之。〔八〕

于越　貴官，無所職。其位居北、南大王上，非有大功德者不授。〔九〕

鷹軍　鷹，鷙鳥；以之名軍，取捷速之義。後記龍軍、虎軍、鐵鷂軍者，倣此。〔一〇〕

嗢娘改上音兀。　地名。〔一一〕

西樓　遼有四樓；在上京者曰西樓；木葉山曰南樓；龍化州曰東樓；唐州曰北樓。歲時遊獵，常在四樓間。

阿點夷離的　阿點，貴稱。夷離的，大臣夫人之稱。〔一二〕

糺轄　糺，軍名。轄者，管束之義。〔一三〕

夷離畢　即參知政事，後置夷離畢院以掌刑政。宋刁約使遼有詩云「押宴夷離畢」，知其爲執政官也。〔一四〕

射鬼箭　凡帝親征，服介胄，祭諸先帝，出則取死囚一人，置所向之方，亂矢射之，名射鬼箭，以祓不祥。及班師，則射所俘。後因爲刑法之用。〔一五〕

暴里　惡人名也。

大、小鶻軍　二室韋軍號也。

神纛　從者所執。以旄牛尾爲之，纓槍屬也。

龍眉宮　太祖取天梯、蒙國、别魯三山之勢于葦淀，射金齪箭以識之，名龍眉宮。神卌三年，築都城于其地，臨潢府是也。齪，測角切，箭名。

峭里　室韋部名。〔一六〕

君基太一神　福神名。其神所臨之國，君能建極，孚于上下，則治化升平，民享多福。〔一七〕

撻林〔一八〕　官名。後二室韋部改爲僕射，又名司空。

舍利　契丹豪民要裹頭巾者，納牛駝十頭，馬百疋，乃給官名曰舍利。後遂爲諸帳官，以郎君繫之。〔一九〕

阿廬朵里一名阿魯敦。　貴顯名。遼于越官兼此者，惟曷魯耳。

選底　主獄官。

常袞　官名。掌遥輦部族户籍等事；奚六部常袞掌奚之族屬。〔二〇〕

諲譔　渤海國主名。

剋釋魯　剋，官名。釋魯，人名。後剋朗、剋臺哂倣此。

烏魯古、阿里只　太祖及述律后受諲譔降時所乘二馬名也，因賜諲譔夫婦以爲名。〔二一〕

〔一〕文昌雜録卷五:「余嘗見樞密都承旨張誠一説:昔年使北虜,因問耶律、蕭姓所起,彼人云:昔天皇王問大臣云:『自古帝王英武爲誰耶?』其大臣對曰:『莫如漢高祖。』又問:『將相勳臣孰爲優?』對以蕭何。天皇王遂姓耶律氏,譯云劉也。其后亦錫姓蕭氏。歐陽少師作五代史,乃曰天皇王阿保機以所居横帳地名爲姓曰世里。世里,譯音謂耶律,昔蕭翰爲契丹大族,其號阿鉢,本無姓氏,李菘爲製姓名曰蕭翰,於是姓蕭,二者不知孰是也。」契丹國志卷二三:「契丹部族,本無姓氏,惟各以所居地名呼之,婚嫁不拘地里。至阿保機變家爲國之後,始以王族號爲『横帳』,仍以所居之地名曰世里著姓。世里者,上京東二百里地名也。(原注:今有世里没里,以漢語譯之,謂之耶律氏。)復賜后族姓蕭氏。番法,王族惟與后族通婚,更不限以尊卑;其王族、后族二部落之家,若不奉北主之命,皆不得與諸部族之人通婚;或諸部族彼此相婚嫁,不拘此限。(原注:漢人等亦同此。)故北番惟耶律、蕭氏二姓也。」錢氏考異卷九七元史十二耶律楚材傳:「陳旅述律復舊氏序稱金人改耶律爲曳剌,述律爲石抹。曳剌,謂前馬之卒也;石抹,謂臧獲也。經世大典序録云,守狴犴防囚徒者曰禁子,追呼保任逮捕者曰曳剌,則曳剌非美名矣。食貨志歲賜篇有曳剌中書兀圖撒罕里(即吾圖撒合里也),謂楚材也。蓋元初猶沿金人之舊稱,後來皆易耶律字矣。」

〔二〕石烈、彌里,在部族中署當於州郡制之縣鄉兩級。

〔三〕金史卷五七百官志諸糺:「撻馬,隨從也。」下文有專目。沙里,參見下文舍利。

〔四〕「時益古」三字原缺。按本史卷三三營衛志：「五院部。其先曰益古，凡六營。阻午可汗時，與弟撒里本領之，曰迭剌部。」「乙室部，其先曰撒里本，阻午可汗之世，與其兄益古分營而領之，曰乙室部。」撒里本爲益古之弟，在阻午之世，據補。

〔五〕新唐書卷二一九契丹傳：「其君大賀氏，臣于突厥，以爲俟斤。」岑仲勉突厥集史附録謂俟斤亦作頡斤、奥鞬。馮承鈞西域南海史地考證譯叢五編伯希和中亞史地叢考：「俟（音奇）斤與erkin，雖有種種比對之可能，然余以爲此名之譯法，殆爲省畧中間流音字之譯法。」此稱源於突厥。契丹夷離菫有兩種：一是部族首領，即得行再生禮者，後改稱大王；一是石烈首領，畧當縣鄉之長。參本書卷四五百官志北大王院注。長編天聖九年六月：「額爾欽（夷離菫），刺史也。」契丹國志卷一：「夷離巾，猶中國刺史。」以性質比類，實前者大於州刺史，而後者則較州刺史差一級。

〔六〕按本史卷四五百官志一：「大惕隱司。惕隱。亦曰梯里已（按爲一名異譯）。」又卷四六百官志二：「某部司徒。本名惕隱。」是惕隱後稱司徒。卷四太宗紀會同元年十一月，「以二部梯里已爲司徒」。則梯里已爲惕隱別稱。

〔七〕舊唐書卷一九九下：「霫，匈奴之別種也，居于潢水北，亦鮮卑之故地。其國在京師東北五千里，東接靺鞨，西至突厥，南至契丹，北與烏羅渾接。地周二千里，四面有山，環繞其境。人多善射獵，好以赤皮爲衣緣，婦人貴銅釧，衣襟上下懸小銅鈴，風俗畧與契丹同。有都倫紇斤部落四萬户，勝兵萬餘人。」

〔八〕王國維黑車子室韋考駁日本津田以黑車子、室韋爲二部，謂黑車子室韋五字當連讀，不可分爲二部，蓋黑車子爲室韋之一部，疑即和解室韋，居地在興安嶺左右。伯希和評王國維遺書謂「黑車子三字不應是譯音，應是漢名，與高車名稱情形相類」。見馮承鈞西域南海史地考證譯叢五編。

〔九〕于越，見本書卷四五百官志大于越府注〔六〕、〔七〕。譯音，用漢文古典寫法。宋劉昌時蘆浦筆記卷四于越：「于越之名，以于溪入越地，無以議爲也。荀子云：『于越，夷貉之子。』。則有疑焉。春秋定公五年書於越入吴。注云：『於，發聲也。』史記又書爲于越。注云：『發聲也，與於同。』然則于、於皆越人夷語之發聲，猶吴之言勾吴耳。予謂此於越恐合是于越。」

〔一〇〕烏字原脱。記，原誤「託」。據上下文義補正。

〔一一〕嗢、兀，當時譯音用字相通，如兀惹亦作嗢熱。改、海亦譯音相通，如本史卷四六百官志：「封女直阿海爲順化王，亦作阿改。」

〔一二〕阿點即阿魯敦，下文作阿廬朵里，漢義金也。引申爲貴。下文「貴顯名」、本條「貴稱」則謂其義爲貴、貴顯。夷離的，本史卷一〇聖宗紀統和三年八月作已里婉，卷一一聖宗紀統和四年六月作乙里婉。據重熙十年北大王耶律万辛墓誌銘（見全遼文卷七），万辛及其岳父西南面都招討大王何你，均得此封號，即其妻得稱乙林免。太平七年耿知新墓誌銘（見全遼文卷六）：「大横帳燕京留守燕王、移鎮南王、累贈陳國王，乃外祖父也。封陳國迆邏免夫人，乃外祖母也。」迆邏免即乙林免，漢義夫人。迆邏免夫人爲譯文重疊用字，仿如舍利郎君。

〔一三〕糺，傳寫字訛，本字應作「乣」，契丹字，漢義軍也。乣轄即軍轄，乣使即軍使。

〔一四〕姜宸英湛園札記卷三：「遼史國語解引宋刁約詩：『押宴夷離畢』，疑夷離畢亦是執政重臣。余讀金史禮儀志，凡行省來宴回宴之押宴官，皆從行省定差就藉以文武高爵長官之職，以爲轉銜之光，想此即遼遺制，雖在朝廷，亦借銜也。」

岑仲勉突厥集史之突厥語及其相關外語之漢文譯寫的考定表有：「eltäbir，iltäbir 俟利發，頡利發，俟利苾，意利大發。」（西突厥史料補闕及考證所附之譯寫表畧同。）意利即el，大即tä，發即bir，假如t音微而不顯，則意利大發似可讀成意利苾。意利苾即夷離畢。

〔一五〕汪師韓韓門綴學卷三：「遼有射鬼箭之刑。按他書亦稱攢矢、叢矢，而鬼箭之名，乃遼所獨也。」

〔一六〕檢本史卷一太祖紀，「龍眉宮」與「君基太一神」兩詞之間，未見「崤里」一詞。卷一六聖宗紀開泰八年七月有：「肴里（百衲本誤作有里）、涅哥二奚軍征高麗有功，皆賜金帛。」肴里即遥里也。但非室韋部。

〔一七〕夢溪筆談卷三：「十神太一：一曰太一，次曰五福太一，三曰天一太一，四曰地太一，五曰君基太一，六曰臣基太一，七曰民基太一，八曰大游太一，九曰九氣太一，十曰十神太一。唯太一最尊，更無別名，止謂之太一。三年一移。後人以其別無名，遂對大游而謂之小游太一，此出於後人誤加之。京師東西太一宮，正殿祠五福，而太一乃在廊廡，甚爲失序。熙寧中，初營中太一宮，下太史考定神位。予時領太史，預其議論。今前殿祠五福，而太一别爲後殿，各全其尊，深爲得體。然君基、臣基、民基，避唐明帝諱改爲棊，至今仍襲舊名，未曾改正」。

玉海卷一〇一：「天寶三載十月十六日，術士蘇嘉慶上言，請於京城置九宫壇，壇一尺或三尺，四陛。其上依位置小壇，高尺五。東南曰招摇，正東曰軒轅。東北曰太陰，正南曰天一，中央曰天符，正北曰太一，西南曰攝提，正西曰咸池，西北曰青龍。五數爲中，戴九履一，左三右七，二四爲上，六八爲下，符於遁甲。」又曰：「此九宫定位也。每歲祭以四孟。位隨歲改，謂之行棊。自乾元後，止依本位，遂不飛易。」又曰：「黄帝九宫經（隋志）一卷，又三卷；行棊經三卷（鄭玄注）；房氏行棊法一卷。」

日知録卷三〇：「史記天官書：『中宫天極星，其一明者爲太一常居。』封禪書：『亳人謬忌奏祠太一方，曰天神貴者太一，太一佐曰五帝。』……此太一之祠所自起。易乾鑿度曰：『太一取其數以行九宫。』鄭玄注曰：『太一者，北辰神名也。下行八卦之宫。每四乃還於中央。中央者，地神之所居，故謂之九宫。天數以陽出，以陰入。陽起於子，陰起於午，是以太一下行九宫，從坎宫始，自此而坤宫，又自此而震宫，既又自此而巽宫，所行者半矣，還息於中央之宫。既又自此而乾宫，自此而兑宫，自此而艮宫，自此而離宫，行則周矣。上遊息於太一之宫而反紫宫，行起從坎宫終於離宫也。』……（章仲卿）山堂考索：『漢立太一祠，即甘泉泰畤也。唐謂之太清紫極宫，宋謂之太一宫。宋朝尤重太一之祠，以太一飛在九宫，每四十餘年而一徙，所臨之地，則兵疫不興，水旱不作。在太平興國中，太宗立祠於東南郊而祀之，則謂之東太一。在天聖中，仁宗立祠於西南郊而祀之，則謂之西太一。在熙寧中，神宗建集福宫而祀之，則謂之中太一。』」拾遺卷二三：「君基太一神，沈括以爲避唐諱改爲棊。然漢時已有行棊、飛棊説，又似不因避諱而改矣，鄭氏太一下行九宫之説，即所云行棊也。」述案太一與行棊非一事。

〔一八〕撻林，本史卷四太宗紀會同元年十一月，卷四六百官志二並作闥林；亦作撻覽。下文有先離撻覽。白氏長慶集卷五七翰林制誥四與廻鶻可汗書「達覽將軍等至，省表其馬數」云云，可見廻鶻已有此官號。武溪集卷一八契丹官儀：「東北有撻領相公（原注：「胡人呼撻字如吞字，入聲，領音近廪。」）掌黑水等邊事。正東則有注展相公，掌女真等邊事。」清初，達斡爾人由黑龍江北遷至嫩江流域時，凡達斡爾三達覽。索倫（鄂温克）五阿巴。

〔一九〕按契丹國志卷二七：「舍利，契丹富豪民要裹頭巾者，納牛、駝十頭，馬百匹，并給契丹名目，謂之舍利。」牛、駝十頭，燕北雜記作駝七十頭。通鑑後唐紀長興三年：「初，契丹舍利萴剌與惕隱皆爲趙德鈞所擒。」胡注：「舍利、惕隱，皆契丹管軍頭目之稱。」五代會要卷三〇渤海大舍利乞乞仲象下注：「大，姓；舍利，官；乞乞仲象，名也。」江休復雜志補遺云：「裕越（于越）時爲舍利郎君，契丹國中親近無職事者呼爲舍利郎君。」契丹國志卷六：「乾亨六年，時耶律遜寧號于越，呼爲舍利郎君。」原注：「北朝親近無職事者呼爲之。」按「親近」二字最可能之解釋，不外宗室（皇族）或供職左右（宮禁諸職）之義。檢本史卷四五百官志一：「舍利司。掌皇族之軍政。」又卷四六百官志二：舍利軍詳穩司，統皇族横帳、三父房之從軍者。其兩王府舍利軍詳穩司，則分統五院、六院之皇族。別有禁軍都詳穩司，掌禁衛諸軍之事。據此，則「親近」所指應以皇族之義爲較近。武溪集卷一八契丹官儀云：「其宗室爲横帳，庶姓爲摇輦，其未有官者呼舍利，猶中國之呼郎君也。」是則契丹語舍利，即當於漢語郎君也。上文撻馬狘沙里，沙里，郎君也。沙里、舍里爲譯寫之歧，沙里即舍利。舊五代史卷一三七契丹傳：「時劉守光戍平州，契丹實里（原注：舊作舍利）王子率萬騎攻之。守光僞與之和，張幄幕於城外以享之，部族就席，伏甲起，擒實里王子入城。」郎君猶言公子、王子，南北朝以來用之。此處王子與郎君相當，爲舍利之漢義。郎君、王子，均含宗室族屬之意。北風揚沙録云：「（女真）宗室皆謂之郎君，事無大小，必以郎君總之。」（大金國志卷三九初興風俗條同）女真在建國之前，使用漢語雅言之郎君，必經契丹之轉介。

舊唐書卷一六一李光進傳：「光進本河曲部落稽阿跌之族也。父良臣，襲雞田州刺史，隸朔方軍。光進姊適舍利葛旃，光進兄弟少依葛旃。」雞田州本唐太宗時以迴紇阿跌部置，見舊唐書迴紇傳及新唐書地理志等，此舍利葛旃，屬迴紇族。舊唐書卷一九四上突厥傳上云：「骨咄禄者，頡利之疏屬，亦姓阿史那氏，其祖父本是單于右雲中都督舍利元英下首領。」唐會要卷七三安北都護府：「貞觀二十三年十月三日，諸突厥歸化，以舍利吐利部置舍利州。」迴紇、突厥並有此號。太祖述律后，其先回鶻人糯思生魏寧舍利，魏寧爲后之曾祖。是舍利之號與舍利一語在北方諸族突厥、迴紇、渤海等中均曾使用。

索隱卷八：「今考百官志，惕隱司掌皇族，其屬有舍利司，掌皇族之軍政。耶律休哥（字遜寧）本仲父房隋國王釋魯之孫，故官惕隱司之舍利，而宋人稱以舍利郎君。」

王鞏聞見近録：「有赦利郎君于越者，小羌也。」

王鞏甲申雜記：「大遼謂天使爲赦例郎君，依赦例日行五百里也。」述案此是諧音借義，非正訓。檢肅祖第三、第四子均曾官舍利；懿祖（肅祖子）長子叔剌，四子褭古直亦曾官舍利，褭古直在迭剌部六院司中稱舍利房。舍利出現較早，義謂郎君。郎君出仕機會多，具有候補候用身份，故本族豪民以財物捐此功名，畧同於漢人捐功名、捐官。

〔三〇〕下文作詳穩，金史卷五七百官志：「諸糺，詳穩一員，從五品，掌守戍邊堡，餘同謀克。」元朝秘史作想昆，又作桑昆。元朝秘史卷一李文田秘史注云：「想昆即遼史之詳穩，語解作詳衮，謂辦事官，後文王罕之子亦號桑昆，則想昆、桑昆皆同音也。」王國維聖武親征録校注：「想昆者，詳穩之異譯。」

本史卷八五奚和朔奴傳：「奚和朔奴統和八年上表曰：『臣竊見太宗之時，奚六部二宰相，二常衮，誥命大常衮班在酋長左右，副常衮總知酋長五房族屬，二宰相匡輔酋長，建明善事。今宰相職如故，二常衮别無所掌，乞依舊制。』從之。」奚舊與契丹平，故有掌誥命之大常衮，二常衮，迨爲契丹所併，雖形式如舊，已無實際職掌。卷九六蕭樂音奴傳云：「蕭樂音奴，奚六部敞穩突吕不六世孫。」卷七三耶律海里傳云：「耶律海里，遥輦昭古可汗之裔。太祖傳位，海里與有力焉。既清内亂，始置遥輦敞穩，命海里領之。」此外有大横帳常衮司、孟父房、仲父房、季父房族帳常衮司，及國舅四常衮司。

〔三二〕突厥集史突厥語及其相關外語之漢文譯寫的考訂表有女官Alči稱曰焉支或煙脂。可與阿里只對音。又岑氏西突厥史料補闕及考證突厥語及伊、印語之漢文譯寫表云：ulaq，ulagh(ula'a，ula)鄔落，烏拉。岑氏同書釋大慈恩寺三藏法師傳之鄔落云：「鄔落，伯希和氏謂即突厥語之ulaq或ulagh，蒙古語之ulaá，滿洲語之ula，突厥語驛馬之意。」金史卷五五百官志序謂「踵遼官名」者，有烏魯骨，與烏魯古正同。卷五七百官志三：「諸羣牧所，又國言謂『烏魯古』。提控諸烏魯古一員，正四品，明昌四年置。」金史金國語解：「烏魯古，牧圉之官。」可見遼之烏魯古，亦是掌牧圉之事。遼史卷四六百官志載牧圉之官，用漢語稱號曰羣牧使。參之突厥語之鄔落、烏拉爲驛馬之意，其義可見。

太宗紀：

箭笴山笴音簳。　胡損奚所居。

柴册　禮名。積薪爲壇，受羣臣玉册。禮畢，燔柴，祀天。阻午可汗制也。

遥輦氏九帳　遥輦九可汗宫分。

北剋、南剋　掌軍官名，猶漢南北軍之職。

祭麃鹿神　遼俗好射麃鹿，每出獵，必祭其神以祈多獲。

林牙　掌文翰官，時稱爲學士。其羣牧所謂，止管簿書。〔一〕

瑟瑟禮　祈雨射柳之儀，遥輦蘇可汗制。〔二〕

再生禮　國俗，每十二年一次，行始生之禮，名曰再生。惟帝與太后、太子及夷離堇得行之。又名覆誕。〔三〕

神速姑　宗室人名，能知蛇語。

蒲割額下乃頂切。　公主名也。

三剋　統軍官，猶云三帥也。

詳穩　諸官府監治長官。

梯里已　諸部下官也，後陞司徒。〔四〕

達剌干　縣官也，後陞副使。〔五〕

麻都不　縣官之佐也，後陞爲令。〔六〕

馬步　未詳何官，以達剌干陞爲之。〔七〕

牙署　官名。疑即牙書，石烈官也。

世燭　遥輦帳侍中之官。〔八〕

敞史　官府之佐吏也。〔九〕

思奴古　官與敞史相近。

徒覩古　邊徼外小國。

〔一〕契丹國志卷二三建官制度：「林牙，翰林學士也。」本史卷三〇天祚帝紀保大五年耶律大石紀事：「遼以翰林爲林牙。」林牙似是漢語「翰林爺」之簡化或契丹化。島田正郎遼朝林牙翰林考（見大陸雜誌三十一卷一、二期）按林牙職事推測爲契丹語「有學識者」之稱號。江休復嘉祐雜志卷下、醴泉筆録卷上並記：「冀州城南張耳墓，在送客亭邊，戎使林牙者，猶翰林學士，問知州王仲平，告之，不知張耳何代人也。大使耶律防謝曰：『契丹家翰林學士，名目而已。』」或謂林牙是突厥回鶻語irlimga，義猶漢語秘書長。

〔二〕瑟瑟，契丹語，瑟瑟儀包含祈雨、射柳、祭天等内容。

〔三〕全遼文卷九蕭義墓誌銘：「（乾統）四年復幸燕，召公詣闕。會妃覆誕，詔於母家，敕宗室及外戚大家，禮可往者悉如之。□□備禮，當時所榮。」此妃即天祚德妃，可見亦不限在帝與太后、太子及夷離堇。

〔四〕參前惕隱條。本史卷四五百官志一：「惕隱亦曰梯里已。」

〔五〕參後麻普條。

〔六〕參後麻普條。

〔七〕參後麻普條。

北史卷九八蠕蠕傳：「西魏文帝乃以孝武時舍人元翌女稱爲化政公主，妻阿那瓌（蠕蠕可汗）兄弟塔寒。」蠕蠕即柔然，爲與蒙古極相近之民族。是則達剌干之號，雖爲突厥、回鶻所用，即達干Tarqan，而契丹之達剌干（蒙古之答剌罕），乃蒙古系民族所固有，非襲自突厥、回鶻；突厥、回鶻則襲自柔然之塔寒，即達剌干。

〔八〕見本書卷四五百官志北面諸帳官注〔四〕。

〔九〕本史卷一八興宗紀重熙五年正月，「蕭延寧請改國舅乙室小功帳敞史爲將軍。」契丹國志卷二三建官制度：「其下佐吏，則有敞史、木古、思奴古、都奴古、徒奴古。」本史卷四太宗紀會同二年五月，「思奴古多里等坐盜官物，籍其家」。思奴古爲官名，通考卷三四六與承恩堂本契丹國志誤脱古字。

通考卷三四六：「契丹内外官多倣中國者，其下佐吏，則有敞史、木古、思奴古、都奴古、徒奴。」本史卷六一刑法志有鐵骨朵。燕北記作骨錄，今燕、薊俗語謂圓而突出曰「古都」，古都奴或是執古都之隸役胥吏。

世宗、穆宗紀：

蹛林上音帶。　地名，即松林故地。

鬧撒狘　抹里司官，亦掌宮衛之禁者。〔一〕

撻馬　扈從之官。〔二〕

濃兀　部分名。

葉格戲　宋錢僖公家有葉子揭格之戲。〔三〕

〔一〕鬧撒有法令、執法之義。參本書卷四五百官志阿札割只條注，鬧撒狘條注。檢下文又云：「抹里，官府名。鬧撒狘亦抹里官之一。」按宮衛之外，亦有抹里、鬧撒、鬧撒狘，但此外無抹里司之名，亦無一衙署稱抹里司。嚴格言之，抹里、鬧撒並是部族構成單位或基層地區組織。抹里非官府。本史卷四五百官志一，十二宮職名總目列某石烈、某瓦里、某抹里、某得里。在某抹里下注鬧撒狘官職。疑有舛誤。又北面著帳官列祗候郎君班詳穩司，有祗候郎君鬧撒狘。另列左右祗候郎君班詳穩司，各有左右祗候郎君鬧撒狘。祗候郎君鬧撒狘之職，未見實例。卷九三蕭惠傳附子慈氏奴傳：「慈氏奴，太平初，以戚屬補祗候郎君。上愛其勤慎，陞閘撒狘，加右監門衛上將軍。」慈氏奴由祗候郎君陞閘撒狘，並不表明必有「祗候郎君閘撒狘」官職，若果有此職，則與基層組織之抹里閘撒、閘撒狘爲同名異實之稱。閘撒不僅在宫衛有，部族、邊部亦有之。卷八〇耶律八哥傳：「八哥，五院部人。統和中，以世業爲本部吏。未幾，陞閘撒狘，尋轉樞密院侍御。」由本部吏陞閘撒狘轉侍御，侍御爲中丞司低級官職。卷三三營衛志下：「太祖二十部，乙室部。會同二年更夷離堇爲大王。隸南府，其大王及都監鎮駐西南之境，司徒居鴛鴦泊，閘撒狘居車軸山。」戍軍隸大王及都監，留後户隸司徒。閘撒狘另居一地，又不隨宫帳，則顯然爲部族所屬者。卷八八蕭敵烈傳：「開泰初，率兵巡西邊。時夷離堇部下閘撒狘撲里、失室、勃葛率部民遁，敵烈追擒之，令復業。」此是邊部夷離堇下之管領部民者。卷七穆宗紀應曆十四年十月「以掌鹿矧思代斡里爲閘撒狘，賜金帶、金盞，銀二百兩。所隸死罪以下得專之。」矧思所任之閘撒狘，管領部民包括司法，其事雖得與諸部閘撒狘相近或相同，但其不屬部族則顯然可見。上文引慈氏奴所任者應屬此類。卷三一營衛志上宫衛中有閘撒十九，計太宗永興宫七，承天太后崇德宫五，聖宗興聖宫五，孝文皇太弟敦睦宫二。其中僧隱令公既見於永興宫，又見於崇德宫，可能爲同一閘撒之改隸，道宗末年有十閘撒郎君。見卷五〇禮志二凶儀。

石烈、抹里、得里、閘撒，可有大小，未必爲上下級，縱使石烈、抹里爲上下級，抹里、閘撒無統轄痕迹。瓦里爲宫衛所專有，可不論。太祖弘義宫有抹里四，得里二，曰述壘北、曰述壘南。興宗延慶宫有瓦里六，第五曰得里。抹里六，其第五曰北得里，第六曰南得里。故得里是否即抹里，尚可探索。

閘撒在部族屬基層單位，以撻馬狘之例比類，則閘撒狘爲閘撒之長，宫衛中之閘撒、閘撒狘，則分州縣析部族時所改隸者。

〔二〕岑仲勉西突厥史料補闕及考證西突厥史料編年補闕：「答摩支原義當爲Tamaci，在蒙古時代指一特别騎兵隊伍，即遼史之撻馬。」伯希和中亞史地叢考（見馮承鈞西域南海史地考證譯叢五編）：「按慈恩寺傳，玄奘至素葉城，逢西突厥可汗，可汗令達官『答摩支』引送至衙安置，此『答摩支』似屬人名，實爲官號，觀其名尾之支-ci，可以證之。此名在蒙古時代乃指一種特别騎兵隊伍。tamačin或tamači出於tama，後一字（tama）亦在十三世紀蒙古語中見之。此字應亦爲遼史卷一一六契丹語名撻馬（tama）之對音，遼史名扈從之官曰撻馬。要之此阿爾泰語之tam-aci，首見於慈恩寺傳，然不能斷言其原爲突厥語抑爲蒙古語，祇能知其先爲扈從之官，後爲前鋒之士而已。」

按上文撻馬狘沙里爲「管率衆人之官」，則遼時亦應爲一騎兵扈從隊伍。太祖曾爲「撻馬狘沙里」，則遥輦時已有撻馬矣。本史卷七穆宗紀：「應曆十五年四月，小黄室韋叛，仍令撻馬尋吉里持詔招諭。十六年正月，殺撻馬失魯。」卷八景宗紀：「保寧三年九月，又以潛邸給使者爲撻馬部，置官掌之。八年十一月，宋主匡胤殂，其弟炅自立，遣使來告。辛卯，遣郎君王六、撻馬涅木古等使宋弔慰。」卷九景宗紀乾亨元年正月，「遣撻馬長壽使宋，問興師伐劉繼元之故」。撻馬之職事爲侍衛、護衛，亦受臨時差遣。金史卷五七百官志三：「猛安，從四品。司吏四人，譯一人，撻馬、差役人數並同舊例。諸謀克，從五品。女直司吏一人，譯一人，撻馬。」在諸部族節度使、諸乣、諸移里堇司、諸羣牧所下，均列有撻馬一職。在諸乣下並有注：「撻馬，隨從也。」述案多數職務或稱號，在長期使用中，尤其易代而後，每有不同或不盡同之含義，自屬常例。

〔三〕南部新書庚卷：「李郃爲賀牧，與妓人葉茂蓮江行，因撰骰子選，謂之葉子。咸通以來，天下尚之。」歸田録卷二：「葉子格者，自唐中世以後有之。唐人藏書，皆作卷軸，其後有葉子，其制似今策子。凡文字有備檢用者，卷軸難卷舒，故以葉子寫之，如吴彩鸞唐韻，李郃彩選是也。骰子格本備檢用，故亦以葉子寫之，因以爲名爾。唐世士人宴聚，盛行葉子格，五代，國初猶然。」焦竑國史經籍志卷四下：「偏金葉子格一卷、新定偏金葉子格一卷、繫蒙小葉子格一卷（李後主妃周氏）、小葉子例一卷。」高士奇天禄識餘卷七：「唐國昌公主會韋氏族於廣化里，韋氏諸家好爲葉格戲。南唐李後主妃周氏編金葉子格，此戲自唐咸通以來有之，即今之紙牌。其首選加朱採，豈古六赤編金之遺意耶。遼史稱爲葉格，見第三卷中。」又卷三：「葉格。遼史：宋錢僖公家有葉子揭格之戲，名葉格戲。」索隱卷一：「案宋史藝文志：劉矇叟葉子格三卷，李煜妻周氏繫蒙小葉子格一卷，偏金葉子格一卷、小葉子例一卷。晁公武讀書志：葉子格戲一卷，不著撰人，世傳葉子婦人也。撰此戲晚唐之時，是其戲始於中國。所云婦人者，錢易南部新書謂妓人葉茂蓮，歐陽脩歸田録謂爲葉子青而辨其非。」

景宗、聖宗紀：

飛龍使　掌馬官，亦爲導騎。

横帳　德祖族屬號三父房，稱横帳，宗室之尤貴者。〔一〕

著帳　凡世官之家洎諸色人，因事籍没者爲著帳户，官有著帳郎君。

杓窊印　杓窊，鷙鳥總稱，以爲印紐，取疾速之義。凡調發軍馬則用之，與金魚符、銀牌畧同。〔二〕

國舅帳剋　官制有大國舅帳，此則本帳下掌兵之官。

拜奥禮　凡納后，即族中選尊者一人當奥而坐，以主其禮，謂之奥姑。送后者拜而致敬，故云拜奥禮。

拜山禮　祀木葉山之儀。

敞穩　諸帳下官。亦作常袞，蓋字音相近也。〔三〕

萬役陷河冶〔四〕　地名。本漢土垠縣，有銀礦。太祖募民立寨以專採煉，故名陷河治。

合蘇衮 女直別部名，又作曷蘇館。

執手禮 將帥有克敵功，上親執手慰勞；若將在軍，則遣人代行執手禮。優遇之意。

阿札割只 官名。位在樞密使下，蓋墩官也。〔五〕

四捷軍 遼以宋降者分立二部：一曰四捷軍，一曰歸聖軍。

山金司 以陰山産金，置冶採煉，故以名司；後改統軍司。

〔一〕按此解源於本史卷七三耶律頗德傳，傳云：「舊制，肅宗以下宗室稱院，德祖宗室號三父房，稱横帳。百官子弟及籍没人稱著帳。」契丹國志卷二三：「至阿保機變家爲國之後，始以王族號爲横帳。」本史卷六六皇族表稱横帳孟父房（包括仲父房、季父房）。卷八八耶律資忠傳：「資忠，系出仲父房。初，資忠在高麗也，弟昭爲著帳郎君，坐罪没家産，至是，乃復横帳，且還舊産。」卷八二耶律隆運傳：「統和二十二年，從太后南征，及河，許宋成而還。徙王晉，賜姓，出宫籍，隸横帳季父房。」本史卷三三營衛志下：「横帳三父房族。」以上均以三父房同屬於横帳之内。檢卷四五百官志一：「北面諸帳官。遼俗東嚮而尚左，御帳東嚮，遥輦九帳南嚮，皇族三父帳北嚮。東西爲經，南北爲緯，故謂御營爲横帳云。」據此則横帳僅指東嚮之御帳，其北嚮之三父帳則不與焉。横字取名爲經緯縱横之義。日人稻葉岩吉撰契丹横賜横宣釋（見史林十七卷一號，一九三二年一月)，謂横帳之義爲黄帳，黄色之來歷則以蒙古語西喇爲黄，世里爲西喇對音。然横進横賜爲特進、特賜之義，縱以横帳比横進，亦不能謂横帳爲黄帳。

横帳範圍有廣狹差别，頗德傳所稱爲廣義者包括三父房爲舊制；則百官志所記者應爲以後之制。卷六四皇子表以太祖子孫屬横帳，其三父房只稱孟父、仲父、季父，不冠横帳，與百官志合。本史卷一六聖宗紀開泰八年十月，「詔横帳三房不得與卑小帳族爲婚」。此横帳三房應是三房統屬於横帳。契丹國志卷一八耶律隆運傳：「又以隆運一族附籍横帳，列於景宗廟位。契丹横帳，猶宋朝玉牒所也。」是横帳除指帳而外，尚有指牒籍之義。新五代史卷七二契丹附録：「(阿保機)以其所居横帳地名爲姓曰世里。……德光乃西徙横帳居捺刺泊。」均指帳。指籍之用更廣，本史卷一四聖宗紀統和二十三年十一月，「詔大丞相耶律德昌出宫籍，屬於横帳」。卷二二道宗紀清寧九年七月，「耶律良密告重元變，命籍横帳夷離菫房」。咸雍八年耶律仁先墓誌銘：「遠祖曰仲父述剌實魯于越，即第二横帳。」(見全遼文卷八)武溪集卷一八契丹官儀云：「惕隱司掌宗室，國舅司掌蕭氏，常衮司掌庶姓耶律氏。其宗室爲横帳，庶姓爲摇輦。……不在此籍，即屬十宫院及南北王府矣。」横帳指宗室，與庶姓摇輦對稱，當然包括三父房，而横帳爲籍，有譜牒之義，亦可畧見。

〔二〕按此解源於本史卷五七儀衛志三：「杓窊印，杓窊，鷙鳥之總名，以爲印紐，取急速之義。行軍詔賜將帥用之。道宗賜耶律仁光鷹紐印，即此。」卷一一聖宗紀：「統和四年三月，賜斜軫彰國軍節度使杓窊印，以趣征討。四月，遣抹只、謀魯姑、勤德等領偏師以助休哥，仍賜旗鼓、杓窊印，撫諭將校。」漢語鷹紐印，契丹語杓窊印。卷三三營衛志：「『稍瓦』，鷹坊也。」杓、稍，漢義謂鷹，窊，紐也。

〔三〕敞穩亦作常袞，屬譯寫字歧。見上文常袞。

〔四〕按萬爲人名，姓李氏，官秘書省正字。本史卷一五聖宗紀開泰元年七月，因上書獲罪，徙役陷河冶。本條下文只釋陷河冶，「萬役」二字衍。

〔五〕見本書卷四五百官志一阿札割只注〔一〕。

興宗紀：

別輦斗　地名。

虎骷下北潘切。　婆離八部人名。

解洗禮　解裝前祓，飲至之義。〔一〕

獨盧金　地名。六院官屬秋冬居之。

行十二神纛禮　神纛解見前。凡大祭祀、大朝會，以十二纛列諸御前。

南撒葛栢　地名。

合只忽里　地名。

拖古烈　地名。〔二〕

曷里狘　地名。

〔一〕春秋左氏傳桓公十六年秋七月，「公至自伐鄭，以飲至之禮也。」舊唐書卷三太宗紀貞觀十四年十二月丁酉，「交河道旋師。吏部尚書、陳國公侯君集執高昌王麴智盛，獻捷于觀德殿，行飲至之禮，賜酺三日。」

〔二〕初見本史卷二二道宗紀清寧八年六月。洪武本華夷譯語鳥獸門：「（牛）犢曰土忽勒。」即此拖古烈。漢譯犢山。使遼圖抄作犢兒山。即本史卷三二營衛志作吐兒山者，吐兒爲犢兒音訛，犢兒則土忽勒或拖古烈。佗賴爾亦同音譯歧。契丹語：兔曰陶里佗賴爾、拖古烈，漢義兔兒。

道宗紀：

塔里捨　地名。

撒里乃　地名。

三班院祗候　左右班并寄班爲三班。祗候，官名。

高墩　遼排班圖，有高墩、矮墩、方墩之列。自大丞相至阿札割只，皆墩官也。

天祚紀：

侯里吉　地名。

頭魚宴　上歲時鈎魚，得頭魚，輒置酒張宴，〔一〕與頭鵝宴同。

訛莎烈　地名。

漚里謹　地名。

㦃撻新查剌　地名。

射粮軍　射，請也。〔二〕

女古底　地名。

落昆髓　地名。

阿里軫斗　地名。〔三〕

忽兒珊　西域大軍將名。〔四〕

起兒漫　地名。

虎思斡魯朶　思亦作斯，有力稱。斡魯朶，宮帳名。〔五〕

葛兒罕　漠北君王稱。

〔一〕參本書卷三二營衛志春捺鉢注〔三〕。

周必大二老堂雜志卷四：「贊寧物類相感志引博物志：東海有牛魚，其形如牛，剥其皮懸之。潮水至則毛起，退則毛伏。今東牟有海牛島，其牛無角，足似龜，長丈餘，尾若鮎云。」拾遺卷二三：「鶚案王易燕北録云：牛魚即鱘之大者。程大昌又以爲牛魚似牛形，蓋祖贊寧之説，其實非也。」周麟之海陵外集：「牛魚出混同江，其大如牛，或云可與牛同價，故名。」方以智通雅卷四七：「牛魚，即北方之鮪類也。契丹主達魯河鉤牛魚，以其得否爲歲占。」金史卷三一禮志薦新：「正月，鮪，明昌間用牛魚，無則鯉代。」末注云：「牛魚狀似鮪，鮪之類也。」

〔二〕一種雜役兵，其地位次於正軍。

〔三〕本史卷三〇耶律淳紀事：「天慶五年，會金兵至，聚兵戰于阿里軫斗。」金史卷二太祖紀：「收國元年正月，遼軍潰圍出，逐北至阿婁岡。」疑即此地。別有地名烏里質斗，質斗、軫斗，應即庫烈兒温都兒之温都。温都，漢語譯山阜，此譯岡。

〔四〕按本史卷三〇天祚帝紀保大五年後附耶律大石紀事，應作「西域大軍名」，「將」字衍。忽兒珊亦作忽羅珊，西域伊斯蘭教聯軍，因會戰於克忒旺平原，亦稱克忒旺大戰。

〔五〕虎思，滿洲字hosun，意謂堅固。斡魯朵此解宫帳名，猶言宫帳也。參下文算斡魯朵條。

一九三〇年通報伯希和評文斡耳朵：「古突厥語的ordu，此言營帳或宫殿；中世紀時，從突厥語移植到蒙古語中，始讀作ordu，繼讀作ordo；後經君臨俄屬中亞的成吉思汗後裔又從突厥語移植到波斯語中，最後移植到印度斯坦語中，而成爲印度的蒙古朝廷用語之代稱，即urdu是已。金帳汗之帳（Horde）字，當然是從ordu字而來，我們語言中的horde名詞（猶言烏合之衆），也是本於此字的。黄河的河套名稱鄂爾多斯（ordos），就是ordo的蒙古語多數，因爲其地以成吉思汗后妃結營帳（斡耳朵）而得名。」（見馮承鈞譯西域南海史地譯叢五編）

志

禮志〔一〕

祭東　國俗，凡祭皆東向，故曰祭東。

敵烈麻都　掌禮官。

旗鼓拽剌　拽剌，官名。軍制有拽剌司；此則掌旗鼓者也。

爇節　歲時雜禮名。〔二〕

九奚首　奚首，營帳名。

食羖之次　大行殯出，羣臣以羖羊祭于路，名曰食羖之次。

禳祭上於琰切。　凡出征，以牝牡麃各一祭之曰禳，詛敵也。

勘箭　車駕遠歸，閤門使持雄箭，勘箭官持雌箭，比較相合，而後入宫。〔三〕

檐牀　一人肩任曰檐，兩人以手共舁曰牀。

攢隊　士卒攢簇，各爲隊伍。

方裀、朵殿　凡御宴，官卑，地坐殿中方墩之上；其不應升殿，則賜坐左右朵殿。

地拍　田鼠名。正旦日，上於憁間擲米團，得隻數爲不利，則燒地拍鼠以禳之。

廼捏咿呪　正月朔旦也。

押里剅　押讀作狎，剅讀作頗。〔四〕二月一日也。六月十八日宴國舅族，亦曰押里剅。

陶里樺　上巳日，射兔之節名。

討賽咿呪　重午日也。

賽伊呪奢　日辰之好也。

捏褐耐　犬首也。〔五〕

必里遲離　重九日也。

戴辣　燒甲也。

炒伍侕尀　戰名也。〔六〕

卓帳　卓，立也。帳，氈廬也。〔七〕

〔一〕志字原脱，依史前後文例補。按語解次序，與本史正文目次不合。語解缺樂志。

〔二〕按本史卷四九禮志入吉儀，未列雜禮。俗曰燒飯。

契丹國志卷二三曰：「既死，則設大穹廬，鑄金爲象。朔望、節辰、忌日輒致祭。築臺高丈餘，以盆焚食，謂之燒飯。」

〔三〕參本書卷五一禮志四勘箭儀注〔三〕。

〔四〕燕北雜記：「二月一日，番中蕭姓者請耶律姓者於本家筵席，番中呼此節爲瞎里尀，六月十八日，耶律姓卻請蕭姓者，亦名瞎里尀。」本史卷七四韓延徽傳：「『匣列』，遼言復來也。」瞎里，即匣列，尀，時也。

〔五〕犬，原誤「大」。據本史卷五三禮志六及契丹國志卷二七改。

〔六〕炒伍侕，戰也；尀，時也。此「戰名也」當作戰時也。

燕北雜記：「臘月，戎裝飲酒，呼爲粆離尀。」粆離是戰，尀是時。

契丹國志卷二七歲時雜記臘月條：「臘月，國主帶甲戎裝，應番漢臣諸司使已上并戎裝，五更三點坐朝，動樂飲酒罷，各等第賜御甲、羊馬。北呼此節爲粆離尀，漢人譯云粆離是戰，尀是時，是戰時也。」臘月，應作臘月辰日或臘辰日較切。

〔七〕宣和畫譜卷八：「胡瓌有毳幕卓歇圖一，平遠番部卓歇圖二。」

百官志：

石烈辛衮　石烈官之長。〔一〕

令穩　官名。〔二〕

彌里馬特本　官名，後陞辛衮。

麻普　即麻都不，縣官之副也，初名達剌干。〔三〕

知聖旨頭子事　掌誥命奏事官。

提轄司　諸宫典兵官。〔四〕

皮室　軍制，有南、北、左、右皮室及黄皮室，皆掌精兵。〔五〕

廳房　即工部。〔六〕

梅里　貴戚官名。述律皇后族有慎思梅里、婆姑梅里，未詳何職。〔七〕

抹鶻　瓦里司之官。

先離撻覽　奚、渤海等國官名，疑即撻林字訛。〔八〕

〔一〕本史卷四六百官志二：大部族石烈，設夷離堇、麻普、牙書，彌里設辛衮。小部族石烈設令穩、麻普、牙書，彌里設辛衮。

〔二〕本史卷三三營衛志下：「品部，太祖更諸部夷離堇爲令穩。統和中，又改節度使。」屬國同大部稱大王；屬部同部族稱令穩。

元朝秘史卷一：「海都生三子，一名察剌孩領忽。」元史譯文證補卷一上作「扯勒黑領昆」。又云：「領昆爲乞觧官名，因地與乞觧鄰，故用其稱號。蒙兀語訛爲領忽。」原注：「令穩，蓋即領昆，遼之官名，始見於此。」忽、昆，穩爲K、H、G譯寫音變。令穩作令衮，敞穩作常衮，亦此類例。

〔三〕達剌干爲初名，麻普即麻都不，爲後改之名。又作馬步、馬都不。岑仲勉突厥集史、西突厥史料補闕及考證二書中，其突厥語及其相關外語之漢文譯寫的考定表與突厥語及伊、印語之漢文譯寫表有達干targan、Darghan達干、達官、達幹、鐸幹。Targan（Darghan）當係達剌干對音。輟耕録卷一云：「答剌罕，譯言一國之長，得自由之意，非勳戚不與焉。太祖龍飛日，朝庭草創，官制簡古，惟左右萬户，次及千户而已。丞相順德忠南獻王（哈喇哈孫）之曾祖啟昔禮，以英才見遇，擢任千户，賜號答剌罕。至元壬申，世祖録勳臣後，拜王宿直官，襲號答剌罕。」郭造卿盧龍塞畧卷一九品職門：「頭目曰打剌汗。」打剌汗即答剌罕、達剌干、達干一語。其事則隨時代而不同。

〔四〕本史卷三五兵衛志中：「有兵事，則五京、二州各提轄司傳檄而集。」

〔五〕皮室，金史卷二太祖紀作毗室，又卷七六杲傳、宗幹傳並作脾室。武溪集卷一八契丹官儀云：「又有左右等五比室（原注：比音脾，亦音櫛比之比。）契丹謂金剛爲比室，取其堅利之名也。」今蒙古語有Bisi，Büsü，含堅固之義，應即皮室譯音。南皮室即右皮室，北皮室即左皮室，敵烈皮室，徒魯古皮室同爲部族應皮室之選者，至於黃皮室可能是黃皮室韋之省，詳本史卷四六百官志二。統領皮室之官亦稱皮室，卷三太宗紀天顯十二年十月，遣皮室胡末里回報諸國賀使。宋史卷二七五尹繼倫傳：「殺其將皮室一人，皮室者，契丹相也。」均用爲指官皮室之一人。

〔六〕三朝北盟會編政宣上秩二二引亡遼録：「户房、廳房——即工部也，主事各一員。」

〔七〕梅里列舍利司中，與舍利並列。本史卷七一淳欽皇后傳：「其先回鶻人糯思，生魏寧舍利，魏寧生慎思梅里，慎思生婆姑梅里。」婆姑即淳欽后之父。卷三太宗紀天顯十二年三月，「遣郎君的烈古，梅里迭烈使晉」。五代會要卷二九：「梁開平元年四月，遣其首領袍笏梅老等來貢方物。」梅老即梅里。此語應源於回鶻、突厥，册府元龜卷九八〇：「（貞元）六年春，迴鶻國人立忠貞（可汗）之子爲可汗，乃遣達比特勒梅録將軍告忠貞可汗之哀於我。」岑氏突厥集史附録突厥語及其相關外語之漢文譯寫的考定表：「Buyrug 梅録、梅禄、梅勒（章京）。」又卷一六突厥文闕特勒碑注釋云：「梅録（bujuruq）于闐文büruki，Käšγari作büruq，此云

chamberlain 或officer 也。清之梅勒章京，應溯源於此。」遼初所見梅里事例，多充使者。梅里、舍利並列，殆同屬閒員，仿如漢官員外郎之比。

〔八〕撻覽，即撻林，亦作闥林，見本卷上文太祖紀注〔一八〕。本史卷一一聖宗紀統和四年八月，「置先離闥覽官六員，領于骨里、女真、迪烈于等諸部人之隸宮籍者」。

營衛志：

象吻　黄帝治宫室，陶蚩尤象置棟上，名曰蚩吻。

瓦里　官府名，宫帳、部族皆設之。凡宗室、外戚、大臣犯罪者，家屬没入於此。〔一〕

抹里　官府名。閘撒狘亦抹里官之一。

算斡魯朵　算，腹心拽剌也。〔二〕斡魯朵，宫也。已下國阿輦至監母，皆斡魯朵名；其注語，則始置之義也。

國阿輦　收國也。

奪里本　討平也。〔三〕

耶魯盌　興旺也。〔四〕

蒲速盌　義與耶魯盌同。〔五〕

女古　金也。〔六〕

孤穩　玉也。〔七〕

窩篤盌　孳息也。〔八〕

阿斯　寬大也。〔九〕

阿魯盌〔一〇〕　輔佑也。

得失得本〔一一〕　孝也。

監母　遺留也。

〔一〕族字原脱。宗，原誤「宫」。據大典五二五二及本史卷四五百官志一補正。今達斡爾語有war，本義爲進入，用作名詞時，義爲進入之場所、地方或區域。元朝秘史有斡欒（字左加注舌字，似表示發音特點），謂進入處、睡卧處。

〔二〕元朝秘史續集卷二有「莎汪」，義謂選拔精萃。或謂算與莎汪音近，此宫亦是選諸部豪健千餘人組成。其義相近。亦不愜。本史卷三一營衛志上：「國語心腹曰『算』。」增拽剌二字無據。

〔三〕按本史卷三一營衛志上：奪里本斡魯朵，穆宗置。次蒲速盌斡魯朵之後。

〔四〕按本史卷三一營衛志上：「耶魯盌斡魯朵，世宗置。興盛曰『耶魯盌』。」金史卷一二一温迪罕蒲睹傳有耶魯瓦羣牧使，耶魯瓦即耶魯盌。

〔五〕按本史卷三一營衛志上：「蒲速盌斡魯朵，應天皇太后置，興隆曰『蒲速盌』。」

〔六〕按本史卷三一營衛志上：「女古斡魯朵，聖宗置。」次孤穩斡魯朵之後。

〔七〕按本史卷三一營衛志上：「孤穩斡魯朵，承天太后置。」次監母斡魯朵之後。

〔八〕孳，原誤慈，據本史卷三一營衛志上改。

〔九〕寬，原誤實，據本史卷三一營衛志上改。藕絲淀又稱廣平淀。藕絲即阿思異譯，廣平猶寬大之義。耶律鑄雙溪醉隱集卷四寬甸有感詩，序云：「和林城有遼碑，號和林北河外一舍地爲寬甸，廣輪可數十百里，列聖春夏所遊幸也。」寬甸亦即廣平淀，雖非一地，取名相同，寬甸猶今言廣場。

〔一〇〕阿，原誤何，據本史卷三一營衛志上改。

〔一一〕得失得本，本史卷三一營衛志上作赤寔得本。

地理志：

屬珊　應天皇后從太祖征討，所俘人户有技藝者置之帳下，〔一〕名屬珊，蓋比珊瑚之寶。

永州　其地居潢河、土河二水之間，故名永州，蓋以字從二、從水也。

鄭頡上慕各切，下胡結切。　渤海郡府名。

且慮皆平聲。　興中府縣名。〔二〕

豯養上音奚。　幽州澤藪名，見周職方。

蓄、時　幽州浸名，出同上。

墮瑰　門名，遼有墮瑰部。〔三〕

野旅寅　野謂星野；旅謂躔次；寅者辰舍。東北之位，燕分析津之所也。

〔一〕「有技藝者置」五字原缺，據陳士元諸史夷語音義卷三補。置，大典卷五二五二作「隸」。元史卷二〇三孫威傳：「孫威有巧思。善爲甲，嘗以意製蹄筋翎根鎧以獻，太祖親射之，不能徹，大悅，賜名也可兀蘭。」欽定遼史語解卷二：「舒新。滿洲語鐵鑿也，卷三十五作屬珊。」亦與技藝相關。

述律后置長寧宮，亦作長樂宮。本史卷七四韓匡嗣傳：「（韓）匡嗣以善醫，直長樂宮，皇后視之猶子。」

〔二〕本史卷三九地理志三：「興中府閭山縣，本漢且慮縣。」非遼時興中府下仍有且慮縣也。

〔三〕諸史夷語音義卷三：「奚酋胡遜門名墮瑰，太祖滅奚，因其門名置爲墮瑰部。」

儀衛志：

金㚇下祖叢切。　馬首飾也。〔一〕

果下馬　馬名。謂果樹下可乘行者，言其小也。〔二〕

實里薛衮　祭服之冠，行拜山禮則服之。

鞊鞢帶上他協切，下徒協切。　武官束帶也。〔三〕

扞腰　即拄腰，以鵝項、鴨頭爲之。

胡木鍪　胄名。

鞡馬上音誕。　馬不施鞍轡曰鞡。

白毦音餌。　以白鷺羽爲綱，又罽也。

〔一〕參本書卷五五儀衛志漢輿注〔三〕。

〔二〕後漢書卷一一五東夷傳：「濊有果下馬。」注：「高三尺，乘之可於果樹下行。」初學記卷二九：「魏志曰：『穢國出果下馬，漢時獻之，高三尺。』」北齊書卷一五尉景傳：「先是，景有果下馬，文襄求之，景不與。」

〔三〕金史卷六五謝里忽傳：「列鞢者，腰佩也。」

夢溪筆談卷一：「中國衣冠，自北齊以來，乃全用胡服。窄袖、緋緑短衣，長靿靴、有鞢𩍐帶，皆胡服也。窄袖利於馳射，短衣、長靿皆便於涉草。胡人樂茂草，常寢處其間，予使北時皆見之。雖王庭亦在深薦中。予至胡庭日，新雨過，涉草，衣袴皆濡，唯胡人都無所霑。帶衣所垂鞢𩍐，蓋欲佩帶弓劍、帉帨、算囊、刀礪之屬。自後雖去鞢𩍐，而猶存其環，環所以銜鞢𩍐，如馬之鞦根，即今之帶銙也。」

兵衛志：

捉馬　拘刷馬也。

欄子軍　居先鋒前二十餘里，偵候敵人動静。

弓子鋪　遼軍馬頓舍，不設營塹，折木稍爲弓，以爲團集之所。又諸國使來，道旁簇置木稍弓，以充欄楯。

食貨志：

云爲户〔一〕　義即營運，字之訛。

刑法志：

鐘院　有冤者擊鐘，以達于上，猶怨鼓云。

楚古　官名。掌北面訊囚者。〔二〕

〔一〕户，原誤「所」。據大典卷五二五二及本史卷五九食貨志上改。

〔二〕訊，原誤「詔」。據大典卷五二五二改。「楚古」似是訊囚官人名。

表

皇子表：

五石烈　即五院。非是分院爲五，以五石烈爲一院也。

六爪　爪，百數也。遼有六百家奚，後爲六院，〔一〕義與五院同。二院，即迭剌部析之爲二者是也。

裂麃皮　麃，牡鹿。力能分牡鹿皮。

〔一〕「六」字原脱，據大典卷五二五二補。

世表：〔一〕

莫弗紇　諸部酋長稱，又云莫弗賀。

蠕蠕而宣切。　國名。〔二〕

俟斤　突厥官名。〔三〕

〔一〕世表，大典卷五二五二作先世表。

〔二〕魏書卷一〇三：「蠕蠕，東胡之苗裔也。姓郁久閭氏，始神元之末，掠騎有得一奴，髮始齊眉，忘本姓名。其主字之曰木骨閭。『木骨閭』者，首秃也。木骨閭與郁久閭聲相近，故後子孫因以爲氏，木骨閭既壯，免奴爲騎卒。穆帝時，坐後期當斬，亡匿廣漠谿谷間，收合逋逃，得百餘人，依紇突鄰部。木骨閭死，子車鹿會雄健，始有部衆，自號柔然，而役屬於國，後世祖以其無知，狀類於蟲，故改其號爲蠕蠕。」

〔三〕俟斤，見於新唐書卷二一五下，卷二一七上，卷二一八、卷二一九。新唐書釋音均作「上渠之切」，讀若奇。伯希和中亞史地叢考云：「舊唐書西突厥傳所舉官號，俟斤之外别有乙斤，此乙斤似即irkin（erkän）。舊唐書以同一官號譯作兩名，固頗有其可能，然不能謂其顯然必是也。」

見馮承鈞西域南海史地考證譯叢五編。

遊幸表：

舔鹹鹿〔一〕　鹿性嗜鹹，灑鹻於地以誘鹿，射之。

女瓌〔二〕　虞人名。

〔一〕舔，本書亦作舐；鹹，本書亦作鹻。字通。本史卷三二營衛志中云：舐鹻鹿又名呼鹿。蓋先誘以鹽，又引以鳴聲，既集而射之。

〔二〕瓌，原誤「瓖」。據大典卷五二五二及本史卷七穆宗紀應曆十四年八月、十八年九月改。

列傳

可敦　突厥皇后之稱。〔一〕

忒里蹇　遼皇后之稱。

耨斡麽　麽，亦作改。耨斡，后土稱。麽，母稱。〔二〕

乙室、拔里　國舅帳二族名。〔三〕

諸功臣傳：

龍錫金佩　太祖從兄鐸骨札以本帳下蛇鳴，命知蛇語者神速姑解之，知蛇謂穴傍樹中有金，往取之，果得金，〔四〕以爲帶，名「龍錫金」。

撒剌　酒樽名。〔五〕

遥輦糺　遥輦帳下軍也。其書永興宮分糺、十二行糺、黄皮室糺者，倣此。

吐里　官名。與奚六部秃里同。吐、秃字訛。〔六〕

寢殿小底　官名。遼制多小底官，餘不注。〔七〕

雜丁黄　禮，男幼爲黄，四歲爲小，十六爲中，二十一爲丁。軍中雜幼弱，以疑敵也。

遥輦剋　遥輦帳下掌兵官。

柢枑　宫衛門外行馬也。〔八〕

榾柮犀　千歲蛇角，又爲篤訥犀。〔九〕

珠二琲下蒲昧切。　珠五百枚爲琲。

題里司徒　題里，官府名。

座中上陟栗没。 地名。

堂印 博之采名。〔一〇〕

臨庫 以帛爲通曆，具一庫之物，盡數籍之，曰臨庫。

堂帖 遼制，宰相凡除拜，行頭子堂帖〔一一〕權差；俟再取旨，〔一二〕出給告敕。 故官有知頭子事。 見陰山雜録。

夷離堇畫者 畫者人名，爲夷離堇官。

虎斯 有力稱。 紀言「虎思」，義同。

〔一〕虞集道園學古録卷二四高昌王世勳碑作安敦。 元朝秘史卷一一作阿勒屯，舊唐書卷一九四上作可賀敦，新唐書卷二一五上作可敦。

〔二〕麼、改二音相差甚遠，改應是牧字形訛。 耨斡麼契丹字作[illegible]。 宋史卷八真宗紀贊：「契丹其主稱天，其后稱地。」地即指后土。 [illegible]與[illegible]對稱，見全遼文附録三圖版契丹字道宗皇帝哀册第二十行，義當乾坤。

〔三〕本史卷四五百官志一作乙室已。

〔四〕「樹中有金往取之果」八字原缺，據大典卷五二五二補。 諸史夷語音義卷三作「有金鐸骨札掘之乃」八字。

〔五〕本史卷七三耶律斜涅赤傳：「遼言酒樽曰撒剌。」高麗史卷八九后妃傳：「察剌盞兒……諸器名皆蒙古語也。」元史語解卷一：「察喇，注祭器也。」

〔六〕本史卷七三耶律欲穩傳：「弟霞里，終奚六部禿里。」卷七四耶律敵剌傳：「代轄里爲奚六部吐里。」卷八八蕭拔剌傳：「開泰間，累遷奚六部禿里太尉。」卷三〇天祚帝紀保大五年後附耶律大石紀事有茶赤剌部禿魯耶律燕山。禿魯亦即禿里。

〔七〕武溪集卷一八契丹官儀：「十宮院人呼小底，如官奴婢之屬也。」丁謂晉公談録：「皇城使劉承規在太祖朝爲黄門小底。」劉知幾史通外篇雜説中：「渠、們、底、箇，江左彼此之辭；乃、若、君、卿，中朝汝我之義。」隋唐嘉話卷下：「崔湜爲中書令，張嘉貞爲舍人，湜輕之，常呼爲張底。」是小底原爲漢語。但遼有寢殿小底、筆硯小底，亦單獨稱小底。宋會要蕃夷一：「建隆八年（應曆十七年）八月契丹遣使來聘。賜冠帶器幣有差，使、副衣著百匹，銀器百兩。通事衣著五十匹，銀器五十兩。小底、書表二人，各衣著三十匹。軍將、馬羣、蹋馬、拽剌、梅里等四十六人，各衣著二十匹。」在三節人使中屬中下節。本史卷九六耶律良傳：「重熙中，補寢殿小底，尋爲燕趙國王近侍。」卷九八耶律胡吕傳：「重熙末，補寢殿小底。以善職，屢更華要。」另有蕭陶蘇斡曾任筆硯小底，女里曾任習馬小底，職事未同，地位相若。

〔八〕柢柂，周禮天官冢宰第一掌舍中作梐柂，注云：「梐柂，謂行馬。」

〔九〕榾柮犀，金史卷六四世宗昭德皇后傳又作骨睹犀。又卷九三洪裕傳作骨覩犀。周密雲烟過眼録卷上：「伯幾又云：骨柮犀，乃蛇角也，其性至毒，而能解毒。……葉森於延佑庚申夏，見其子必明將骨柮犀刀把二來者，即此也。其花文似今市中所賣糖糕，或有白點，或如嵌糖糕點，以手摩之，作巖桂香，若摩之無香者，乃僞物也。」劉郁西使記：「骨篤犀，大蛇之角也，解諸毒。」南村輟耕録卷二九：「骨咄犀，蛇角也。其性至毒而能解毒，蓋以毒攻毒也。故曰蠱毒犀。唐書有古都國，必其地所産，今人譌爲骨拙耳。」（同見慎懋官華夷花木鳥獸珍玩考）松漠紀聞補遺：「契丹重骨拙犀，犀不大，萬株犀無一不曾作帶紋，如象牙帶黄色，止是作刀把，已爲無價。天祚以此作兔鶻（中國謂之腰條皮）插垂頭者。」

〔一〇〕拾遺引劉攽漢官儀曰：「博采堂印。」又曰：「金印紫綬。」賓退録卷四：「按皇甫松所著醉鄉日月三卷載『骰子令』云：聚十隻骰子齊擲，自出手六人，依采飲焉。堂印本采人勸合席，碧油勸擲外，三人骰子聚於一處，謂之酒星。依采聚散，骰子令中改易不過三章，次改鞍馬令不過一章。又有旗旛令、閃擪令、抛打令，今人不復曉其法矣。」

〔一一〕夢溪筆談卷一：「唐中書指揮事謂之『堂帖子』，曾見唐人堂帖，宰相簽押，格如今之堂劄子也。」長編太宗至道二年七月丙寅：「上又曰：『前代中書有堂帖指揮公事，乃是權臣假此名以威服天下。太祖朝，趙普在中書，其堂帖勢重於敕命，尋亦令削去，今何爲却置劄子？劄子與堂帖乃大同小異耳。』張洎對曰：『劄子蓋中書行遣小事，亦猶京百司有符帖、關刺，若廢之，則別無公式文字可以指揮。』上曰：『自今大事，須降敕命，合用劄子亦當奏裁，方可施行也。』」（宋會要職官一同）通鑑後晉高祖天福二年六月：「閩主又以空名堂牒使醫工陳究賣官於外。」胡注：「堂牒，即今人所謂省劄。空名者，未書所授人名，既賣之得錢而後書填。」癸辛雜識別集卷上王積翁條叙王積翁降北朝，奉使宣諭日本。至温陵，拘用任大公家四舶，以好語、官職誘之，且付以「空頭總管文帖」。後反爲任所殺。此「空頭總管文帖」即「空名省劄」。

〔三〕旨，原誤「二日」，據本史卷三二營衛志中改。

國語解補

今將遼史國語解所未列出之國語補列於後。國語之外，風俗物産，皆綴輯焉。〔一〕

〔一〕拾遺卷二四國語解補：「鶚案：遼史國語解，亦有不專爲國語者，如君基太乙神、葉格戲、果下馬、堂印、堂帖之類。余於史文所有，而注未詳者，列於前；史文所未有，今補者，列於後。國語之外，風俗物産，皆綴輯焉。」

貔貍　形如鼠而大，足短，穴居，食果穀，嗜肉，味極肥美。〔一〕

〔一〕夢溪筆談卷二五：「刁約使契丹，戲爲四句詩曰：『押宴移離畢，看房賀跋支，餞行三匹裂，密賜十貔貍。』皆紀實也。移離畢，官名，如中國執政官。賀跋支，如執衣防閤。匹裂，小木罌，以色綾木爲之，如黄漆。貔貍，形如鼠而大，穴居，食果穀，嗜肉，狄人爲珍膳，味如㹠子而脆。」畫墁録：「遼歲使正旦生辰馳至京，見畢，密賜大使一千五百兩，副使一千三百兩，中金也。南使至北帳殿前見畢，亦密賜羊羓十枚，毗黎邦十頭。毗黎邦，大鼠也，彼中上供佛，善麋物，如豬貒，若以一臠置十斤肉鼎，即時糜爛，臣下不敢畜，惟以賜南使。紹聖初，備員北使，亦蒙此賜。余得之即縱諸田，遼傳大駭，亟求不見，乃曰：『奈何以此縱之？唯上意禮厚南使，方有一枚，本國歲課，其方更無租徭，唯此採捕十數，以擬上供，一則以待南使也。如帳前問之，某等皆被責。今已四散收捕。』因辭以不殺無用。自爾直至還界，無日不及之嗟惜也，其貴重如此。」澠水燕談録卷八：「契丹國産毗貍，形類大鼠而足短，極肥。其國以爲殊味，穴地取之，以供國主之膳。自公、相下，不可得而嘗。常以羊乳飼之。頃年虜使嘗攜至京，烹以進御。今朝臣奉使其國者，皆得食之，然中國人亦不嗜其味也。」家世舊聞卷上：「楚公使虜歸，攜所得貔貍至京師。先君言：猶記其狀，如大鼠而極肥腯，甚畏日，偶爲隙光所射，輒死。性能糜肉，一鼎之内，以貔一臠投之，旋即糜爛，然虜人亦不以此貴之，但謂珍味耳。」齊東野語卷一六：「澠水燕談載契丹國産大鼠曰毗狸。浮休使遼録亦謂有令邦者，以其肉一臠，置之食物之鼎，則立糜爛，是以愛重。……數説皆微有異同，要之即此一物，亦竹[鼠留]、貛狸之類耳。近世乃不聞有此，扣之北客，亦多不知，何耶？」劉績霏雪録：「北方黄鼠穴處，各有配匹，掘其穴者，見其中作小土窖，若牀榻之狀，則牝牡所居之處也。秋時蓄黍菽及草木之實以禦冬，各爲小窖，别而貯之。天氣晴和時，出坐穴口，見人則拱兩腋如揖狀，即竄入穴。韓孟聯句所謂禮鼠拱而立者是也。惟畏地猴。地猴形極小，人馴養之，縱入其穴，則銜黄鼠喙曳而出之。味極肥美，北朝恒爲玉食之獻，置官守其處，人不得擅取也。」閲微草堂筆記卷一五姑妄聽之一：「遼重毗離，亦曰毗令邦，即宣化黄鼠。明人尚重之，今亦不重矣。」

述案上述有關貔貍資料中，毗狸，毗黎邦，毗離，毗令邦，令邦應是此獸契丹語名稱。日本島田正郎撰遼代奇獸貔貍考（見大陸雜誌十二卷十一期，一九五六年六月十五日），綜合前人所記貔貍特徵：（一）形類大鼠。（二）足短。（三）極肥。（四）食果穀嗜肉。（五）穴居。（六）味極肥美等。應即下列文獻中所提及之黄鼠。本草綱目卷五一獸部「黄鼠」條之釋名：「時珍曰：『黄鼠晴暖則出坐穴口，見人則交其前足，拱而如揖，乃竄入穴，即詩所謂相鼠有體，人而無禮。韓文所謂禮鼠拱而立者也。古文謂之[鼠犮]鼠，遼人呼爲貔貍。或以貔貍爲竹[鼠留]、貍、貛者，非。胡人亦名令邦。』」又集解：「時珍曰：『黄鼠出太原、大同、延綏及沙漠諸地皆有之。遼人尤爲珍貴。狀類大鼠，黄色，而足短善走，極肥，穴居有土窖如牀榻之狀者，則牝牡所居之處。秋時畜豆、粟、草木之實以禦冬，各爲小窖，别而貯之。村民以水灌穴而捕之。味極肥美，如豚子而脆，皮以爲裘領。遼、金、元時以羊乳飼之，用供上膳，以爲珍饌，千里贈遺，今亦不甚重之矣。』」元楊允孚灤京雜詠卷下：「霜寒塞月青山瘦，草實平坡黄鼠肥。欲問前朝開宴處，白頭宫使往還稀。」又：「怪得家僮笑語回，門前驚見事奇哉。老翁攜鼠街頭賣，碧眼黄髯騎象來。」題云：「黄鼠，灤京奇品。」灤京即上都，今之多倫附近，又知即其特産地也。虜庭事實黄鼠條：「沙漠之野地多黄鼠，畜豆穀於其地以爲食用。村民欲得之，則以水灌其穴，遂出而有獲。見其城邑有賣者，去皮剖腹，甚肥大，虜人相説以爲珍味。則知蘇屬國奉使時，胡婦掘野鼠而食之者，正謂此也。」飲膳正要卷三：「黄鼠，味甘，平，無毒，多食發瘡。」又：「塔剌不花，一名土撥鼠，生山後草澤中，北人掘取以食。」

島田論定貔貍非旱獺，因旱獺極多而黄鼠爲珍品，應是栖息於今熱河之豆鼠，學名稱曰ハタリス（Manchurian Susliks-genus citellus），此與旱獺同屬栗鼠科。

元朝秘史卷一有「貂鼠青鼠野物」。後漢書卷一一五：夫餘國出貂豽，挹婁出好貂，東沃沮有貂、布。新唐書卷二一九北狄傳：「黑水靺鞨，亦曰挹婁，土多貂鼠。」陷北記：「嘔厥律，多黑、白、黄貂鼠皮，北方諸國皆仰足。」契丹國志卷二六：「女真土産青鼠、貂鼠。」明一統志卷二五：

「遼東土産貂鼠皮、青鼠皮，俱東寧衛出。」王圻稗史彙編卷一六地理門：「契丹：貴者披貂裘，以紫黑色爲次。」寧古塔紀畧：「飛牙喀，總名烏稽韃子，其地不産五穀，出魚及貂皮、元狐、黄狐、海螺、黄鼠、灰鼠、水獺。」龍沙紀畧經制：「貂産索倫之東北。捕貂以犬，非犬則不得貂。虞者往還，常自減其食以飼犬，犬前驅，停嗅深草間，即貂穴也。伏伺擒之，或驚竄樹末，則人犬皆息以待其下。犬惜其毛，不傷以齒，貂亦不復戕動。納於囊，徐伺其死，人歲輸一於官。」黑龍江外紀卷八：「今之貢貂，挹婁貂也。布特哈人歲賫糧入山採捕，利在大雪，故秋即去，春始還，往往有空手歸者，則貂之難得可見。説者謂貂見人走入穴者，取之如探囊；升木則稍難，然守待旬日，亦有到手之時，惟匿石罅中，則無計可施，此亦存乎貂丁之際遇耳。貂以榛子爲糧，畜者多飼雞肉。性畏人，近之，瞠目切齒，聲如鼠。見捕嘗緣壁走承塵上，狀如倒挂鳥，其便捷雖猿無以過之。」

匹裂　杯也。〔一〕

〔一〕刁約詩：「餞行三匹裂。」參見上文貔貍條注〔一〕。阮葵生茶餘客話卷一〇：「匹裂，即今之沓杯，俗名套杯，外大内小，古人不過五六。古今詩話：刁約使契丹詩云：『餞行三匹裂。』」契丹國志卷二一契丹賀宋朝生日禮物：「蜜晒山菓十束欙椀，蜜漬山菓十束欙匹列。」宋會要蕃夷一作：「蜜曬山果十棟欙椀，蜜漬山果十棟欙匣烈。」匣應是匹字形誤。

邪希　鹿胎矢也。〔一〕

〔一〕酉陽雜俎前集卷一六：「邪希。有鹿兩頭，食毒草，是其胎矢也。夷謂鹿爲耶，矢爲希。」

曜辣　圭也。〔一〕

〔一〕嘉祐雜志卷上：「契丹謂圭爲曜辣。」

筸郤日　晝晦也，或即日蝕。〔一〕

〔一〕南部新書癸卷：「盧文進，幽州人也。至江南，李氏封范陽王。嘗云：『陷契丹中，屢入絶塞，正晝方獵，忽天色晦黑，衆星燦然。問蕃人云：所謂筸郤日也，以此爲常。頃之乃明，方午也。』」

設罷　侈盛之意。〔一〕

〔一〕中山詩話：「余靖兩使契丹，虜情益親，能胡語，作胡語詩。虜主曰：『卿能道，我爲卿飲。』靖舉曰：『夜宴設罷（侈盛）臣拜洗（受賜），兩朝厥荷（通好）情感勤（厚重），微臣雅魯（拜舞）祝若（苦）統（福祐），聖壽鐵擺（嵩高）俱可忒（無極）。』虜主大笑，遂爲釂觴。」

提烈　種田也。〔一〕

〔一〕燕北雜記：「契丹呼種田曰提烈。」

治夔離　即「萬歲」也。〔一〕

〔一〕燕北録：「戎主太后嚏噴時，但是近位蕃漢臣僚等，并齊道治夔離，漢語『萬歲』也。」容齋隨筆卷四噴嚏條：「今人噴嚏不止者，必噀唾祝云：『有人説我。』婦人尤甚。予按終風詩：『寤言不寐，願言則嚏。』鄭氏箋云：『我其憂悼而不能寐，女思我心如是，我則嚏也。今俗人嚏，云人道我，此古之遺語也。』乃知此風自古以來有之。」宋高似孫緯畧卷二：「按漢藝文志有嚏耳鳴占十六卷，其多如此，則嚏者亦古人深以爲事。月令曰：『季秋行夏令，則人多鼽嚏，是爲病也。』」今燕薊間於小兒嚏噴時，其母或祖母猶曰：「百歲。」

十里鼻　奴婢也。〔一〕

〔一〕燕北雜記：「北界漢兒，多爲契丹凌辱，駡作十里鼻。十里鼻，奴婢也。」

捏骨地　跪也。〔一〕

〔一〕松漠紀聞：「契丹男女拜皆同，其一足跪，一足著地，以手動爲節，數止於三。彼言『捏骨地』者，即跪也。」契丹國志卷二七同。

倍其不離鼓　鼓共十六面，一更及三更時擂動，驚鬼用。〔一〕

〔一〕燕北雜記：「戎主别有鼓十六面，發更時擂動，至三點住，三更再擂，呼爲倍其不離鼓，是驚鬼。」

省事三　蓮藕之一種。〔一〕

〔一〕清異録卷上：「北戎蓮實，狀長少味，出藕頗佳。然止三孔，用漢語轉譯其名，曰省事三。」

喫雀　禳厭時，口作喫雀聲。〔一〕

〔一〕燕北録：「戎主及契丹臣庶，每聞霹靂聲，各相鈎中指，口作喫雀聲，以爲禳厭。」

坤不克　魂風之意。〔一〕

〔一〕燕北録：「戎主及契丹臣庶等如見旋風時，便合眼用鞭子空中打四十九下，口道『坤不克』七聲，漢語『魂風』也，以爲禳厭。」坤不克，燕北雜記克作刻，掃葉山房本契丹國志誤作「剌」。

蔞珍思　熊虎之意。〔一〕

〔一〕燕北録：「凡兵馬應是漢兵，多以『得勝』及『必勝』二字爲號，諸蕃兵以『蔞珍思』三字爲號，漢語『熊虎』二字也。」

旱金花　異花名。〔一〕

〔一〕陷北記：「至湯城淀，地氣最温，契丹若大寒，則就温於此。其水泉清泠，草輭如茸，可藉以寢，而多異花。記其二種：一曰旱金，大如掌，金色爍人；一曰青囊，如中國金燈，而色類藍，可愛。」人海記卷上：「旱金蓮花，瓣如池蓮較小，色如真金，曝乾可致遠。扈從出古北口，塞外山多有之，開花在五六月間，一入秋，莖株俱萎矣。」

青囊花　異花名。〔一〕

〔一〕參見上條旱金花注〔一〕。

賜拐　賜貴官拐，優渥也。〔一〕

〔一〕新五代史卷一〇：「（漢高祖）封北平王，開運四年，王遣牙將王峻奉表契丹，耶律德光呼之爲兒，賜以木拐，虜法貴之，如中國几杖，非優大臣不可得。峻持拐歸，虜人望之皆避道。」

佛裝　婦人以黄物塗面，謂之佛裝。〔一〕

〔一〕張舜民使遼録：「婦人以黄物塗面如金，謂之佛裝。」雞肋編卷上：「（燕地）凡娼皆用『子』爲名，若香子、花子之類。無寒暑必繫綿裙。其良家士族女子皆髡首，許嫁方留髮。冬月以括蔞塗面，謂之佛裝，但加傅而不洗，至春煖方滌去，久不爲風日所侵，故潔白如玉也。」嚴繩孫西神脞説：「遼時婦人有顔色者，目爲細孃。面塗黄，謂之佛裝。宋彭汝礪詩『有女夭夭稱細孃，真珠絡臂面塗黄，南人見怪疑爲瘴，墨吏矜誇是佛裝』是也。」

細孃　遼時謂婦人有顔色者。〔一〕

〔一〕參見上條佛裝注〔一〕。

鐵脚草　異草名。〔一〕

〔一〕王洙王氏談録：「公言：昔使契丹，北人饋客以乳粥，亦北荒之珍。其中有鐵脚草，采取陰乾，投之沸湯中，頃之，莖葉舒卷如生。」

鶻里尀　允偷之時也。〔一〕

〔一〕契丹國志卷二七治盜條：「正月十三日，放國人做賊三日，如盜及十貫以上，依法行遣，北呼爲鶻里尀。漢人譯云：鶻里是偷，尀是時。」燕北雜記治盜條同。

稱小人　國俗，對中人以上説話，皆自稱小人。〔一〕

〔一〕錢世昭錢氏私誌：「燕北風俗，不問士庶，皆自稱小人。宣和間，有遼國右金吾衛上將軍韓正歸朝，授撿校少保節度使，與諸兄同正任班，對中人以上説話，即稱小人；中人以下，即稱我家。每日到漏舍，誦天童經數十遍。其聲琅琅然，且云：『對天童豈可稱我。』自皇天生我，皆改爲小人，云：『皇天生小人，皇地載小人，日月照小人，北斗輔小人』，前後二十餘句，應稱我者，皆改爲小人，誦畢嘆云：『這天童經靈聖。』王才元少師云：『若無靈聖，如何持得許多小人，然小人有母，皆嘗小人之食。小人之稱，其來古矣，施之於經，是可笑也。』」

轉蓬　蓬草遇風，根拔而轉，謂之轉蓬。〔一〕

〔一〕陳長萬步里客談卷下：「古人多用轉蓬，竟不知何物。外祖林公使遼，見蓬花枝葉相屬，團圞在地，遇風即轉，問之，云：『轉蓬也。』」楊同桂瀋故卷二引前文按云：「蓬草到處有之，邊地土淺風高，每狂風輒拔草根出，隨風旋轉，故觀者尤易興感。遼時有臻蓬蓬歌，每扣鼓和榛蓬蓬之音爲節而舞，人多喜而效之。劉子京詩云：『自古黄沙埋皓齒，不堪重唱蓬蓬歌。』則上蓬字實作去聲，今市井淫詞有蹦蹦蹦者，殆沿古名而轉音歟。」

花宴烏熊皮　將皮蒙人，作倚靠之墊也。〔一〕

〔一〕鐵圍山叢談卷二：「李丞相士美在北門，與吾同班綴。嘗言將聘大遼，赴其花宴。時戎主坐御牀上，後有烏熊皮蒙一物，頗高大。久而似疲，則以身倚之，意其如古設扆狀爾。俄於烏皮間時露一二人手足，則罔測其故也。及日晏時熟視，乃見數番小兒在其中。李爲吾言而每哂之。吾即答曰：『此乃鮮卑之舊俗，如高歡立孝武皇，以黑氈覆七人以拜其上，而歡居其一。殆亦是類乎？』」述案非此類也。賓退録卷二：「沈存中筆談載石曼卿居蔡河下曲，鄰有豪家，曼卿訪之，延曼卿飲。羣妓十餘人，各執餚果、樂器。一妓酌酒以進，酒罷樂作，羣妓執果餚者萃立其前，食罷，則分立其左右，京師人謂之軟槃。余按：江南李氏宰相孫晟，每食不設几案，使衆妓各執一器，環立而侍，號肉臺盤，時人多效之。事見五代史記死事傳及馬令南唐書義兒傳，軟槃蓋始於此。」

銀貂　貂之一種，其皮毛最貴重。〔一〕

〔一〕嘉祐雜志卷下：「虜使云：『青貂穴死牛腹，掩取之；紫貂升木，射取之；黃色乃其老者，銀貂最貴，契丹主服之。』」醴泉筆録卷上同。王鳴盛十七史商榷卷九七：「（新五代史）附録：契丹耶律德光脱白貂裘以衣晉高祖。白貂，俗呼銀鼠。」

駝鹿　獸名。〔一〕

〔一〕嘉祐雜志卷下：「（虜使）又云：『駝鹿重三百斤，效其聲致之，茸如茄者切食之。』」醴泉筆録卷上同。

冰梨　取冷水浸良久乃可食。〔一〕

〔一〕文昌雜録卷一：「余奉使北遼，至松子嶺。舊例互置酒三行，時方窮臘，坐上有北京壓沙梨，冰凍不可食。接伴使耶律筠取冷水浸良久，冰皆外結，已而敲去，梨已融釋。自爾，凡所攜柑橘之類，皆用此法，味即如故也。」

羅草　圍獵也。〔一〕

〔一〕蘇魏公文集卷一三後使遼詩觀北人圍獵：「北人以百騎飛放，謂之羅草，終日才獲兔數枚，頗有媿色，顧謂余曰：『道次小圍不足觀，常時千人以上爲大圍，則所獲甚多，其樂無涯也。』」

冰實羊腸　可治上熱。〔一〕

〔一〕嘉祐雜志卷下：「北虜冰實羊腸，文州羌取蛇韜首繞頭上，治上熱。」醴泉筆録卷上同。

陽喦鎮造墨　契丹精品。〔一〕

〔一〕東坡全集補遺書後五百六首書北虜墨：「雲庵有墨，銘云：『陽喦鎮造』，云是北虜墨，陸子履奉使得之者。」陸友墨史卷下：「契丹二品。陸子履奉使契丹日得墨，銘曰『陽岩鎮造』者，其國精品也。滕子濟亦有墨一大笏，爲龍鳳之文，面曰：『鎮庫萬年不毁。』」

攜壺　契丹容器。〔一〕

〔一〕吕大臨考古圖：「攜壺得於京師，高八寸有半，深七寸有半，徑寸又三分，容二升二合，無銘識。李氏録云：『吏部蘇尚書子容，頃使虜中，於帳中親見之。』」

鷹背狗　雕窠所生獵犬也。〔一〕

〔一〕郭造卿永平府志：「鷹而生犬，遼使與之紀異。凡北方皂雕作巢，所在官司，必令人窮巢探卵，較其多寡。如一巢而三卵者，置卒守護，日視之，及其成彀，一乃狗耳。取飼以進於朝，其狀與狗無異。但耳尾上多毛羽數莖而已。田獵雕則戾天，狗則走陸，所逐同速，名曰鷹背狗。」南村輟耕録卷七同。西使記：「皂鵰一産三卵，内一卵生犬，灰色而毛短，隨母影而走，所逐禽無不獲者。」朱國禎湧幢小品卷三一同。熊太古冀越集前卷：「胎生卵生，分羽毛二族。余經上都，過雕窠站，站吏指站後山上一穴云：往年雕窠其中，生三卵，一爲雕、一爲犬、一爲蛇，心竊疑之。後於脱脱丞相家見一犬，坐客咸指此犬爲雕窠所生，則知向者所聞，不爲異也。」張舜民使遼録：「北地鵰巢中生獵犬，極難得，今駕前有二隻，其性頗異，每獵而獲十倍於常犬。」

通事　譯語官也。〔一〕

〔一〕通鑑後晉高祖天福二年二月：「契丹主顧通事高彦英曰：『吾常戒汝善遇此人。』」胡注：「契丹置通事以主中國人，以知華俗、通華言者爲之。宋白曰：『契丹主腹心能華言者目曰通事，謂其洞達庶務。』」此謂契丹所置漢通事；通鑑後晉齊王開運三年十一月：「通事劉重進」，則是晉置契丹通事。宋史卷二六一劉重進傳：「晉初，以習契丹語，應募使北邊。……遷西頭供奉官，再使契丹。」本史卷八二耶律隆運傳：「侍景宗，以謹飭聞，加東頭供奉官，補樞密院通事，轉上京皇城使。」全遼文卷六耿延毅墓誌銘：「皇祖諱崇美，初授國通事，應天皇后器之。」韓椅墓誌銘：「繼室蕭氏生三女，一適通事班祇候康德潤。」大金國志卷一二：「皇統五年……北人官漢地者，皆置通事，即譯語官也。而通事之舞法尤甚，上下重輕皆出其手，招權納賄，二三年皆致富，民俗苦之。」

呵膠　此膠呵嘘隨融，故謂之呵膠。〔一〕

〔一〕陳繼儒珍珠船卷三：「呵膠出虜中，可以羽箭，又宜婦人貼花鈿，呵嘘隨融，故謂之呵膠。劉貢父有和陸子履詩云：『此膠出從遼水魚，白羽補綴隨呵虛。』」王士禛香祖筆記卷一二：「東坡作墨，以高麗煤、契丹膠爲之。」

魚形面花　牛魚鰾製婦人面花。〔一〕

〔一〕嘉祐雜志補遺：「契丹鴨渌水出牛魚，鰾製爲魚形，贈遺婦人貼面花。」

蓬子臙脂　將蓬子以粗布絞汁，塗面用。〔一〕

〔一〕燕北録：「其餘契丹婦人産時，亦望日番拜八拜，候入帳内，以手帕子抹卻契丹醫人眼，抱婦人胸，卧甘草苗。若生兒時，其夫面塗蓬子臙脂，産母亦服酥調杏。（其蓬子八月收，以粗布絞汁，用時以布浸水塗頭面，番婦人時常亦用作裝飾。）或生女時，面塗炭墨，産母亦服黑豆湯調鹽，番言用此二物塗面時，宜男女，貧者不具此儀。」

奚車　契丹之車皆資於奚。〔一〕

〔一〕通鑑後晉齊王開運二年三月癸亥：「契丹主坐大奚車中。」胡注：「沈括曰：『奚人業伐山、陸種、斲車，契丹之車皆資於奚。其輜車之制如中國，後廣前殺而無般，材儉易敗，不能任重而利於行山。長轂廣輪，輪之牙，其厚不能四寸，而軫之材不能五寸。其乘車駕之以駝，上施幰，惟富者加氈幰文繡之飾。』」詩話總龜前集卷一八：「吴長文使虜詩云：『奚車一牛駕，朝馬兩人騎。』」

乳粥　沃以生油之珍粥也。〔一〕

〔一〕朱彧萍洲可談卷二：「先公使遼，日供乳粥一椀，甚珍。但沃以生油，不可入口，諭之使去油，不聽，因紿令以他器貯油，使自酌用之，乃許，自後遂得淡粥。」又卷一：「先公使遼，遼人相見，其俗先點湯，後點茶，至飲會，亦先水飲，然後品味疊進，但欲與中國相反，本無義理。」灤京雜詠卷上有：「狼山山下曉風酸，掩面佳人半怯寒，倚户殷勤喚嘗粥，正宜倦客宿征鞍」之句。注云：「俗賣豆粥。」又云：「夜宿氈房月滿衣，晨餐乳粥椀生肥。」

鐵鷂軍　契丹精騎。〔一〕

〔一〕通鑑後晉齊王開運二年三月癸亥：「命鐵鷂四面下馬，拔鹿角而入，奮短兵以擊晉軍。」胡注：「契丹謂精騎爲鐵鷂，謂其身被鐵甲，而馳突輕疾，如鷂之搏鳥雀也。」本史卷四太宗紀會同八年三月：「至曙，命鐵鷂軍下馬，拔其鹿角，奮短兵入擊。」卷七六高模翰傳：「及晉叛盟，出師南伐。模翰爲統軍副使，是冬，兼總左右鐵鷂子軍，下關南城邑數十。」金亦有鐵鷂子軍。長編拾補欽宗靖康元年二月丁酉注引趙甡之中興遺史：「（姚）平仲、（楊）可勝等以兵七千出城，金人空其寨，伏鐵鷂子兵以掩官軍，平仲等大敗，可勝被執。」靖康紀聞：「靖康元年閏十一月二十九日，金人斷掘諸門慢道，以鐵鷂登城。」

西夏亦有鐵鷂軍，參本史卷一一五西夏外記：「衣重甲，乘善馬，以鐵騎爲前鋒，用鈎索絞聯，雖死馬上不落。」長編哲宗元祐七年十二月壬申注引章楶奏議：「自辰刻至未時以來，賊（西夏）軍鐵鷂子數萬迫近洪德寨。」宋會要兵八亦記夏有鐵騎。

蘸箸　寒冬時，匕箸必於湯中蘸之。〔一〕

〔一〕孔氏談苑卷二：「遼地大寒，匕箸必於湯中蘸之，方得入口，不爾與熱肉相沾不肯脱。石鑑奉使，不曾蘸箸以取榛子，沾脣如烙，皮脱血流，淋漓衣服上。」

吹葉成曲　可代樂器也。〔一〕

〔一〕張舜民使遼録：「胡人吹葉成曲，以蕃歌相和，音韻甚和。」

膠弓　弓之一種。〔一〕

〔一〕燕北雜記：「燕北膠弓，堅勁不易折。」

啞揖　契丹相揖不作聲。〔一〕

〔一〕虜廷事實啞揖條：「漢兒士大夫見上位、耆年及久闊交，見則進退周旋，三出頭，五折腰，相揖而不作聲，名曰『啞揖』，不如是者，爲山野之人不知禮法，衆咸嗤笑。契丹之人，叉手於胸前，亦皆不作聲，是謂相揖。」

紫濛　晉時慕容氏邑於紫濛之野。借指遼也。〔一〕

〔一〕明陳繼儒枕譚紫濛條：「宋人送中國使臣使契丹詩，以青瑮對紫濛，人多不知出處。按晉書慕容氏邑於紫濛之野，蓋以慕容比遼，是時宋、遼方結好，故臣僚送别紀行之詩，畧不譏刺，此用紫濛字亦隱而妙矣！方虚谷注云：『紫濛，虜中館名』，妄猜語耳。」宋稗類鈔畧同。

渾脱　整牛皮作之容器也。〔一〕

〔一〕草木子卷四下：「北人殺小牛，自脊上開一孔。逐旋取去内頭骨肉，外皮皆完。揉軟用以盛乳酪酒湩，謂之渾脱。」元史卷一五四石抹按只傳：「（宋）叙州守將横截江津，軍不得渡，按只聚軍中牛皮，作渾脱及皮船，乘之與戰，破其軍。」

哨鹿　獵者衣鹿皮、戴鹿頭以誘鹿也。〔一〕

〔一〕人海記卷下：「哨鹿之説，遼史已有之，但未詳其法，今特志之。每歲於白露後三日，獵者衣鹿皮、戴鹿頭，天未明，潛伏草中，吹木筒作聲，牡鹿聞之，以爲求其偶也，遂踴躍而至。」熱河志卷四八哨鹿門序云：「哨鹿以秋分前後爲期，鹿性於秋前牝牡各爲羣，中秋後則牝分羣而求牡也。哨鹿擇林壑深幽、獸羣總萃之所，至期，上於昧爽前出營，旌門外燎火以俟，隨從侍衛以次而留，從者不過數十騎，皆屏息單行，不聞聲響。既至其所，各戴鹿首爲導。其哨以木爲之，隨機達變，低昂應聲，鹿即隨至。」同卷有清高宗哨鹿賦、後哨鹿賦，記哨鹿情形。序云：「我皇祖昔喜哨鹿，朕冲齡隨侍，習聞其事，年來乃親試爲之。」遼時哨鹿多用女真人爲之，滿清爲女真之裔，故有祖傳之舊技也。參見本書卷六穆宗紀應曆十三年注〔四〕。

堂後官　堂吏，省吏。〔一〕

〔一〕歸潛志卷七：「省吏，前朝止用胥吏，號『堂後官』。」建炎以來朝野雜記甲集卷一二：「堂後官，謂三省諸房都録事也，補職及一年改宣教郎，滿五年願出職者與通判。」按即堂吏。事物紀原卷一〇律令刑罰部：「太平興國九年五月，以將作監丞李元吉、丁佐爲堂後官。京官任堂吏，自此始也。」

金牌銀牌郎君　使者配金牌或銀牌。〔一〕

〔一〕容齋三筆卷四：「金國每遣使出外，貴者配金牌，次佩銀牌，俗呼爲金牌、銀牌郎君。北人以爲契丹時如此，殊不知此本中國之制。」

海東青　遼東所産健鶻。〔一〕

〔一〕使遼録：「北人打圍，一歲各有所處，二月、三月放鶻號海東青，打雁。」雞肋編卷下：「鷙禽來自海東，唯青鵶最嘉，故號『海東青』。究守王仲儀龍圖以五枚贈威敏孫公，皆皂鵰鵶，不堪搏擊。

公作詩戲之曰：『海東霜隼品仍多，萬里秋天數刻過。狡兔積年安茂草，弋人終日望滄波。青鵁獨擊歸林麓，皂鵰羣飛入網羅。爲謝文登賢太守，求方逐惡意如何？』後遼國求於女真，以致大亂，由此鳥也。」白石道人詩集卷上契丹歌（題注：都下聞蕭總管自説其風土如此）：「……平沙軟草天鵝肥，胡兒千騎曉打圍。皂旗低昂圍漸急，驚作羊角凌空飛。海東健鶻健如許，韝上風生看一舉，萬里追奔未可知，劃見紛紛落毛羽。……」陳元龍格致鏡原：「北山産海青，鳥小而捷，能尋天鵝，然羣燕摸之則墜。亦謂之海東青，爪白者尤異，五國城東出。」南村輟耕録卷九：「白湛淵（珽）續演雅十詩發揮云：『海青羽中虎，燕燕能制之；小隙沉大舟，關尹不吾欺。』海青，俊禽也，而羣燕緣捕之即墜，物受於所制，無小大也。」契丹國志卷一〇：「女真東北與五國爲鄰，五國之東鄰大海，出名鷹，自海東來者，謂之『海東青』，小而俊健，能擒鵝鶩，爪白者尤以爲異。遼人酷愛之，歲歲求之女真，女真至五國，戰鬬而後得，女真不勝其擾。及天祚嗣位，責貢尤苛。又天使所至，百般需索於部落，稍不奉命，召其長加杖，甚者誅之，諸部怨叛，潛結阿骨打，至是舉兵謀叛。」三朝北盟會編政宣上秩三：「海東青者，出五國，五國之東接大海，自海而來者，謂之海東青。每歲女真發甲馬千餘，即東海巢穴取之，與五國戰鬬而後得。」元史卷五九地理志：「合蘭府水達達等路，有俊禽曰海東青，由海外飛來，至奴兒干，土人羅之以爲土貢。」卷四一順帝紀：「至正六年四月壬子，遼陽爲捕海東青煩擾，吾者野人及水達達皆叛。」遼亦以海東青搆怨於女真。

會昌一品集卷六與黠戛斯可汗書：「温仵合將軍至。覽書，及所獻馬百匹、鶻十聯，具悉。」本草綱目卷四九禽部：「青雕出遼東，最俊者謂之海東青。」又日下舊聞考卷一五一：「海東青産遼東海外，隔數海而至。」柳邊紀畧卷三：「遼以東皆産鷹，而寧古塔尤多。每年十月後即打鷹，總以得海東青爲主。海東青者，鷹品之最貴者也。純白爲上，白而雜他毛者次之，灰色者又次之。」草木子卷四下：「海東青，鶻之至俊者也，出於女真。在遼國已極重之。因是起變而契丹以亡。其物善擒天鵝。飛放時，旋風羊角而上，直入雲際。」參本書卷三太宗紀天顯七年注〔九〕。

頭鵝〔一〕

〔一〕楊瑀山居新語卷二：「獲頭鵝者（即天鵝也），賞黄金一錠。」草木子卷四下：「海東青，其物善擒天鵝。能得頭鵝者，元朝官裏賞鈔五十錠。」

爪拉　帽名。〔一〕

〔一〕通雅卷三六衣服：「中人帽曰爪拉。徐文長曰：『遼主名查拉，或服是帽，轉爲爪拉，近有奄帽，是高麗王帽，京師呼爪拉。」

操剌　勇猛也。〔一〕

〔一〕十七史商榷卷九八：「新五代史漢高祖紀耶律德光謂（知遠）曰：『此都軍甚操剌。』（徐無黨原注：「世俗謂勇猛爲操剌，録其本語。」）今人以雄猛爲插剌，當即此意。」

黄羊　北方所産，食之不羶。〔一〕

〔一〕遼詩話卷上：「少陵詩『黄羊飫不羶。』大觀四年，郭隨使遼，舉此詩以問遼使時立愛。立愛云：『黄羊野物，可獵取，食之不羶。』」雞肋編卷中：「關右塞上有黄羊，無角，色類麞麂，人取其皮以爲衾褥。」灤京雜詠卷上有「北陲異品是黄羊」之句。注曰：「黄羊，北方所産，供御膳用。」

琥珀杯　形如半桃核，二枚合之無縫。〔一〕

〔一〕無名氏名山秘録：「遼蕭后有琥珀杯二枚，形如半桃核，合之無縫，容酒半升許，每朝會則酌酒以賜有功大臣，當時惟耶律斜軫得賜數次，國人以爲榮。」

朝定　朋友也。〔一〕

〔一〕通鑑後唐紀明宗天成元年七月：「虜言朝定，猶華言朋友也。」

古都　圓而突出者。〔一〕

〔一〕職官有古都奴，刑具有鐵骨鉌，今燕薊俗語謂圓而突出者曰古都。錢大昕恒言録卷二：「胍肫，音孤都。廣韻：『胍肫，大腹。』類篇：『胍肫，大腹皃。一云椎之大者，故俗謂杖頭大爲胍肫。（當是骨朵二字之聲訛。）今北方人謂花朵未開者曰胍肫。』史記卷一一〇匈奴傳、漢書卷九四上匈奴傳上并記匈奴官有骨都侯，爲異姓大臣，左右賢王助手。

跳兔　生於慶州大漠中。〔一〕

〔一〕夢溪筆談卷二四：「契丹北境有跳兔，形皆兔也，但前足才寸許，後足幾一尺。行則用後足跳，一躍數尺，止則蹶然撲地。生於契丹慶州之地大漠中。予使虜日，捕得數兔持歸。蓋爾雅所謂蟨兔也，亦曰『蛩蛩巨驉』也。」

駮　異獸名，似馬。〔一〕

〔一〕彭城集卷三五劉敞行狀云：「至和二年八月，充北朝皇太后生辰國信使，契丹遣其臣馬祐來迓……祐復問：『順州山中有異獸如馬，食虎豹，人以爲山神，此何名也？』公曰：『以某所聞，駮也。其狀如白馬，黑尾鋸牙，音如鼓，盤桓迎日而馳。』爲誦山海經、管子書曉之。祐釋然相視喜曰：『真是也。』」

息雞草　北地草名。〔一〕

〔一〕楊慎升庵詩話卷九：「李賀塞上詩：『天遠席箕愁。』劉會孟注：『席箕，如箕踞坐。』余按秦韜玉塞上曲云：『席箕風緊馬燹豪。』此豈箕踞義乎？席箕恐是塞上地名，書之以俟知者。」中華本附注云：「李本寧太史云：『席箕是草名，出太平廣記。燹，音涎。』」胡震亨唐音癸籤卷二十云：「王建詩：『單于不向南牧馬，席萁遍滿天山下』；顧非熊詩：『席萁草斷城池外，護柳花開帳幕前』；李長吉：『秋净見旄頭，沙遠席箕秋』；秦韜玉：『席萁風緊馬燹豪』，唐人屢用之。酉陽雜俎云：『席萁，一名塞蘆。生北胡地，蓋可爲簾，亦可充馬食者。』（新）五代史云：『契丹地有息雞草，尤美而本大，馬食不過十本而飽。』意席萁即息雞，一物而音訛耳。」

安答　互贈信物之友也。〔一〕

〔一〕王國維蒙古札記謂係契丹語。本史卷七三耶律曷魯傳：「曷魯初與太祖易裘馬爲好。……既葬，賜名其阡宴答。」元史卷一太祖紀：「稱爲按答。（原注：按答，華言交物之友也。）」結爲按答者，互贈信物。成吉思汗父也速該與克烈部長汪罕，成吉思汗與札答蘭部長札木合，皆曾結爲按答。

濼　湖泊。〔一〕

〔一〕濼、淀、甸同爲契丹語湖泊之音譯，含義譯音。金史國語解：淀，女真謂之忒鄰，海也。寬甸吉思海，寬甸、吉思，義均湖也。三朝北盟會編炎興下帙七十六（卷一七六）：「紹興七年吕頤浩所上劄子：『臣在河北，備見虜人風俗。每年盡括官私戰馬，逐水草放牧，號曰入濼。（原注：

「(濼)乃不耕之地,美水草之處。」)入濼後禁人乘騎,八月末,各令取馬出濼。』」

濼　積水處。〔一〕

〔一〕通鑑唐太宗貞觀十五年十二月胡注:「濼,匹各翻,自淮以北,率以積水處爲濼。」

抹　無蚊蚋、美水草之地。〔一〕

〔一〕金史卷四四兵志:「金初因遼諸抹而置羣牧,抹之爲言無蚊蚋、美水草之地也。」本史卷七穆宗紀應曆十八年九月:「以夷臘葛兼政事令,仍以黑山東抹真之地數十里賜之。」

別吉　蒙語公主,遼、金時大部落貴族之女亦稱別吉。〔一〕

〔一〕蒙、元皇室及諸王之女稱別吉,遼、金時大部落貴族女兒亦用此稱。元憲宗、世祖生母唆魯禾帖尼稱別吉,元朝稱別吉太后。又夏宰相亦稱別吉。蒙韃備録公主必姬注:「必姬,蒙語公主之義。」元史卷一一八阿剌兀思剔吉忽里傳:「孛要合,尚阿剌海别吉公主。」卷三八順帝紀：「至元元年（一三三五）三月，中書省臣言：『甘肅甘州路十字寺奉安世祖皇帝母别吉太后於内，請定祭禮。』從之。」程鉅夫雪樓集卷二五魏國公先世述：「家世河西……曾大夫答加沙爲其國必吉，必吉者，猶宰相也。」西夏氏族：「昔里氏……仕夏爲别吉，華言宰相也。」

乙林免　一種功臣封號，其妻可稱乙林免。〔一〕

〔一〕乙林免、已里婉、乙里婉、迆邐免，爲同名之不同音譯，爲一種功臣封號，不是官職。耶律万辛及其岳父西南面都招討大王何你，均有乙林免封號。本史卷一〇聖宗紀統和三年八月：「故南院大王諧領已里婉妻蕭氏奏夫死不能葬，詔有司助之。」卷一一聖宗紀統和四年六月「以太尉王八所俘生口分賜趙妃及于越迪輦乙里婉」。全遼文卷七重熙十年北大王耶律万辛墓誌銘：「王諱万辛，於重熙四年封爲北大王同政事門下平章事。曾祖諧里，夷離堇。父索胡舍利。大王先娶達曷娘子。……又娶得索胡駙馬裊胡公主孫奚王西南面都招討大王何你乙林免小女中哥。六年内，加北大王，封爲乙林免。」卷六太平七年耿知新墓誌銘：「大横帳燕京留守燕王移鎮南王累贈陳國王，乃外祖父也，封陳國迆邐免夫人，乃外祖母也。」

附録

修三史詔〔一〕

聖旨：至正三年三月十四日，篤憐帖木兒怯薛第三日，咸寧殿裏有時分，速古兒赤江家奴、云都赤蠻子、殿中俺都剌哈蠻、給事中孛羅帖木兒等有來，脱脱右丞相、也先帖木兒平章、鐵睦爾達世平章、太平右丞、長仙參議、孛里不花郎中、老老員外郎、孛里不花都事等奏：遼、金、宋三國史書不曾纂修來，歷代行來的事跡合纂修成書有俺商量來。如今選人將這三國行來的事迹交纂修成史，不交遲滯。但凡合舉行事理，俺定擬了呵。怎生奏呵，奉聖旨那般者。

三月二十八日，别兒怯不花怯薛第二日，咸寧殿裏有時分，速古兒赤不顔帖木兒、云都赤蠻子、殿中俺都剌哈蠻、給事中孛羅帖木兒等有來，脱脱右丞相、也先帖木兒平章、鐵睦爾達世平章、太平右丞、吴參政、買朮丁參議、長仙參議、韓參議、别里不花郎中、王郎中、老老員外郎、孔員外郎、觀音奴都事、孛里不花都事、杜都事、直省舍人倉赤也先、蒙古必闍赤鎖住、都馬等奏：昨前遼、金、宋三國行來的事跡，選人交纂修成史書者麽道奏了來。這三國爲聖朝所取制度、典章、治亂、興亡之由，恐因歲久散失，合遴選文臣，分史置局，纂修成書，以見祖宗盛德得天下遼、金、宋三國之由，垂鑑後世，做一代盛典。〔二〕交翰林國史院分局纂修，職專其事。集賢、秘書、崇文并内外諸衙門裏，著文學博雅、才德修潔，堪充的人每斟酌區用。纂修其間，予奪議論，不無公私偏正，必須交總裁官質正是非，裁決可否。遴選位望老成，長於史才，爲衆所推服的人交做總裁官。這三國實録、野史、傳記、碑文、行實，多散在四方，交行省及各處正官提調，多方購求，許諸人呈獻，量給價直，咨達省部，送付史館，以備采擇。合用紙札、筆墨，一切供需物色，於江西、湖廣、江浙、河南省所轄各學院并貢士莊錢糧，除祭祀、廩膳、科舉、修理存留外，都交起解將來，以備史館用度。如今省裏脱脱右丞相監修國史做都總裁。交鐵睦爾達世平章、太平右丞、張中丞、歐陽學士、吕侍御、揭學士做總裁官。提調官，省裏交也先帖木兒平章、吴參政，樞密院裏塔失帖木兒同知、姚副樞，臺裏狗兒侍御、張治書，買朮丁參議、長仙參議、韓參議、右司王郎中、左司王郎中、老老員外郎、孔員外郎、觀音奴都事、杜都事，六部各委正官并首領官提調。其餘修史的凡例、合行事理，交總裁官、修史官集議舉行呵。怎生奏呵，奉聖旨那般者。

〔一〕原作「聖旨」，今改此題，「聖旨」二字移置正文之首。

〔二〕典，原誤「興」。據文義改。

進遼史表

開府儀同三司、上柱國、録軍國重事、中書右丞相、監修國史、領經筵事臣脱脱言：竊惟天文莫驗於璣衡，人文莫證於簡策。人主監天象之休咎，則必察乎璣衡之精；監人事之得失，則必考乎簡策之信。是以二者所掌，俱有太史之稱。然天道幽而難知，人情顯而易見。動静者吉凶之兆，敬怠者興亡之機。史臣雖述前代之設施，大意有助人君之鑑戒。遼自唐季，基于朔方。造邦本席於干戈，致治能資於黼黻。敬天尊祖，而出入必祭；親仁善鄰，而和戰以宜。南府治民，北府治兵。春狩省耕，秋狩省斂。吏課每嚴於刍牧，歲饑屢賜乎田租。至若觀市赦罪，則賠合六典之規；臨軒策士，則恪遵三歲之制。享國二百一十九載，政刑日舉，品式備具，蓋有足尚者焉。迨夫子孫失御，上下離心。驕盈盛而釁隙生，讒賊興而根本蹙。變强爲弱，易於反掌。吁！可畏哉！

天祚自絶，大石苟延。國既丘墟，史亦蕪茀。耶律儼語多避忌，陳大任辭乏精詳。五代史繫之終篇，宋舊史埒諸載記。予奪各徇其主，傳聞況失其真。我世祖皇帝一視同仁，深加愍惻。嘗敕詞臣撰次三史，首及於遼。六十餘年，歲月因循，造物有待。

臣脱脱誠惶誠恐頓首，欽惟皇帝陛下，如堯稽古，而簡寬容衆；若舜好問，而濬哲冠倫。講經兼誦乎祖謨，訪治旁求乎往牒。兹修史事，斷自宸衷。睿旨下而徵聘行，朝士賀而遺逸起。於是命臣脱脱以中書右丞相領都總裁，中書平章政事臣鐵睦爾達世、〔一〕中書右丞今平章政事臣賀惟一、御史中丞今翰林學士承旨臣張起巖、翰林學士臣歐陽玄、侍御史今集賢侍講學士兼國子祭酒臣吕思誠、翰林侍講學士臣揭傒斯奉命爲總裁官。中書遴選儒臣宗文太監今兵部尚書臣廉惠山海牙、翰林直學士臣王沂、祕書著作佐郎臣徐昺、國史院編修官臣陳繹曾分撰遼史。起至正三年四月，迄四年三月。發故府之櫝藏，集遐方之匭獻，蒐羅剔抉，删潤研劘。紀志表傳，備成一代之書；臧否是非，不迷千載之實。臣脱脱叨承隆寄，幸覩成功。載宣日月之光華，願效涓埃之補報。我朝之論議歸正，氣之直則辭之昌；遼國之君臣有知，善者喜而惡者懼。所撰本紀三十卷、志三十二卷、〔二〕

表八卷、列傳四十六卷，各著論贊，具存體裁，隨表以聞。上塵天覽，下情無任慚懼戰汗屏營之至。臣脱脱誠惶誠懼頓首頓首謹言。

至正四年三月　日，開府儀同三司、上柱國、録軍國重事、中書右丞相、監修國史、領經筵事臣脱脱上表。

〔一〕鐵睦，原誤「或陸」。據前修三史詔改正。

〔二〕二，原誤「一」，據正文改正。又下文「列傳四十六卷」，四十六當作四十五。國語解一卷，不當計入列傳。

三史凡例

一、帝紀：

三國各史書法，準史記、西漢書、新唐書。各國稱號等事，準南、北史。

一、志：

各史所載，取其重者作志。

一、表：

表與志同。

一、列傳：

后妃，宗室，外戚，羣臣，雜傳。

人臣有大功者，雖父子各傳。餘以類相從，或數人共一傳。

三國所書事有與本朝相關涉者，當稟。金、宋死節之臣，皆合立傳，不須避忌。其餘該載不盡，從總裁官與修史官臨文詳議。

一、疑事傳疑，信事傳信，準春秋。

修史官員

都總裁：

開府儀同三司、上柱國、録軍國重事、中書右丞相、監修國史、領經筵事臣脱脱。

總裁官：

光禄大夫、中書平章政事、知經筵事、提調都水監臣鐵睦爾達世。〔一〕

榮禄大夫、中書平章政事、知經筵事臣賀惟一。

翰林學士承旨、榮禄大夫、知制誥兼修國史臣張起巖。

翰林學士、資善大夫、知制誥、同修國史臣歐陽玄。

集賢侍講學士、通奉大夫兼國子祭酒臣吕思誠。

翰林侍講學士、中奉大夫、知制誥、同修國史、同知經筵事臣揭傒斯。

纂修官：

正議大夫、兵部尚書臣廉惠山海牙。

翰林直學士、朝請大夫、知制誥、同修國史兼經筵官臣王沂。

文林郎、秘書監著作佐郎臣徐昺。

將仕佐郎、翰林、國史院編修官臣陳繹曾。

提調官：

資德大夫、中書右丞臣伯彦。

榮禄大夫、中書左丞臣姚庸。

奉議大夫、參議中書省事臣　長仙。

通議大夫、參議中書省事臣　吕彬。

朝散大夫、中書右司郎中臣　悟良哈台。

嘉議大夫、中書左司郎中臣　趙守禮。

亞中大夫、中書左司員外郎臣　偰哲篤。

亞中大夫、中書省左司員外郎臣　何執禮。

儒林郎、右司都事臣　觀音奴。

奉議大夫、左司都事臣　烏古孫良楨。

嘉議大夫、禮部尚書臣　王守誠。

中憲大夫、工部尚書臣　丁元。

奉議大夫、禮部侍郎臣　老老。

嘉議大夫、禮部侍郎臣　杜秉彝。

〔一〕鐵字原脱，據前修三史詔補入。金史作帖。

三史質疑

遼人之書有耶律儼實録，故中書耶律楚材所藏，天曆間進入奎章閣。次則僧行均所撰龍龕手境。其他文集、小説，亡者多矣。金章宗初年，即命史官修遼史。當時去遼不遠，文籍必有存者，猶數勑有司搜訪事迹。其書又經党懷英、趙渢、王庭筠諸名士之手。章宗屢嘗促之，僅二十年，陳大任始克成編。

金太祖初起，事多草創，故實録所書止此。海陵被弑，諸公逢迎，極力詆毁，書多醜惡。世宗實録適當章宗承平好文，事最周詳。章宗之事，方分撰述，而衛王被弑，國亦南徙。宣宗怨其舍己立叔，棄其稾于燕曰：「俟還都爲之未晚。」在汴諸公復以爲請，始撰述之。時中原新經大亂，文籍化爲灰燼，故其書尤踈畧。諸大臣子孫多死于兵，僅著數十傳而已。衛王實録竟不及爲。國亡之後，元好問述壬辰雜編，楊奐天興近鑑，王鶚汝南遺事，亦足補義宗一朝之事。

金亡，元帥張侯柔收拾金史北歸，中統初送史院，當時已闕太宗、熙宗實録。豈南遷時并章宗實録同見遺乎？而海陵實録何故復存？當正大末，義宗東幸，元好問爲史官，言於宰相，請以九朝小本實録馱以一馬隨駕。豈以太祖、太宗、睿宗世宗父，實録十卷、熙宗、海陵、世宗、顯宗章宗父，實録十八卷、章宗、宣宗爲九朝乎？不知張侯收圖籍時，太宗、熙宗之史何以獨見遺也。

金諸臣三品以上方許立傳，然多無事業，所書不過歷官歲月而已。四品以下當載者多，而史却不載，當訪求書之。若夫將相大臣卒于太宗、熙宗、衛王之時者，雖歷官歲月，今亦無所考矣。

金亦嘗爲國史，今史館有太祖、太宗、熙宗、海陵本紀。章宗嘗命翰林應奉韓玉修功臣列傳，曰：「是家何幸得斯人作傳耶？」惜乎其書不存。

元好問爲中州集小傳，多庶官及文學隱逸之士，所以補史之缺遺。惜其尚多疏畧。又所述野史、名臣言行録，未及刊行，當訪求于其家。

葉隆禮、宇文懋昭爲遼、金國志，皆不及見國史，其説多得于傳聞。蓋遼末金初稗官小説中間失實甚多，至如建元改號，傳次征伐，及將相名字，往往杜撰，絶不可信。如張師顔南遷録尤爲紕繆。

金儒士蔡珪、鄭子聃、翟永固、趙可、王庭筠、趙渢皆有文集行世，兵後往往不存。若趙秉文文集，乃國初刻本，亦多回護，民間恐有別本。

太史齊公履謙嘗言：「金大定中，翰林應奉耶律履撰庚午元曆，最爲精密。國家修授時曆時，推算前代曆書，惟庚午曆及唐宣明曆不差。」又言：「太史院舊有宋前後修改曆書因革數百卷，可備修律曆志用。」其書後歸秘書監。

遼、金大族如劉、韓、馬、趙、時、左、張、呂，其墳墓多在京畿，可模碑文，以備採擇。

金人術藝，若武亢之天文，劉守真之醫術，皆造精妙。當採其事迹，作方技傳。

高麗、西夏皆嘗臣服宋、金，及與遼人戰爭，今於三史，當各附見乎？或別爲書乎？

金人入中原，宋臣死節者僅十數人，奉使不屈如洪皓、朱弁輩又數人。而宇文虛中者，既失身仕金爲顯官矣，金初一切制度皆虛中所裁定。如册宋高宗爲帝文，亦虛中在翰林時所撰。第以譏訕慢侮權貴被殺。今宋史書曰：「欲因虜主郊天舉事。」果可信乎？甚至比爲蘇武、顏真卿，而又録用其宗人。固曰激勸臣下，然亦何爲飾詐矯誣之如是乎？

施宜生，邵武人，本名逵。宋政和間，擢上舍第，爲潁州教授。汴陷南走，建賊范汝爲作亂，宜生從之。賊敗，復北走齊，上書陳伐宋之策，爲議事官。齊廢，仕金，累官翰林侍講學士。正隆四年冬，偕移剌闢離剌使宋。宜生自陳：「昔逃難脱死江表，義難復往。」力辭，不許。蓋是時海陵謀伐宋，故以宜生往使，以係南士之心，與用蔡松年爲相之意同。

宜生既歸，以闕離剌至宋不遜，不即以聞，被杖。五年，除翰林學士。次年，中風疾。大定二年致仕，三年六月卒，年七十三。此見于世宗實録及蔡珪所述宜生行狀可考。岳珂作桯史乃云：「宜生使宋，漏言將用兵意，曰：『近日北風甚勁。』又曰：『筆來，筆來。』歸則被誅。」又云：「海陵既死，后徒單氏被殺。」按世宗實録，徒單氏至大定十二年方死。是皆小説傳聞，修史者可盡信之乎？

宋自太祖至寧宗實録幾三千卷，國史幾六百卷，編年又千餘卷，其他宗藩圖譜、别集、小説，不知其幾。今將盡加筆削乎？止據已成國史而爲之乎？

理、度兩朝，事最不完。理宗日曆尚一二三百册，實録纂修未成國亡，僅存數十册而已，度宗日曆殘缺，皆當訪求。

史官修史，在内天子動静則有起居注，百司政事則具于日曆，合而修之曰實録，有實録方可爲正史。宋仁宗初，史官修真宗實録而起居注闕，乃命三司判官程琳修大中祥符八年以後起居注，是闕起居注必當補修。龍圖閣學士宋敏求補撰唐文、武、宣、懿、僖、昭、哀七帝實録共一百八十三卷。今理宗實録未完，度宗、衛王、哀帝皆無實録，當先采掇其事補爲之乎？即爲正史乎？

宋史官洪邁進言：「國史，太祖、太宗、真宗三朝先爲一書，仁宗、英宗兩朝繼爲一書，神宗至欽宗四朝又爲一書。凡大政事、大議論，如禮樂、食貨、兵刑、選舉，皆首尾斷續，不相貫穿。天文、地理、律曆、藝文，每書登載復爲煩雜。於屬辭比事之體，若未盡善，乞纂成九朝國史，庶幾法度章程，合而爲一。」當時亦不及從其言也。周世宗次第削平諸僞，宋太祖因其子母孤弱取之。宋史言「陳橋兵變」者，欺後世也。宰相范質曰：「倉卒遣將，某等之過。」陳大任遼史書曰：「周殿前都點檢趙匡胤廢其主自立。」今修宋史，用是例歟？別有說歟？

宋太祖之死，人多疑之。觀長編所載，隱隱可見。如曰：「上不豫，夜召晉王屬以後事，其言左右皆不得聞。但遥見燭影下晉王離席，若有遜避之狀。既而上引柱斧戳地，大聲曰：『好爲之。』遂崩。」夫太祖英明如此，疾又未至大漸，果欲屬以後事，何不召宰相共命之乎？翰林袁公桷嘗言：「秦王廷美、吴王德昭、秦王德芳，皆繇趙普以死，今宋史普列傳無一語及之。李燾私作普別傳，始畧言之。」果可信歟？

袁公又言：「天聖三朝正史多有謬誤。神、哲、徽、欽四朝史多所避忌，立傳亦有蕪纇，所宜刊削。徽、欽圍城受辱，北行遭幽，正史不載，當求野史書之。」

先儒以修史爲難。昔隋堯君素、周韓通之死，史官不爲立傳，蓋難言也。如新五代史諸世家，則曰：「其後事具國史。」今宋自寧宗、金自章宗，已與國家相接。欲盡書之，則有當回護者；欲盡削之，則没其實矣。如曰：「事具國史」，則金自章宗後僅三十年始亡，宋自寧宗後僅五十年始亡，豈可皆不書乎？況其死事之臣，又豈止一蕘君素、韓通而已。鄭夾漈言，古者修書出于一人之手，成於一家之學，班、馬是也。至唐修晉、隋二書，始用衆手，然亦隨其學術所長者授之，如李淳風、于志寧則授之以志，顔師古、孔穎達則修紀、傳，以顔、孔博通古今，于、李明天文、地理、圖籍之學故也。所以晉、隋二志，高於古今。歐陽公修唐、五代史，律曆專資於劉羲叟，今之儒者，孰爲明天文、律曆、地理之學者乎？

歐陽公修新唐書，凡廢傳六十一，增傳三百三十一，志三，表四。今三史舊傳當廢者有幾？傳、志當增者有幾？如宋中興四朝史，諸傳尤少，蓋當理宗初年諸公猶多在世故也。

司馬温公撰資治通鑑，凡十九年始成。歐陽公修新唐書，十有七年。李燾編續通鑑長編，垂四十年。今修三史，限以歲年可乎？

先儒有言：修史者當得人、得書。司馬温公修通鑑也，史記、前、後漢則范貢父，三國歷九朝、隋則劉道原，唐迄五代則范純甫。其在正史外，楚、漢事則司馬彪、荀悦、袁宏，南、北則崔鴻十六國春秋，蕭方三十國春秋，李延壽南北史，唐以來則稗官、野史及百家譜録、正集、別集、墓誌、碑碣、行狀、别傳，皆不敢忽。今三史筆削，宜得其人，考證當得其書，庶幾可傳于世。

至正癸未，勑宰臣選官分撰遼、宋、金史。翰林學士歐陽公玄應召北上，道出鄂渚。余以三史可疑者數事欲就公質之，適公行役倥偬不果，因書以寄之。趙郡蘇天爵記。

參滋溪文稿卷二五

遼史補注後記

述初讀遼史時，嘗置遼史拾遺、拾遺補於側，覺有未安，隨手查閲。後因翻檢之便，遂合兩者爲一書。偶有新知，亦附注書眉，僅便於使用，初未有意成書。

在北海静心齋時，一日，友人姚從吾過訪，見此册，問，吾兄將欲撰一新遼史？急應之曰：不敢不敢。當時吾實無此奢願。但志在遼、金二史，則已畧具方向，亦嘗讀李思純元史學，知李氏曾與援庵先生討論過新元史問題，深有同感。

憶初謁寅恪先生於姚家胡同，先生爲言：「王觀堂先生學識廣博，但其興趣常轉變，若專以爲之，其所成就當更大。」因是初見，承諄諄相囑，故記憶深刻，長期誌之不敢忘。翻閲書史，以唐、宋、遼、金、元爲主，不敢多讀漢唐以前書。在此千年諸史之中，尤以遼史記載最闕漏，遂以厲、楊之書附遼史，並以五代、宋、元諸史及册府、會要、碑誌、雜記補其闕，參取錢大昕考異、陳漢章索隱匯集一編。

「七七」以後，携之轉徙後方，亦未多有增益。迨太平洋戰起，已知勝利可望。三台東北大學成立東北史地經濟研究室，金静安先生主其事，急欲有所撰作公於世。述被借聘襄贊之，研究東北、遼金史。但久與淪陷區隔絶，東北重分幾省，已莫得聞；經濟更無所知。且金先生只半年來三台，半年在重慶，印製設備，僅石印機一臺。

遠在後方，期以紙墨報國，此書與遼金聞見匯録，均曾列入計劃目録。因條理其類例，整齊成書。並以序例寄寅恪先生呈教，重承鼓勵，亟欲早見此書出版。但卷帙較重，印製爲難。

勝利後，南北執教餬口，友人聶崇岐小山、齊思和致中爲言，哈佛燕京社存紙若干，欲排印此書。尋以該校改公立，事遂寢。

徐老特立曾偕王真、劉立凱來舍談叙，翻看此書，言以後可設法印。

後政府責成顧頡剛先生主持標點「二十四史」，述亦參與其役，「二十四史」點校畢，顧先生以專案向中華書局推薦，承當時當事同意。友人孫楷第子書聞知此事，忻喜贈詩，有句云：「老來見箋注，忻喜眼猶明。」但一九七五年並未付印，僅與總編趙守儼、姚景安簽訂排印辦法、體式。一九八〇年排印全遼文，述病卧阜外醫院，由文學組主編黃克與小女陳正核對排印。病愈，陸續增益爲本書新資料。今當此書付排，畧誌過程如右。

一九九〇年十月陳述於北京西郊法華寺村和平樓